EBS

예비 중학 영어

2

Universe

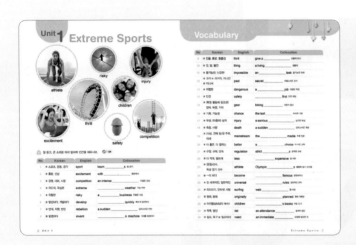

중학교 영어 교육 과정에 대비하기 위해 급증한 수의 중학 영어 어휘를 재미있게 익힐 수 있도록 다양한 학습 활동과 함께 구성하였습니다.

• 흥미를 이끄는 관련 사진 제공

• 학습 전 학습자가 이미 알고 있는 단어 체크해 보는 활동

• 음원을 들으며 빈칸에 단어를 써보면서 collocation에 자연스럽게 노출

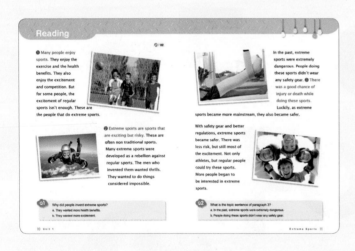

픽션 스토리, 편지, 일기, 광고 및 이메일 등 다양한 장르의 글을 다채로운 사진과 퀄리티 높은 삽화와 함께 제공합니다. 또한 중학 내신에서 비중 있게 다루는 구문 정리와 독해에 자신감을 키워줄 전략 제공으로 전략적 읽기 활동을 독려합니다.

• 문맥 속 의미 파악을 위한 퀴즈 제공

• 중학 내신에서 자주 다루는 구문 내용을 선별하여 정리
→ 온라인 강의와 연결

• **Reading Comprehension**
– 내용 이해 확인을 위한 객관식 문항 제공
– 사진이나 표를 활용한 세부 내용 확인 문항 제공

• **Reading Focus**
– 독해 전략을 자세히 설명 → 온라인 강의와 연결
– 습득한 독해 전략을 적용해 볼 수 있는 연습 문제 제공

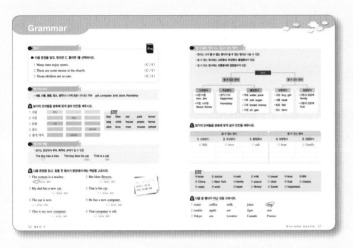

Grammar

중학 기본 문법 중 내신 평가와 밀접한 내용을 선별하여 제공합니다. → 온라인 강의와 연결

- 활동 시작과 끝을 pre-test, post-test로 구성
  - 학습자의 성취도 확인
- 개념 정리와 문제 풀이를 하나의 묶음으로 구성
  - 내용을 좀 더 쉽게 습득할 수 있도록 정리

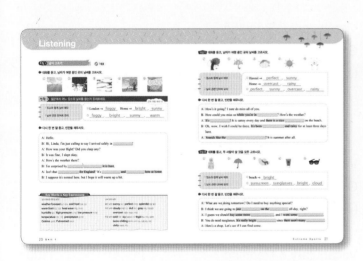

Listening

전국 중학영어 듣기 평가 유형을 분석하여 쉽게 풀어서 제공합니다. 또한 평가 형식에의 노출로 자신감을 갖게 합니다.

- 듣기 평가 문제 유형 분석과 전략 제공 → 온라인 강의와 연결
- 주요 어휘와 표현 정리 제공
- 학습한 듣기 유형의 전략을 완전히 익힐 수 있도록 같은 유형의 연습문제 반복 제공

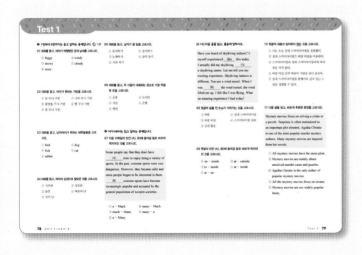

Test 1 2 3

4주 학습마다 제공되는 정기평가이며 어휘, 독해, 문법 등 앞에서 학습한 내용을 종합적으로 확인해 볼 수 있습니다.

- 듣기 평가와 읽기 평가로 나누어 제공

Contents

Unit 1 **Extreme Sports**

Vocabulary & Reading — 6
Grammar (명사) — 16
Listening (날씨 고르기, 설명하는 것 고르기) — 20

Unit 2 **Skydiving**

Vocabulary & Reading — 24
Grammar (전치사: 시간, 장소) — 34
Listening (알맞은 그림 고르기, 감정 고르기) — 38

Unit 3 **Movie Genres and You**

Vocabulary & Reading — 42
Grammar (지각동사, 사역동사) — 52
Listening (할 일 고르기, 장소 파악하기) — 56

Unit 4 **This Week in Movies**

Vocabulary & Reading — 60
Grammar (비인칭 주어 it) — 70
Listening (의도 파악하기, 시각 또는 날짜 고르기) — 74

Test 1 — 78

Unit 5 **Too Good to Be True**

Vocabulary & Reading — 82
Grammar (조동사) — 92
Listening (음식 주문하기, 주제 찾기) — 96

Unit 6 **A Fantastic Drink**

Vocabulary & Reading — 100
Grammar (최상급 비교) — 110
Listening (이유 알아보기, 일치와 불일치 파악하기) — 114

Unit 7 **A Great Athlete**

Vocabulary & Reading — 118
Grammar (동명사) — 128
Listening (관계 파악하기, 직업 고르기) — 132

Unit 8 **Hello Who**

Vocabulary & Reading	136
Grammar (수동태)	146
Listening (지도 보고 길 찾기, 교통수단)	150

Test 2 154

Unit 9 **Handling Conflict**

Vocabulary & Reading	158
Grammar (문장의 형식)	168
Listening (요청하기, 제안하기)	172

Unit 10 **Dear Advice Annie**

Vocabulary & Reading	176
Grammar (접속사)	186
Listening (금액 파악하기, 언급되지 않은 것 고르기)	190

Unit 11 **Personality Types**

Vocabulary & Reading	194
Grammar (병렬 구조)	204
Listening (한 일이나 하지 않은 일 고르기, 어색한 대화 찾기)	208

Unit 12 **Your Personality**

Vocabulary & Reading	212
Grammar (관계대명사)	222
Listening (속담 파악하기, 이어질 말 고르기)	226

Test 3 230

Listening Test 234

Appendix 1	문장의 구성 요소, 문장의 5형식	238
Appendix 2	영어의 8품사	239
Appendix 3	문장의 종류, 12시제	240

athlete

risky

injury

children

thrill

safety

competition

excitement

A 잘 듣고, 큰 소리로 따라 말하며 빈칸을 채우시오. **T 01**

No.	Korean	English	Collocation
1	명 <u>스포츠, 운동, 경기</u>	sport	team _____s 팀 경기
2	명 흥분, 신남	excitement	with _____ 흥분해서
3	명 경쟁, 대회, 시합	competition	an intense _____ 치열한 경쟁
4	형 극도의, 극심한	extreme	_____ weather 극단적인 날씨, 기상 이변
5	형 위험한	risky	a _____ business 위험한 사업
6	동 발전하다, 개발하다	develop	_____ quickly 빠르게 발전하다
7	명 반대, 저항, 반란	rebellion	a sudden _____ 갑작스러운 반란
8	동 발명하다	invent	_____ a machine 기계를 발명하다

Vocabulary

No.	Korean	English	Collocation
9	명 전율, 흥분, 황홀감	thrill	give a _____ 전율케 하다
10	명 것, 일, 물건	thing	a living _____ 생물체
11	형 불가능한, 난감한	impossible	an _____ task 불가능한 과제
12	명 과거 형 과거의, 지나간 부 지나서	past	secret _____ 비밀스러운 과거
13	형 위험한	dangerous	a _____ job 위험한 직업
14	명 안전	safety	_____ first 안전 제일
15	명 (특정 활동에 필요한) 장비, 복장, 기어	gear	biking _____ 자전거 장비
16	명 기회, 가능성	chance	the last _____ 마지막 기회
17	명 부상, (마음의) 상처	injury	a serious _____ 심각한 부상
18	명 죽음, 사망	death	a sudden _____ 갑작스러운 죽음
19	명 (사상, 견해 등의) 주류, 대세	mainstream	the _____ media 주류 언론
20	형 더 좋은, 더 잘하는	better	a _____ choice 더 나은 선택
21	명 규정, 규제, 단속	regulation	strict _____s 엄격한 규정
22	부 더 적게, 덜하게	less	_____ expensive 덜 비싼
23	명 (운동)선수, 육상 경기 선수	athlete	Olympic _____s 올림픽 참가 선수들
24	동 ～이 되다	become	_____ famous 유명해지다
25	형 전 세계적인, 일반적인	universal	_____ rules 일반적인 규칙
26	명 파도타기, 인터넷 서핑	surfing	web _____ 웹 서핑
27	부 원래, 본래	originally	_____ planned 원래 계획된
28	명 아이들(child의 복수)	children	_____'s books 아동 도서
29	명 목록, 명단	list	an attendance _____ 참석자 명단
30	명 필요, 욕구 동 필요하다	need	an immediate _____ 당장에 필요한 것

B 그림을 보고, 알맞은 단어에 동그라미 하시오.

1

list

excitement

2

competition

mainstream

3

safety

rebellion

4

need

injury

C 영어는 우리말로, 우리말은 영어로 쓰시오.

1	extreme		14	스포츠, 운동, 경기	
2	risky		15	발명하다	
3	develop		16	전율, 흥분, 황홀감	
4	rebellion		17	것, 일, 물건	
5	impossible		18	과거 / 과거의, 지나간 / 지나서	
6	dangerous		19	(특정 활동에 필요한) 장비, 복장, 기어	
7	death		20	기회, 가능성	
8	mainstream		21	더 좋은, 더 잘하는	
9	regulation		22	더 적게, 덜하게	
10	athlete		23	파도타기, 인터넷 서핑	
11	become		24	아이들(child의 복수)	
12	universal		25	목록, 명단	
13	originally		26	필요, 욕구 / 필요하다	

D 다음 그림과 관계있는 단어를 고르시오.

① extreme   ② gear   ③ chance

④ injury   ⑤ rebellion

E 다음 중 알맞은 단어를 골라 문장을 완성하시오.

1 He jumped up with (excitement / rebellion).

2 It was the (injury / thrill) of the roller coaster that made it popular.

3 This newspaper belongs to the (mainstream / safety) media.

4 Skydiving is an (extreme / impossible) sport.

5 The school has very strict rules and (things / regulations).

6 Since the plug adapter was (risky / universal), she could charge her phone.

7 Everyone can join the singing (competition / invent).

F 주어진 단어를 보고, 두 문장에 공통으로 들어갈 단어를 골라 써 넣으시오.

1 The items were _____ on sale, so with the coupon she saved even more.

They _____ planned to go hiking on Saturday, but they couldn't due to rain.

2 Big earthquakes are _____ for us.

He really doesn't like _____ sports like rock climbing and scuba diving.

3 The cyclist put his bike into high _____.

Without all of his _____, the climber couldn't get to mountain's summit.

4 He _____ed his talent for music.

They spent a really long time _____ing the app.

Word Bank

originally   develop   become   gear   impossible   dangerous

Reading

❶ Many people enjoy sports. They enjoy the exercise and the health benefits. They also enjoy the excitement and competition. But for some people, the excitement of regular sports isn't enough. These are the people that do extreme sports.

❷ Extreme sports are sports that are exciting but risky. These are often non traditional sports. Many extreme sports were developed as a rebellion against regular sports. The men who invented them wanted thrills. They wanted to do things considered impossible.

Q1   Why did people invent extreme sports?

a. They wanted more health benefits.

b. They wanted more excitement.

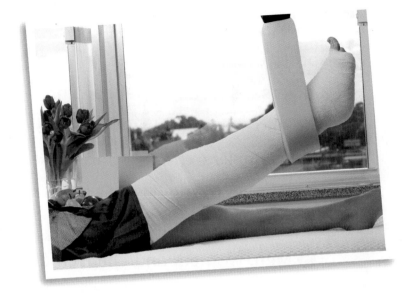

In the past, extreme sports were extremely dangerous. People doing these sports didn't wear any safety gear. ❸ There was a good chance of injury or death while doing these sports. Luckily, as extreme sports became more mainstream, they also became safer.

With safety gear and better regulations, extreme sports became safer. There was less risk, but still most of the excitement. Not only athletes, but regular people could try these sports. More people began to be interested in extreme sports.

Q2 What is the topic sentence of paragraph 3?

a. In the past, extreme sports were extremely dangerous.

b. People doing these sports didn't wear any safety gear.

Today, there are extreme sports that have become universal sports. Skateboarding, snowboarding, and surfing were all originally extreme sports. Compared to the past, ❹ there is not much risk in them now. ❺ Men, women, and children of all ages enjoy these sports.

Of course, there are still risky extreme sports. Skydiving, wingsuit flying, and motocross are just three of a long list. And people are inventing more extreme sports all the time. There will always be people who feel the need for thrills.

Q3 What are three dangerous sports today?

a. Skateboarding, snowboarding, and surfing

b. Skydiving, wingsuit flying, and motocross

1 **Many people** enjoy sports.

many + 가산 명사

- '많은'이라는 의미의 수량 형용사 many 다음에는 셀 수 있는 복수 명사가 온다.

  ex) How **many books** did you buy?

2 Extreme sports are sports **that** are exciting but risky.

관계대명사 that

- 관계대명사 that은 선행사가 사람, 사물, 동물인 경우 모두 사용할 수 있으며, 선행사가 '사람 + 동물'이나 '사람 + 사물'일 때도 쓸 수 있다.

  ex) Look at the boy and the dog **that** are coming here.

3 There was a good chance of injury or death **while** doing these sports.

접속사 while

- 접속사 while은 '~하는 동안에'라는 의미로 시간을 나타내거나, '~인 데 반하여'라는 의미로 대조를 나타낼 때 쓰인다.

  ex) **While** I was napping, I had a wonderful dream. (시간)

  Some people like summer **while** others like winter. (대조)

4 There is not **much risk** in them now.

much + 불가산 명사

- '많은'이라는 의미의 수량 형용사 much 다음에는 셀 수 없는 단수 명사가 온다.

  ex) We don't have **much time** to fix the problem.

5 **Men, women,** and **children** of all ages enjoy these sports.

불규칙 복수 명사

- s나 es를 더해 복수형이 되는 명사들과 달리 일부 명사는 복수형이 완전히 불규칙한 형태로 변한다.

  ex) child - **children**, foot - **feet**, mouse - **mice**

► Reading Comprehension

A 질문에 알맞은 답을 고르시오.

1 이 글은 무엇에 관한 것인지 고르시오.

a. Sports too dangerous to do   b. Popular sports that people enjoy

c. Sports that are exciting but dangerous

2 Extreme sports가 더 안전하게 된 이유를 고르시오.

a. More people became interested in them.

b. There was safety gear and better regulations.

c. Regular people tried these sports.

3 다섯 번째 단락의 주제문을 고르시오.

a. Today, there are extreme sports that have become universal sports.

b. Compared to the past, there is not much risk in them now.

c. Skateboarding, snowboarding, and surfing were all originally extreme sports.

B 주어진 단어를 활용하여 빈칸을 채우시오.

1 Extreme Sports — the past

○ were _____ but extremely risky

○ were developed as a _____ against regular sports

○ was a good chance of _____ or death

2 Extreme Sports — the changes

○ began to use _____ and better regulations

○ became more _____

○ _____ people tried them

3 Extreme Sports — today

○ some have become universal; not much risk now

○ some are still _____

○ more are being _____

Word Bank

mainstream	dangerous	regular	injury
exciting	rebellion	invented	safety gear

Reading Focus

Identifying the Topic Sentence (주제문 찾기)

작가의 관점이나 의견을 반영한 문장을 찾는다.

모든 단락은 주제문이 있어요. 이 주제문은 바로 그 단락이 무엇에 관한 글인가를 나타냅니다. 따라서 주제문은 그 단락의 중심 내용, 요지에 대해 설명한답니다. 주제문은 단락의 서두에 오는 경우가 많으나 때로는 단락의 끝에 자리 잡기도 합니다. 그리고 주제문은 그 단락 전체를 대표해서 묘사해야 하고 작가의 구체적인 관점이나 의견을 담고 있습니다.

◉ 알아 두면 유용한 주의 사항

1 주제문은 어떤 특정한 한 부분만을 대표하는 것이 아니라 문장 전체를 아우르는 내용이어야 한다.

2 주제문은 일반적인 설명이 아니라 작가의 관점이나 의견을 반영해야 한다.

◉ 전략적 읽기의 열쇠

1 Skydiving needs special parachutes and altimeters. ➜ 지나치게 구체적이므로 주제문이 아님!

2 Skydiving was first done from a hot air balloon. ➜ 작가의 의견을 담고 있지 않은 단순한 사실(fact)의 나열이므로 주제문이 아님!

연습 다음 글을 읽고, 질문에 바르게 답하시오.

Parkour is another extreme sport that has become mainstream. Parkour was originally used to train French soldiers. Later, French people practiced it on their own. Then, it was used in movies. People everywhere became interested. Today, there are parkour clubs all over the world!

◉ 윗글의 주제문을 고르시오.

a. Parkour was originally used to train French soldiers.

b. Parkour is another extreme sport that has become mainstream.

c. Today, there are parkour clubs all over the world!

Grammar

● 명사

● 다음 문장을 읽고, 맞으면 C, 틀리면 I를 선택하시오.

1 Many man enjoy sports. (C / I)

2 There are some mouse at the church. (C / I)

3 Those children are so cute. (C / I)

● 명사의 의미

• 사람, 사물, 동물, 장소, 생각이나 가치 등을 나타내는 어휘　girl, computer, bird, store, friendship

A 보기의 단어들을 분류에 맞게 골라 빈칸을 채우시오.

1 사람	boy		
2 사물		bag	
3 동물	cat		
4 장소			school
5 생각/가치		peace	

보기

~~boy~~	bike	~~eat~~	park	honor
~~bag~~	child	house	~~peace~~	horse
dish	love	man	mouse	~~school~~

● 명사의 역할

• 명사는 문장에서 **주어, 목적어, 보어**가 될 수 있음

The <u>boy</u> has a bike.　　The boy likes his <u>cat</u>.　　That is a <u>cat</u>.
　　주어　　　　　　　　　　　　　　목적어　　　　　　　　　보어

B 다음 문장을 읽고, 밑줄 친 명사가 문장에서 하는 역할을 고르시오.

1 The <u>woman</u> is a teacher.
　~~주어~~ 목적어 보어

2 She likes <u>flowers</u>.
　　　주어 목적어 보어

3 My dad has a new <u>car</u>.
　　　주어 목적어 보어

4 That is his <u>car</u>.
　　　주어 목적어 보어

5 The <u>car</u> is new.
　주어 목적어 보어

6 He has a new <u>computer</u>.
　　　주어 목적어 보어

7 This is my new <u>computer</u>.
　　　주어 목적어 보어

8 That <u>computer</u> is old.
　　　주어 목적어 보어

주어: ~은, 는, 이, 가
목적어: ~을, 를
보어: 주어를 보충

셀 수 없는 명사 vs. 셀 수 있는 명사

- 명사는 크게 **셀 수 없는 명사**와 **셀 수 있는 명사**로 나눌 수 있음
- 셀 수 없는 명사에는 **고유명사, 추상명사, 물질명사**가 있음
- 셀 수 있는 명사에는 **보통명사와 집합명사**가 있음

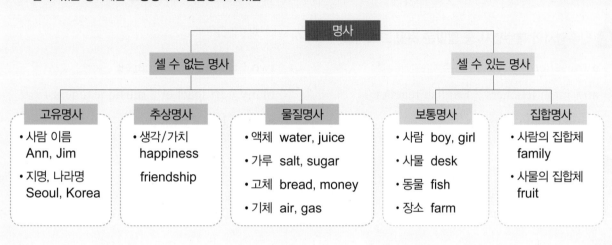

C 보기의 단어들을 분류에 맞게 골라 빈칸을 채우시오.

셀 수 없는 명사			셀 수 있는 명사	
1 고유명사	2 추상명사	3 물질명사	4 보통명사	5 집합명사
⑨ Bill	⑤ love	ⓒ salt	ⓐ bear	ⓙ family

보기

ⓐ ~~bear~~	ⓑ doctor	ⓒ ~~salt~~	ⓓ milk	ⓔ bread	ⓕ ~~love~~	⑨ ~~Bill~~
ⓗ China	ⓘ New York	ⓙ ~~family~~	ⓚ peace	ⓛ chair	ⓜ fruit	ⓝ cheese
ⓞ class	ⓟ work	ⓠ team	ⓡ library	ⓢ Sarah	ⓣ happiness	

D 다음 중 명사가 <u>아닌</u> 것을 고르시오.

1 water	coffee	milk	juice	sing
2 cookie	apple	eat	tiger	zoo
3 Tokyo	see	London	Canada	France

단수명사 vs. 복수명사

- 셀 수 있는 명사는 **단수명사**와 **복수명사**로 나눌 수 있음
- **단수명사**: 셀 수 있는 명사가 **하나**일 때 사용하고, 앞에 a 또는 an을 붙임
- **복수명사**: 셀 수 있는 명사가 **둘 이상**일 때 사용하고, 앞에 a 또는 an을 붙일 수 없음

E 단수명사와 복수명사 중 알맞은 것을 고르시오.

1 a (⟨teacher⟩ / teachers)　　　　　　　2 two (teacher / teachers)

3 an (math teachers / English teacher)　　4 many (art teacher / music teachers)

5 some (apple / apples)　　　　　　　　6 a few (ball / balls)

복수명사의 종류

- 규칙 복수명사: 단수명사 + s/es
- 불규칙 복수명사: 규칙이 없으므로 자주 활용되는 **불규칙 복수명사**는 암기

규칙 복수명사

+ s		+ es		
대부분의 명사	–s, –ss, –x, –ch, –sh, –o로 끝난 명사	–f, –fe로 끝난 명사	'자음 + y'로 끝난 명사	
+ s	+ es	f, fe를 v로 고치고 + es	y를 i로 고치고 + es	
desk – desks	bus – buses dish – dishes	leaf – leaves knife – knives	baby – babies city – cities	

불규칙 복수명사

단수	복수	단수	복수	단수	복수
man	men	fish	fish	foot	feet
woman	women	sheep	sheep	tooth	teeth
child	children	deer	deer	goose	geese
mouse	mice				

F 다음 단어의 단수형과 복수형을 바르게 쓰시오.

1 a car – two _____cars_____　　　　　2 a box – some _____

3 a baby – many _____　　　　4 a _____ – many leaves

5 a _____ – five women　　　　6 a child – many _____

7 a sheep – many _____　　　　8 a tooth – two _____

G 빈칸에 들어갈 명사의 형태로 알맞은 것을 골라 쓰시오.

1 The _____child_____ likes to sing.
   (child / children)

2 Many _____ enjoy sports.
   (man / men)

3 These _____ are kind and smart.
   (woman / women)

4 This _____ is honest and wise.
   (woman / women)

5 His _____ are big.
   (foot / feet)

6 His left _____ is dirty.
   (foot / feet)

7 There are some _____ on the farm.
   (mouse / mice)

8 There is a _____ on his farm.
   (mouse / mice)

9 There are many _____ on the street.
   (people / man)

10 Some _____ like summer.
   (people / woman)

Post

● 아래의 상자에서 알맞은 내용을 골라 명사, 단수명사, 복수명사에 대한 설명을 완성하시오.

1 명사란 _____ⓗ 사람, 사물, 동물, 장소, 생각이나 가치 등_____을 나타내요.

2 _____는 단수명사와 복수명사로 나눌 수 있어요.

3 셀 수 없는 명사에는 _____가 있어요.

4 _____는 셀 수 있는 명사가 하나일 때 사용하고, 앞에 a/an을 붙여요.

5 _____는 셀 수 있는 명사가 둘 이상일 때 사용하고, 앞에 a/an을 붙일 수 없어요.

6 _____는 규칙이 없으므로 자주 활용되는 불규칙 복수명사는 암기하세요.

7 _____로 끝난 명사는 복수형을 만들 때 es를 붙여요.

8 child의 복수형은 _____이에요.

ⓐ 복수명사   ⓑ children   ⓒ 셀 수 있는 명사   ⓓ 단수명사   ⓔ 불규칙 복수명사
ⓕ −s, −ss, −x, −ch, −sh, −o   ⓖ 고유명사, 추상명사, 물질명사   ⓗ 사람, 사물, 동물, 장소, 생각이나 가치 등

Listening

유형 1 날씨 고르기

● 대화를 듣고, 남자가 여행 중인 곳의 날씨를 고르시오.

①  ②  ③  ④  ⑤

전략 ● 질문에서 어느 장소의 날씨를 묻는지 유의하세요.

전략 적용 해보기!

1 장소와 함께 날씨 메모

○ London ➜ <u>foggy</u>   Home ➜ <u>bright</u> , <u>sunny</u>

2 날씨 관련 단어에 유의

○ <u>foggy</u> , <u>bright</u> , <u>sunny</u> , <u>warm</u>

● 다시 한 번 잘 듣고, 빈칸을 채우시오.

A: Hello.

B: Hi, Linda. I'm just calling to say I arrived safely in _____ !

A: How was your flight? Did you sleep any?

B: It was fine. I slept okay.

A: How's the weather there?

B: I'm surprised by _____ _____ it is here.

A: Isn't that _____ for England? It's _____ and _____ here at home.

B: I suppose it's normal here, but I hope it will warm up a bit.

Key Words & Key Expressions

일기 예보와 관련된 표현:

weather forecast 일기 예보 **cold front** 한랭 전선
warm front 온난 전선 **heat wave** 폭염, 무더위
humidity 습도 **high pressure** 고기압 **low pressure** 저기압
temperature 온도, 기온 **precipitation** 강수량
Celsius 섭씨의 **Fahrenheit** 화씨의

날씨 관련 표현:

좋은 날씨: **sunny** 맑은 **perfect** 완벽한 **splendid** 정말 좋은
흐린 날씨: **cloudy** 구름이 낀 **dull** 흐린 **gray** 흐린, 우중충한
　　　　　overcast 구름이 뒤덮인, 흐린
추운 날씨: **cold** 추운 **icy** 얼음같이 찬 **frigid** 몹시 추운, 냉랭한
　　　　　bone-chilling 뼈까지 시려 오는, 살을 에는 듯한
　　　　　chilly 쌀쌀한, 추운

연습1 대화를 듣고, 남자가 여행 중인 곳의 날씨를 고르시오.

① 　② 　③ 　④ 　⑤

1 장소와 함께 날씨 메모

2 날씨 관련 단어에 유의

○ Hawaii ➡ __perfect__ , __sunny__

　Home ➡ __overcast__ , __rainy__

○ __perfect__ , __sunny__ , __overcast__ , __rainy__

● 다시 한 번 잘 듣고, 빈칸을 채우시오.

A: How's it going? I sure do miss all of you.

B: How could you miss us while you're in _____? How's the weather?

A: It's _____! It is sunny every day and there is a nice _____ on the beach.

B: Oh, wow. I wish I could be there. It's been _____ and rainy for at least three days here.

A: Sounds like the _____ _____! It is summer after all.

연습2 대화를 듣고, 두 사람이 살 것을 모두 고르시오.

① 　② 　③ 　④ 　⑤

1 장소와 함께 날씨 메모

2 날씨 관련 단어에 유의

○ beach ➡ __bright__

○ __sunscreen__ , __sunglasses__ , __bright__ , __cloud__

● 다시 한 번 잘 듣고, 빈칸을 채우시오.

A: What are we doing tomorrow? Do I need to buy anything special?

B: I think we are going to just _____ on the _____ all day, right?

A: I guess we should buy some more _____, and I want some _____.

B: You do need sunglasses. It's really bright _____ since there aren't many _____.

A: Here's a shop. Let's see if I can find some.

● 대화를 듣고, 남자의 어머니를 고르시오.

①  ②  ③  ④  ⑤

전략 ▶ 질문의 키워드에 집중하세요.

전략 적용 해보기!

1 긍정 혹은 부정을 암시하는 단어에 유의

2 묘사에 해당하는 단어 메모

○ Does your mother wear glasses ?
No, she doesn't .

○ wear   glasses , burgundy   suit ,
 flowered   scarf

● 다시 한 번 잘 듣고, 빈칸을 채우시오.

A: Whose picture is that, Mark?

B: Look, my mother's here.

A: Which is she?

B: _____ _____ you guess?

A: Does your mother _____ _____?

B: No, she doesn't. She's in a _____ _____ and a _____ _____.

A: A flowered scarf? Then this lady must be your mother.

B: Yes, you're right.

Key Words & Key Expressions

Hair Style(머리 모양)과 관련된 표현:

straight hair 직모 **permed hair** 파마머리

curly hair 곱슬머리 **ponytail** 하나로 묶은 머리 **pigtail** 땋은 머리

bangs 단발의 앞머리 **bald** 대머리의 **crew cut** 아주 짧게 깎은 남자 머리

Physical Trait(체형)과 관련된 표현:

tall 키가 큰 **short** 키가 작은 **medium height** 중간 키

average height 평균 키 **fat** 살찐 **obese** 지나치게 살찐, 비만의

overweight 과체중의, 비만의 **plump** 포동포동한 **chubby** 통통한

thin 마른, 가는 **slim** 날씬한 **slender** 날씬한

skinny (보기 흉할 정도로) 깡마른

① ② ③ ④ ⑤

1 긍정 혹은 부정을 암시하는 단어에 유의
2 묘사에 해당하는 단어 메모

○ ___But___ I like the ___striped___ one better.

○ I am talking about the one with the ___polka___ ___dots___.

● 다시 한 번 잘 듣고, 빈칸을 채우시오.

A : What a cool bag!

B : Oh, yeah. I love the _____.

A : Stripes? I am talking about the one with the _____ _____. It's there right in the middle next to the red one.

B : Oh! I see it now. It's okay, but I like the _____ one _____.

연습2 대화를 듣고, 여자의 어머니를 고르시오.

① ② ③ ④ ⑤

1 긍정 혹은 부정을 암시하는 단어에 유의

2 묘사에 해당하는 단어 메모

○ ___That's___ ___me___! My mom used to ___get___ ___my___ ___hair___ ___permed___.

○ with the ___long___ ___straight___ ___hair___ and ___bangs___

● 다시 한 번 잘 듣고, 빈칸을 채우시오.

A : Look at that girl _____ the very _____ hair.

B : Hey! That's me! My mom used to _____ my hair _____ when I was younger.

A : Which one is your mom?

B : She's next to me with the _____ _____ hair and _____.

A : You two look kind of similar.

Unit 2 Skydiving

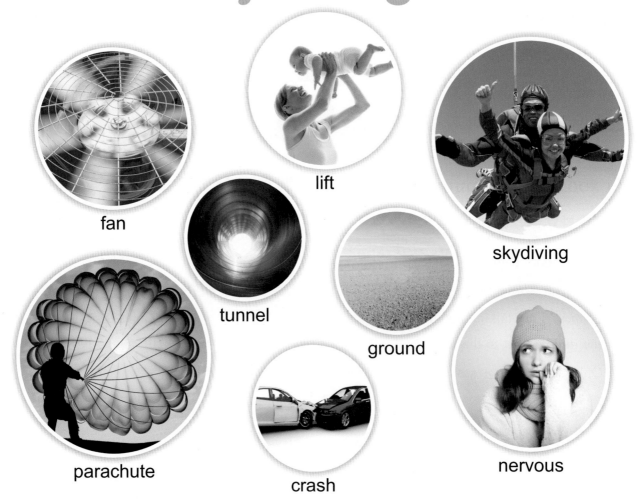

fan

lift

skydiving

tunnel

ground

parachute

crash

nervous

A 잘 듣고, 큰 소리로 따라 말하며 빈칸을 채우시오. T 05

No.	Korean	English	Collocation
1	图 ~해 보다, 노력하다 명 시도	try	_____ again 다시 시도하다
2	명 스카이다이빙	skydiving	go _____ 스카이다이빙하러 가다
3	명 (특정한 활동을 위한) 시간	session	in _____ 개최 중인, 학기 중인
4	명 비행기	plane	board a _____ 비행기를 타다
5	图 입고 있다	wear	_____ a coat 코트를 입다
6	명 낙하산	parachute	pack a _____ 낙하산을 접어 넣다
7	图 떨어지다, 넘어지다 명 넘어짐, 가을, 폭포	fall	_____ from the sky 하늘에서 떨어지다
8	명 땅, 운동장	ground	hit the _____ 바닥에 떨어지다

Vocabulary

No.	Korean	English	Collocation
9	형 열광하는, 미친, 화난	crazy	_____ about baseball 야구를 몹시 좋아하는
10	동 동의하다, 의견이 일치하다	agree	_____ to the proposal 제안에 동의하다
11	부 실내에서, 실내로	indoors	stay _____ 실내에서 머물다
12	동 사용하다 명 사용, 이용	use	_____ the last drop 마지막 방울을 쓰다
13	명 바람	wind	a strong _____ 강한 바람
14	명 터널, 굴 동 터널을 뚫다	tunnel	through the _____ 터널을 통과해서
15	명 관, 튜브	tube	a _____ of toothpaste 치약 한 통
16	명 선풍기, 팬, 부채 동 부채질하다	fan	a standing _____ 스탠딩 선풍기
17	동 들어 올리다 명 태우기, 올리기	lift	_____ someone's spirit 기운을 북돋우다
18	동 느끼다	feel	_____ the wind 바람을 느끼다
19	명 지배, 조절 동 지배하다, 조절하다	control	a remote _____ 원격 조종
20	명 몸, 신체	body	the whole _____ 전신
21	명 움직임, 이동	movement	a body _____ 몸의 움직임
22	동 충돌하다 명 (충돌, 추락) 사고	crash	a car _____ 자동차 충돌 사고
23	동 훈련하다 명 열차	train	an express _____ 급행 열차
24	명 기술, 기법	technique	an advanced _____ 진보된 기술
25	동 연습하다, 실행하다 명 연습, 실행	practice	_____ repeatedly 반복적으로 연습하다
26	형 준비된	ready	get _____ 준비되다
27	명 헬멧	helmet	a bike _____ 자전거 헬멧
28	명 (특정한 활동 때 입는) 옷, 정장 동 (~에게) 맞다, 어울리다	suit	a dark _____ 짙은 색 정장 한 벌
29	대 둘 다 형 둘 다의	both	_____ sides 양쪽
30	형 초조한, 신경의	nervous	a _____ voice 떨리는 목소리

B 그림을 보고, 알맞은 단어에 동그라미 하시오.

1

session

skydiving

2

suit

parachute

3

tunnel

tube

4

practice

lift

C 영어는 우리말로, 우리말은 영어로 쓰시오.

1	session		14	~해 보다, 노력하다 / 시도	
2	plane		15	입고 있다	
3	fall		16	땅, 운동장	
4	agree		17	열광하는, 미친, 화난	
5	use		18	실내에서, 실내로	
6	feel		19	바람	
7	control		20	관, 튜브	
8	movement		21	선풍기, 팬, 부채 / 부채질하다	
9	crash		22	몸, 신체	
10	technique		23	훈련하다 / 열차	
11	practice		24	준비된	
12	suit		25	헬멧	
13	nervous		26	둘 다 / 둘 다의	

D 다음 중 스카이다이빙과 <u>관계없는</u> 단어에 동그라미 하시오.

helmet	session	suit	parachute	plane

E 다음 중 알맞은 단어를 골라 문장을 완성하시오.

1 My aunt wanted to go (skydiving / parachute) for her 40th birthday.

2 He didn't (feel / agree) with my plan.

3 Her parents bought her a new (helmet / control).

4 The artist has a unique painting (crash / technique).

5 The cup fell on the (ground / wind).

6 The cyclist has to stop and change the (tube / fan) in his tire because it went flat.

7 Everyone wanted to (try / wear) the new shampoo.

F 주어진 단어를 보고, 두 문장에 공통으로 들어갈 단어를 골라 써 넣으시오.

1 The training program is made up six _____s.

He is going to take classes during the winter _____.

2 She felt a sudden _____ in the dark.

The dancer showed us beautiful _____s.

3 Leaves _____ on the ground.

People slip and _____ on the icy sidewalk.

4 We went _____ when it began to rain.

Due to the terrible storm, they need something fun to do _____.

Word Bank

fall	control	indoors	session	ready	movement

Reading

Dear Diary,

Today was an amazing day. You won't believe what I tried. I actually went skydiving! My dad bought me a skydiving session for my birthday. ❶ Today, we went to the skydiving center in the city. It was so exciting!

❷ You may think skydiving is dangerous. Jumping from a plane high up in the air! Wearing a parachute and falling to the ground! It sounds crazy, I agree. But I did my skydiving at a skydiving center. I did my skydiving indoors.

 Q1
Where did the girl go skydiving?
a. Outside a plane, high up in the air
b. Inside a skydiving center

❸ Skydiving indoors is different. You use a wind tunnel. **This** is a big tube with a huge fan under it. When the fan is on, there are very fast winds in the tube. You go inside the tube to skydive.

When you are inside the wind tunnel, the wind lifts you up. You feel like you are flying. But you need to control your body movements. If you don't, you could veer to the side. You could even crash into the ground!

Q2 What does **This** refer to?

a. Very fast winds   b. A wind tunnel

My skydiving session was at 12:30. But I had to train before my session. So Dad and ❹ I got (there) in the morning. I met my instructor, Bill, and he taught me the techniques. Then, ❺ I had to practice body control on my own.

Finally, Bill said I was ready. I put on a helmet and a skydiving suit. Then, we both went into the wind tunnel. I was nervous "flying" at first. But after a few seconds, it felt great. What an amazing experience!
Thanks, Dad!

Q3 When did the girl arrive at the center?

a. In the afternoon

b. In the morning

1 Today, we went to the skydiving center **in the city**.

장소의 전치사 in

- city, country 등과 같이 비교적 넓은 장소 앞에는 전치사 in을 쓰고, bank, school, center 등과 같이 좁은 장소 앞에는 전치사 at을 쓴다.

  ex) I have lived **in Seoul** for five years.　　I did my skydiving **at a skydiving center**.

2 You **may think** skydiving is dangerous.

조동사 may

- 조동사 may는 '〜해도 좋다'라는 의미로 허가를 나타내거나, '〜일지도 모른다'의 의미로 추측을 나타낸다.

  ex) You **may use** this pen. (허가)　　I **may join** your team. (추측)

3 Skydiving **indoors** is different.

부사 indoors

- indoors는 '실내에서, 실내에'라는 의미로 부사이며, 문장에서 동사 등을 수식한다.
- indoor는 '실내의, 실내용의'라는 의미로 형용사이며, 문장에서 명사를 수식한다.

  ex) The wedding will be held **indoors**. (부사)　　I like **indoor** sports. (형용사)

4 I got there **in the morning**.

시간의 전치사 in과 at

- 월, 계절, 연도 등 비교적 긴 시간과 오전/오후/저녁 앞에는 전치사 in을 쓴다.
- 구체적인 시각이나 하루 중 특정한 때를 나타내는 말 앞에는 전치사 at을 쓴다.

  ex) **in** March, **in** spring, **in** the morning, **at** seven o'clock, **at** noon

  　　My skydiving session was **at 12:30**.

5 I **had to practice** body control on my own.

조동사 had to

- have to는 '〜해야 한다'의 의미로 must와 마찬가지로 필요나 의무를 나타낸다.
- have to와 must의 과거형은 had to이며, '〜해야 했다'의 의미이다.

  ex) I **had to do** the homework all by myself.

Reading Comprehension

A 질문에 알맞은 답을 고르시오.

1 이 글의 또 다른 제목으로 알맞은 것을 고르시오.

a. A Scary Sport

b. A Great Present

c. An Exciting Father

2 동그라미 한 **there**가 가리키는 것을 고르시오. (30쪽)

a. The family car

b. The skydiving session

c. The skydiving center

3 실내 스카이다이빙을 위해 바람 터널이 필요한 이유를 고르시오.

a. To help control body movement

b. To lift the body into the air

c. To make things more exciting

B 주어진 단어를 활용하여 빈칸을 채우시오.

1 How is indoor skydiving different?

- NOT from a _____ high in the air
- NOT with a _____ while falling to the ground
- NOT _____

2 How do you skydive indoors?

① Go inside a wind _____ to skydive.

② Winds _____ body and you "fly."

3 What's important in indoor skydiving?

- need to _____ body movement; otherwise, could crash into the side or the ground
- before a session you need to _____
- need to wear a _____ and skydiving suit

Word Bank			
control	tunnel	helmet	parachute
lift	train	outside	plane

► Reading Focus

Recognizing Reference Words (지시어 찾기)
가리키는 대상의 종류가 다양하다는 사실을 인지하라!

지시어 인지는 독해 성공의 주요 key 중 하나예요. 지시어는 대부분의 경우 지문에서 언급된 대상을 가리켜요. 이때 가리키는 대상은 명사나 명사구 혹은 문장이 될 수도 있고 때로는 한 문단이 되기도 해요. 간혹 독자가 지문의 내용을 토대로 가정할 수 있는, 지문에 언급되지 않은 내용이 될 수도 있음을 유의하세요.

🔵 지시어의 종류

1 대부분의 지시어는 원래 지칭하는 대상 뒤에 위치

I make notes on cards and review them every evening.

2 지시어가 간혹 원래 지칭하는 대상 앞에 위치

I have a great system for studying. I make notes on cards and review them every evening.

3 이례적으로 지시어가 언급되지 않은 대상 지칭(독자들이 알 것으로 추측)

I'll be sure to pass the entrance exam next year! (the entrance exam = the university entrance exam)

연습 다음 글을 읽고, 질문에 바르게 답하시오.

People think this sport is dangerous. But actually, it is less dangerous than driving! What is the sport I am talking about? Skydiving! This activity only kills 21 people a year. That's only 1 death for 150,000 jumps! Driving kills over 30,000 yearly!

🔵 다음 지시어의 위치로 알맞은 것을 골라 연결하시오.

a. this sport •   • 지칭하는 대상 뒤

b. This activity •   • 알 것으로 추측

c. jumps •   • 지칭하는 대상 앞

Grammar

전치사 (장소 / 시간)

● 다음 문장을 읽고, 맞으면 C, 틀리면 I를 선택하시오.

1 Jake usually plays soccer at the afternoon. (C / I)

2 Bill lives in America with his family. (C / I)

3 The book is on the desk. (C / I)

전치사의 역할

• 명사나 대명사의 **시간, 장소** 등 관계를 나타낼 때 사용함

• 전치사는 **명사나 대명사 앞**에 위치함

A 다음 문장에서 주어진 전치사가 들어갈 알맞은 곳을 고르시오.

1 The book is the desk. (on)
ⓐ   ⓑ

2 The bag is the table. (under)
ⓐ   ⓑ

3 I get up 7 o'clock. (at)
ⓐ   ⓑ

4 I drink milk the morning. (in)
ⓐ   ⓑ

장소를 나타내는 전치사

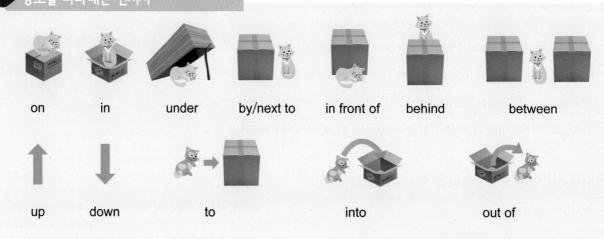

| on | in | under | by/next to | in front of | behind | between |

| up | down | to | into | out of |

• at + 좁은 장소   at the airport

• in + 넓은 장소   in the country

B 장소를 나타내는 전치사와 우리말 뜻을 바르게 연결하시오.

1 on •　　　　　　　　　• ⓐ ~ 아래에

2 in •　　　　　　　　　• ⓑ ~ 안에

3 under •　　　　　　　　• ⓒ ~ 위에

4 by •　　　　　　　　　• ⓓ ~ 사이에

5 to •　　　　　　　　　• ⓔ ~ 옆에

6 between •　　　　　　　• ⓕ (이동 방향을 나타내어) ~ 로, ~ 쪽으로

C 우리말을 읽고, 빈칸에 알맞은 전치사를 쓰시오.

1 그는 산 위로 올라갔다.　　　　　　He climbed _____up_____ the mountain.

2 서점은 빵집 뒤에 있다.　　　　　　The bookstore is _____ the bakery.

3 바닷속에 물고기가 많다.　　　　　There are many fish _____ the sea.

4 은행은 상점 옆에 있다.　　　　　　The bank is _____ the store.

5 키 큰 나무들이 건물 앞에 있다.　　There are tall trees _____ the building.

6 벽에 그림이 한 개 있다.　　　　　There is a picture _____ the wall.

7 나무 아래에 벤치가 두 개 있다.　　There are two benches _____ the tree.

8 박물관과 극장 사이에 은행이 있다.　There is a bank _____ the museum _____ the theater.

D 사진을 보고, 빈칸에 알맞은 전치사를 쓰시오.

1 There is a sofa _____in____ the room.

2 There is a table _____ the sofa.

3 There are vases _____ the table.

4 There is a plant _____ the sofa.

5 There is a rug _____ the floor.

시간을 나타내는 전치사: at, on, in

- 시간을 나타내는 전치사는 뒤에 오는 단어에 의해 결정됨

at + 시각, 관용구	on + 요일, 날짜, 특별한 날	in + 달, 계절, 연도, 관용구
• at 1 o'clock 1시에	• on Monday 월요일에	• in May 5월에
• at noon 정오에	• on June 18th 6월 18일에	• in spring 봄에
• at night 밤에	• on my birthday 내 생일에	• in 2030 2030년에
• at midnight 자정에		• in the morning 아침에

시간을 나타내는 전치사: for vs. during

- for, during은 둘 다 '~ 동안에'라고 해석되지만, 하는 역할이 다르므로 **차이점에 유의**

for + 구체적인 숫자(시간의 길이)   during + 기간을 나타내는 단어(일, 행사 등의 특정 기간)

E 다음 문장을 읽고, 빈칸에 for와 during 중 알맞은 것을 쓰시오.

1 He studied math ____for____ 30 minutes.

2 He studied science _____ the vacation.

3 He played soccer _____ the holidays.

4 He played basketball _____ an hour.

5 He read a book _____ 40 minutes.

6 He read a book _____ the night.

시간을 나타내는 전치사: by vs. until

- by, until은 둘 다 '~까지'라고 해석되지만, 하는 역할이 다르므로 **차이점에 유의**

by: 동작이나 상태가 **특정 시간에 완료**될 때 사용

until: 동작이나 상태가 **특정 시간까지 계속**될 때 사용

F 다음 문장을 읽고, by와 until 중 알맞은 것을 고르시오.

1 I should finish the work (by / until) 6:00.

2 You should stay home (by / until) 6:00.

3 I should go to school (by / until) 8:30.

4 I have classes (by / until) 3:00.

5 It will rain (by / until) tonight.

6 It will stop raining (by / until) tomorrow.

G 빈칸에 공통으로 들어갈 알맞은 전치사를 쓰시오.

1 **at**
ⓐ _____ 5 o'clock
ⓑ _____ noon
ⓒ _____ midnight

2
ⓐ _____ March
ⓑ _____ the evening
ⓒ _____ winter

3
ⓐ _____ 2025
ⓑ _____ fall
ⓒ _____ the afternoon

4
ⓐ _____ Christmas
ⓑ _____ Saturday
ⓒ _____ my birthday

5
ⓐ _____ night
ⓑ _____ 8:15
ⓒ _____ lunchtime

6
ⓐ _____ Friday
ⓑ _____ Thursday
ⓒ _____ December 25th

● 아래 상자에서 알맞은 내용을 골라 전치사에 대한 설명을 완성하시오.

1 전치사는 명사나 대명사의 __ⓚ 시간, 장소 등 관계를 나타낼 때__ 사용해요.

2 전치사는 _____에 위치해요.

3 'at + 좁은 장소 / in + _____'로 나타냅니다.

4 '_____ the floor(바닥에), _____ the wall(벽에), _____ the ceiling(천장에)'의 빈칸에 공통으로
알맞은 전치사는 _____이에요.

5 '~ 사이에'를 나타내는 전치사는 _____, '~ 아래에'를 나타내는 전치사는 _____입니다.

6 시간을 나타내는 전치사는 _____ 결정됩니다.

7 '_____ + 시각, 관용구 / on + 요일, 날짜, 특별한 날 / _____ + 달, 계절, 연도, 관용구'로 나타냅니다.

8 '_____ + 구체적인 숫자 / _____ + 기간을 나타내는 단어'로 나타냅니다.

ⓐ in　　ⓑ on　　ⓒ under　　ⓓ between　　ⓔ 명사나 대명사 앞　　ⓕ at　　ⓖ for
ⓗ during　　ⓘ 넓은 장소　　ⓙ 뒤에 오는 단어에 의해　　~~ⓚ 시간, 장소 등 관계를 나타낼 때~~

Listening

● 대화를 듣고, 남자의 취미를 고르시오.

① 　② 　③ 　④ 　⑤

전략 ▶ 핵심어를 들어야 해요.

전략 적용 해보기!

1 문제 꼼꼼히 읽기

2 듣기 전에 그림들의 차이점 찾기

○ 남자의 ____취미____ 고르기

○ _taking   pictures_ , _riding   a bike_ ,
  playing   the saxophone , _fishing_ ,
  cooking

● 다시 한 번 잘 듣고, 빈칸을 채우시오.

A: I'm really excited about this upcoming weekend.

B: Me, too! What do you _____ _____ on the weekend?

A: I like to _____ my _____: _____.

B: Sounds like fun! I should get a new hobby.

Key Words & Key Expressions

Hobby(취미)와 관련된 표현:

reading 독서　horse riding 승마　watching movies 영화 관람

drawing and painting 그림 그리기　cooking 요리

singing 노래 부르기　running 달리기　swimming 수영

knitting 뜨개질　gardening 정원 가꾸기　photography 사진 찍기

collecting things 수집　exercising 운동

playing musical instruments 악기 연주

candle making 양초 만들기　traveling 여행　chess 체스

camping 캠핑　fishing 낚시　model building 모형 만들기

bowling 볼링　archery 활쏘기　martial arts 무술

hiking 하이킹, 도보 여행　mountaineering 등산

연습1 대화를 듣고, 남자가 원하는 애완동물을 고르시오.

①   ②   ③   ④   ⑤

1 문제 꼼꼼히 읽기

2 듣기 전에 그림들의 차이점 찾기

○ 남자가 원하는 ___애완동물___ 고르기

○ ___parrot___ , ___dog___ , ___cat___ , ___turtle___ , ___fish___

● 다시 한 번 잘 듣고, 빈칸을 채우시오.

A: Look at the cute animals! Do you have any _____?

B: No, but I really wish I could _____ _____!

A: What would you want _____ you could get one?

B: I think a _____ _____ _____ the best pet. They can learn tricks.

연습2 대화를 듣고, 여자가 원하는 디저트를 고르시오.

①   ②   ③   ④   ⑤

1 문제 꼼꼼히 읽기

2 듣기 전에 그림들의 차이점 찾기

○ 여자가 원하는 ___디저트___ 고르기

○ ___donut___ , ___ice cream___ , ___chocolate cake___ , ___strawberry cake___ , ___cupcake___

● 다시 한 번 잘 듣고, 빈칸을 채우시오.

A: Have you _____ that new _____ in our neighborhood?

B: Yes! The display case is so amazing. I want to _____ all of it.

A: My _____ _____ is chocolate cake. Let's go by after school and get a _____.

B: That sounds like a great idea.

유형 4 감정 고르기　　　　T 08

● 대화를 듣고, 남자아이의 심정으로 가장 적절한 것을 고르시오.

① 지루한　　　　② 실망한　　　　③ 슬픈　　　　④ 짜증이 난　　　　⑤ 기쁜

전략 ▸ 감정과 관련된 어휘와 표현에 귀 기울이세요.

　　　　　　　　　　　　　　　　　　　　　　　　　　　　　전략 적용 해보기!

1 감정과 관련된 어휘, 표현 잘 듣기

2 동사 시제에 유의하기

○ You sound ___happy___ .

○ You ___sound___ happy.

Our science project ___was___ ___announced___ .

● 다시 한 번 잘 듣고, 빈칸을 채우시오.

A: Hi, Mom! How are you?

B: I'm good. You _____ _____.

A: Yes, I just got a _____ from my classmate.

B: And...?

A: Our science project was just _____ as the _____!

B: That's _____! _____!

Key Words & Key Expressions

Feeling(감정) 묘사와 관련해 자주 사용하는 동사 표현들:

be:　I am depressed.　　　　I am happy.

feel:　I feel so sad.　　　　I feel like crying.

sound:　You sound happy.

　　　　　You sound disappointed.

look:　You look depressed.

　　　　You look excited.

seem:　He seems nervous around me.

　　　　She seems scared to talk to me.

대화를 듣고, 남자아이의 심정으로 가장 적절한 것을 고르시오.

① 걱정하는　　② 신이 난　　③ 두려운　　④ 놀란　　⑤ 담담한

> 1 감정과 관련된 어휘, 표현 잘 듣기
>
> 2 동사 시제에 유의하기

○ I'm glad you aren't ___worried___ about it.

○ I'm glad you ___aren't___ ___worried___ about it.
　___I'll___ ___be___ ___satisfied___ with the results.

● 다시 한 번 잘 듣고, 빈칸을 채우시오.

A: Did you get your math test back yet?

B: We will get them tomorrow. I think ___ ___ ___ ___, though.

A: I'm glad you aren't ___ about it. What do you think you scored?

B: If I got at least 85%, I'll ___ ___ with the results.

A: Well, let's ___ our fingers ___ until tomorrow then.

연습2 대화를 듣고, 여자의 심정으로 적절한 것을 모두 고르시오.

① 걱정하는　　② 기쁜　　③ 두려운　　④ 놀란　　⑤ 실망한

> 1 감정과 관련된 어휘, 표현 잘 듣기
>
> 2 동사 시제에 유의하기

○ ___surprised___ , ___happy___

○ ___I'm___ so surprised to see you all.
　___I'm___ so happy to see so many of my friends.

● 다시 한 번 잘 듣고, 빈칸을 채우시오.

A: Happy birthday!

B: Wow! What is everyone doing here? I'm so ___ to see you all!

A: It's your birthday party! Surprise!

B: ___ ___ coming, everybody. I'm so ___ ___ ___
　so many of my friends.

A: Come over here and we will sing to you, and then we'll have some cake!

Unit 3 Movie Genres and You

romantic

western

hero

horror

forget

reflect

money

detective

A 잘 듣고, 큰 소리로 따라 말하며 빈칸을 채우시오. T 09

No.	Korean	English	Collocation
1	혱 아주 좋아하는 몡 좋아하는 물건	favorite	a _____ outfit 좋아하는 옷
2	혱 많은 튄 많이	a lot of	_____ _____ _____ free time 많은 자유 시간
3	혱 낭만적인, 연애의, 아름다운	romantic	_____ music 낭만적인 음악
4	몡 희극, 코미디	comedy	a _____ movie 코미디 영화
5	몡 (영화 속의) 액션, 행동	action	take _____ 행동을 취하다
6	몡 공포, 경악	horror	a _____ movie 공포 영화
7	몡 불경기, 우울함	depression	economic _____ 경제 불황
8	몡 사람들, 민족, 국민	people	boat _____ 선상 난민

Vocabulary

No.	Korean	English	Collocation
9	동 잊다	forget	_____ an appointment 약속을 잊어버리다
10	명 돈	money	paper _____ 지폐
11	명 곤란 동 괴롭히다	trouble	health _____ 건강 문제
12	명 공포, 두려움 동 ~을 두려워하다	fear	a strong _____ 강한 공포
13	동 처리하다, 다루다 명 거래	deal	a great _____ 다량, 상당량
14	명 기억(력), 추억	memory	a distant _____ 아득한 추억
15	형 서양의, 서부의	western	_____ breakfast 서양식 아침 식사
16	명 형사, 수사관	detective	a _____ novel 탐정 소설
17	명 스릴러물	thriller	a mystery _____ 미스테리 스릴러물
18	명 측면, 양상, 면	aspect	a hidden _____ 숨겨진 면
19	명 유형, 종류 동 타자치다	type	a blood _____ 혈액형
20	명 도시	city	the _____ center 도심부, 도시의 중심 부분
21	형 다른, 그 밖의 대 다른 사람	other	in _____ words 다시 말해서, 즉
22	형 도시의, 도회지의	urban	an _____ area 도시 지역
23	명 문제	problem	_____-solving 문제 해결
24	명 영웅	hero	a war _____ 전쟁 영웅
25	동 나타내다, 비추다, 반사하다	reflect	_____ an opinion 의견을 반영시키다
26	명 사회, 협회, 단체	society	a modern _____ 현대 사회
27	명 생활 방식	lifestyle	a healthy _____ 건강한 생활 방식
28	형 현재의, 통용되는 명 흐름	current	_____ events 시사 문제
29	동 일으키다 명 원인	cause	_____ and effect 원인과 결과
30	명 추세, 동향	trend	a current _____ 현재 유행

B 그림을 보고, 알맞은 단어에 동그라미 하시오.

1

forget
horror

2

western
current

3

detective
romantic

4

depression
hero

C 영어는 우리말로, 우리말은 영어로 쓰시오.

1	favorite		14	희극, 코미디
2	a lot of		15	(영화 속의) 액션, 행동
3	romantic		16	공포, 경악
4	depression		17	사람들, 민족, 국민
5	trouble		18	돈
6	deal		19	공포, 두려움 / ~을 두려워하다
7	memory		20	유형, 종류 / 타자치다
8	thriller		21	도시
9	aspect		22	도시의, 도회지의
10	other		23	사회, 협회, 단체
11	problem		24	생활 방식
12	reflect		25	일으키다 / 원인
13	current		26	추세, 동향

D 다음 중 영화와 가장 관계없는 단어에 동그라미 하시오.

| romantic comedy | action | horror | urban | thriller |

E 다음 중 알맞은 단어를 골라 문장을 완성하시오.

1 He was in (trouble / thriller) with his friends.

2 We need to have concern about our (society / other).

3 He has to change his unhealthy (lifestyle / type).

4 P.E. is my (favorite / hero) subject.

5 Old people don't like the new (urban / trend) in fashion.

6 She loved the writer's (problem / detective) story.

7 He has a good (memory / comedy) for the places.

F 주어진 단어를 보고, 두 문장에 공통으로 들어갈 단어를 골라 써 넣으시오.

1 The water _____s your face.

She tried to _____ their opinions in her article.

2 The _____ started in 1929.

Because of the economic _____, many people lost their jobs.

3 She loves the humorous _____s of his personality.

I considered all _____s of his proposal.

4 She found out that he was very _____.

The guitarist played _____ music.

Word Bank

| aspect | reflect | trend | depression | romantic | current |

Reading

Do you have a favorite genre? These days, there are a lot of genres to choose from. Three popular genres, though, are romantic comedy, action, and horror. ❶ Do you know why these genres first became popular?

The romantic comedy is an old genre. First made in the 1920s, it became hugely popular in the 1930s. Why then? It was the Great Depression. ❷ Romantic comedies made people laugh. They gave them hope. People could forget their money troubles.

Q1   Why did romantic comedies become popular?

a. People wanted to forget their troubles in love.

b. People wanted to feel hope in a terrible time.

Horror movies are older than the rom-coms. First made in the early 1900s, they became popular in the 1920s. This was after World War I. ❸ People had experienced fear and death. ❹ These movies helped people deal with their memories.

Westerns, detective movies, and thrillers all came before action movies. However, aspects of all of these types of movies can be found inside of the action movie genre. But why did this genre become popular?

Q2 Why did horror movies become popular?

a. People felt less sad when they watched them.

b. Horror movies helped people with their bad memories.

Action movies first became popular in the 1970s. Many people lived in cities. Crime and other urban problems were in the news. People wanted to see heroes fighting the problems in cities. ❺ Action movies let people feel power over these problems.

It turns out that movie genres reflect society. Sometimes this is because of lifestyle changes. Sometimes this is because of current events. Changes in society cause changes in movie trends. What's happening in society now? Do you see it in the movies?

Q3 What is true about the people who liked action movies?

a. Many of them hated cities.   b. Many of them lived in cities.

1 **Do you know why** these genres first became popular?

Do you know why ~?

- '왜 ~인지 아세요?'라는 의미를 가진 문형으로, 주의할 점은 'why + 주어 + 동사'의 어순이다.

  ex) **Do you know why** Justin changed his mind?

2 Romantic comedies **made people laugh**.

사역동사 make

- 사역동사는 다른 이에게 어떤 행동이나 동작을 하도록 시키는 동사이다.

  make는 '…에게 ~하게 만들다/강요하다'라는 의미를 가진 사역동사로, 보통 '주어 + make + 목적어 + 동사원형'의 어순으로 쓴다.

  ex) My coach **made me practice** over and over again.

3 People **had experienced** fear and death.

과거완료 시제

- 과거완료 시제는 'had + 과거분사'의 형태로, 과거 이전에 일어난 일이 과거의 어느 시점까지 지속되거나 과거 이전에 이미 완료되었음을 나타낸다.

  ex) When I arrived at his house, they **had** already **finished** dinner.

4 These movies **helped people deal** with their memories.

준사역동사 help

- 동사 help가 '…가 ~하는 것을 돕다'라는 의미로 사용될 때 '주어 + help + 목적어 + 동사원형/to부정사'로 나타낸다. help는 사역동사처럼 목적어 뒤에 동사 원형을 쓸 수도 있고, to부정사도 쓸 수 있어 준사역동사라고 부른다.

  ex) He **helped me find** my bag.   He **helped me to find** my bag.

5 Action movies **let people feel** power over these problems.

사역동사 let

- make, have와 함께 let은 사역동사로 사용되며, '허락하다'의 의미를 갖는다.

  ex) My mom **let me go** to the concert.

► Reading Comprehension

A 질문에 알맞은 답을 고르시오.

1 이 글은 무엇에 관한 것인지 고르시오.

  a. Why movies are popular   b. The history of movie genres

  c. Choosing the best movie to see

2 액션 영화는 언제 유행하게 되었는지 고르시오.

  a. Right after World War I   b. During the Great Depression

  c. After cities had developed more

3 영화 장르에 대해 바르게 말한 것을 고르시오.

  a. Movie genres make society change.

  b. Movie genres have reached their limit.

  c. Movie genres will continue to change.

B 주어진 단어를 활용하여 빈칸을 채우시오.

1 Romantic Comedies

○ an old _____

○ became popular in the

  _____ Depression

○ helped people _____

  their money troubles and gave them hope

2 Horror Movies

○ older than

  _____

○ became popular

  after World War I

○ helped people with their _____

3 Action Movies

○ a _____ genre

○ became popular when _____ developed

○ helped people feel _____ over problems

Word Bank

genre	power	memories	forget
Great	recent	cities	rom-coms

► Reading Focus

Inferring (추론하기)

주어진 정보를 바탕으로 글에 자세히 나타나 있지 않은 것들을 조심스럽게 추론한다.

어떤 독해 문제들은 글을 읽고 여러분이 더 많은 정보나 의도, 결론 등을 추측하고 추론하도록 이끌어요. 추론하기란 이처럼 글에 주어진 내용을 바탕으로 더 많은 것들을 조심스럽게 추측해 보는 것이에요. 때로는 작가의 의견이나 결론이 글에 직접적으로 나타나 있지 않은데 이 경우 여러분은 이를 직접 추측해 보아야 합니다. 추론하기 전략은 주어진 글에 대한 작가의 의도를 여러분이 전체적으로 이해할 수 있도록 도와줍니다.

● 추론의 단계

1 독해 질문 조심스럽게 읽기
2 질문에 해당하는 문단에 집중하기
3 글에 나와 있는 실마리 찾기
4 실마리를 바탕으로 추측하기

● 전략적 읽기의 열쇠

1 추론한 내용이 당신의 개인적인 의견에 근거한 것인가? ➡ 독해 지문 속 실마리를 바탕으로 해야 하므로 올바른 추론이 아님!

2 독해 실마리가 추론 내용과 상반된 내용인가? ➡ 독해 실마리가 추론을 이끌어야 하므로 오답!

3 추론 내용이 커다란 상상력을 요구하는가? ➡ 커다란 상상력을 요하는 것이 아니라 주어진 내용을 근거로 추측해야 하므로 오답!

연습 다음 글을 읽고, 질문에 바르게 답하시오.

Another movie genre that has become popular is science-fiction. The first sci-fi movies were made in the mid 1900s. Sci-fi movies became more popular as society became more complex. The movies often reflected people's fears about the future. They also reflected problems in present day society.

● 공상 과학 영화에 대해 바르게 말한 것을 고르시오.

a. They gave people hope for the future.

b. They showed what future problems might develop.

c. They helped people solve future problems.

Grammar

● 지각동사 / 사역동사

● 다음 문장을 읽고, 맞으면 C, 틀리면 I를 선택하시오.

1 Let it to go.   (C / I)

2 I heard him to practice the piano.   (C / I)

3 My friend makes me laugh.   (C / I)

● to가 없는 원형부정사 I: 지각동사

• 지각동사는 목적격 보어로 'to가 없는 원형부정사'를 사용함

지각동사: see, hear, feel   I see him dance. (O)   I see him to dance. (X)

A 다음 중 동사를 <u>모두</u> 고르시오.

1 ⓐ✓ want   ⓑ✓ sing   ⓒ✓ dance   ⓓ cat   2 ⓐ play   ⓑ soccer   ⓒ go   ⓓ come

3 ⓐ eat   ⓑ drink   ⓒ sleep   ⓓ pizza   4 ⓐ do   ⓑ dish   ⓒ like   ⓓ clean

B 다음 중 올바른 문장을 고르시오.

1 ⓐ✓ I want to sing.   2 ⓐ He wants play soccer.

  ⓑ I want sing.   ⓑ He wants to play soccer.

3 ⓐ I like eat pizza.   4 ⓐ He likes to drink milk.

  ⓑ I like to eat pizza.   ⓑ He likes to drinks milk.

C 지각동사를 사용한 문장 중 올바른 것을 고르시오.

1 나는 그녀가 춤추는 것을 본다.   2 나는 그가 축구하는 것을 본다.

  ⓐ✓ I see her dance.   ⓐ I see him to play soccer.

  ⓑ I see her dances.   ⓑ I see him play soccer.

  ⓒ I see her to dance.   ⓒ I see him plays soccer.

3 그는 그녀가 노래하는 것을 듣는다.   4 그녀는 그가 노래하는 것을 듣는다.

  ⓐ He hears her sings.   ⓐ She hears him to sing.

  ⓑ He hears her to sing.   ⓑ She hears him sing.

  ⓒ He hears her sing.   ⓒ She hears him sings.

to가 없는 원형부정사 II: 사역동사

- 사역동사도 목적격 보어로 'to가 없는 원형부정사'를 사용함

  사역동사: have, make, let

주어	사역동사	목적어	목적격 보어: 원형부정사	해석
They	have	him	~~to~~ go there.	그들은 그에게 그곳에 가도록 시킨다.
They	make	him	~~to~~ do it.	그들은 그에게 그것을 하게 만든다.
They	let	him	~~to~~ finish it.	그들은 그에게 그것을 끝내도록 시킨다.

D 다음 문장에서 사역동사를 찾아 동그라미를 하시오.

1 Mom (makes) me clean my room.   엄마는 나에게 방을 청소하도록 시키신다.

2 Dad lets me do the dishes.   아빠는 나에게 설거지를 하도록 시키신다.

3 He has her do her homework.   그는 그녀에게 숙제를 하게 한다.

4 He makes them sing.   그는 그들에게 노래하게 만든다.

5 He lets me go there.   그는 나를 그곳에 가게 한다.

E 다음 사역동사가 있는 문장에서 **틀린** 부분을 찾아 바르게 고치시오.

1 John lets his sister ~~to do~~ the job.
                  do

2 Mary makes her brother to go there.

3 Karen lets them to help her.

4 Robin makes people to laugh.

5 I will let it to go.

6 Carol has him to finish the work.

F 사역동사를 사용한 문장의 알맞은 뜻을 연결하시오.

1 They have him read every day. •   • ⓐ 슬픈 영화는 나를 울게 만든다.

2 She has me clean my room. •   • ⓑ 그들은 그에게 매일 책을 읽게 한다.

3 He lets them study harder. •   • ⓒ 그녀는 나에게 내 방을 청소하도록 시킨다.

4 Sad movies make me cry. •   • ⓓ 그는 그들을 더 열심히 공부하게 한다.

G 다음 빈칸에 알맞은 단어를 쓰시오.

주어	사역동사	목적어	목적격 보어: 원형부정사	해석
He	makes	me	1 cook.	그는 나를 요리하게 만든다. (cook)
He	has	her	2	그는 그녀에게 노래하도록 시킨다. (sing)
He	lets	them	3	그는 그들에게 책을 읽게 한다. (read)
He	makes	me	4	그는 나를 춤추게 만든다. (dance)
He	has	her	5	그는 그녀에게 운동하도록 시킨다. (exercise)
He	lets	them	6	그는 그들을 청소하게 한다. (clean)

H 사역동사를 사용한 문장 중 올바른 것을 고르시오.

1 공포 영화는 우리를 무섭게 만든다.

ⓐ Horror movies make us to feel scared.

ⓑ✓ Horror movies make us feel scared.

2 액션 영화는 우리에게 힘을 느끼게 만든다.

ⓐ Action movies make us to feel power.

ⓑ Action movies make us feel power.

3 코미디는 우리를 웃게 만든다.

ⓐ Comedies let us laugh.

ⓑ Comedies let us to laugh.

4 슬픈 영화는 우리를 울게 만든다.

ⓐ Sad movies make us to cry.

ⓑ Sad movies make us cry.

5 음악은 우리를 더 기분 좋게 만든다.

ⓐ Music makes us to feel better.

ⓑ Music makes us feel better.

6 칭찬은 우리를 더 열심히 일하게 만든다.

ⓐ Praise makes us to work harder.

ⓑ Praise makes us work harder.

I 다음 중 알맞은 동사를 고르시오.

1 He ⓐ✓ wants / ⓑ makes me to go there.

2 She ⓐ lets / ⓑ likes me call them.

3 He ⓐ wants / ⓑ makes us help her.

4 She ⓐ lets / ⓑ wants him to sing.

5 He ⓐ hears / ⓑ wants them sing.

6 She ⓐ sees / ⓑ likes them dance.

- 지각동사(see, hear, feel)는 목적격 보어로 'to가 없는 원형부정사'를 사용함
- 사역동사(have, make, let)도 목적격 보어로 'to가 없는 원형부정사'를 사용함

J 지각동사와 사역동사는 ○, to가 없는 원형부정사는 △하시오.

1 I heard him sing beautifully.   나는 그가 아름답게 노래하는 것을 들었다.

2 I saw her dance wonderfully.   나는 그녀가 멋지게 춤추는 것을 보았다.

3 I felt him touch my shoulder.   나는 그가 내 어깨를 만지는 것을 느꼈다.

4 He made me study harder.   그는 나를 더 열심히 공부하게 만들었다.

5 He let them cook dinner.   그는 그들에게 저녁을 하도록 시켰다.

6 He had her do the dishes.   그는 그녀에게 설거지하도록 시켰다.

Post

● 아래 상자에서 알맞은 내용을 골라 사역동사와 지각동사에 대한 설명을 완성하시오.

1 사역동사는 목적격 보어로 _____ ⓓ to가 없는 원형부정사 _____ 를 사용해요.

2 사역동사에는 _____ 등이 있어요.

3 지각동사에는 _____ 등이 있어요.

4 사역동사는 '사역동사 + _____'의 형태로 쓰여요.

5 '그녀는 나를 콘서트에 가게 한다.'는 'She _____ me go to the concert.'로 표현해요.

6 '나는 그녀가 피아노 치는 것을 들었다.'는 'I heard her _____ the piano.'로 표현해요.

7 '그는 나를 웃게 만든다.'는 'He _____.'로 표현해요.

8 '나는 그가 야구하는 것을 본다.'는 'I see _____.'로 표현해요.

ⓐ lets   ⓑ have, make, let   ⓒ makes me laugh   ⓓ to가 없는 원형부정사

ⓔ play   ⓕ see, hear, feel   ⓖ him play baseball   ⓗ 목적어 + to가 없는 원형부정사

Listening

유형 5 할 일 고르기   **T 11**

● 대화를 듣고, 여자아이가 방과 후에 할 일을 고르시오.

① 쇼핑하기　　② 수영하기　　③ 영화 보러 가기　　④ 할머니 댁 방문　　⑤ 친구네 집 방문

전략 ▶ 의지나 계획을 나타내는 말에 집중하세요.

전략 적용 해보기!

1 의지, 계획을 나타내는 will 찾기

2 미래를 나타내는 be going to 잘 듣기

○ My mom ___will___ ___pick___ me ___up___ .

○ What ___are___ you ___going___ ___to___ see?

● 다시 한 번 잘 듣고, 빈칸을 채우시오.

A: It's last period! I'm so excited.

B: You seem really excited today. Something special going on?

A: My mom will _____ me _____ right after school and we _____ _____ _____ the movies.

B: That does sound fun. What are you _____ to _____?

A: That new comedy _____ that came out last weekend.

B: Cool. Tell me how it was tomorrow!

Key Words & Key Expressions

House Chores(집안일) 관련 자주 사용하는 표현들

do를 사용하는 경우:

do the dishes 설거지하다　do the laundry 빨래하다

do housework 집안일하다　do the ironing 다림질하다

do the cleaning 청소하다　do the vacuuming 진공 청소하다

do the dusting 먼지를 털다

make를 사용하는 경우:

make the bed 침대를 정리하다

make a cake 케이크를 만들다

make a sandwich 샌드위치를 만들다

대화를 듣고, 남자아이가 방학 중에 할 일을 고르시오.

① 수영장 가기　　② 낚시 배우기　　③ 숲속 오두막 야영　④ 할머니 댁 방문　⑤ 이모 댁 방문

1 의지, 계획을 나타내는 will 찾기

○ We ___will___ ___go___ to the same place.

2 미래를 나타내는 be going to 잘 듣기

○ We ___are___ ___going___ ___to___ stay in a cabin in the woods.

● **다시 한 번 잘 듣고, 빈칸을 채우시오.**

A: I'm so ready for summer vacation!

B: I remember last year your family went to the coast and you did some deep sea fishing off a boat.

A: Yeah! That was fun. I think this year _____ to the same place.

B: You _____ _____ really _____ it. We _____ _____ _____ stay in a cabin in the woods.

A: That must be really quiet and peaceful.

B: It's up a mountain, and there is lots of nature all around.

연습 2 **대화를 듣고, 남자아이가 할 일을 고르시오.**

① 학교 가기　　② 야구장 가기　　③ 병원 가기　　④ 친구네 집 방문　⑤ 숙제하기

1 의지, 계획을 나타내는 will 찾기

2 미래를 나타내는 be going to 잘 듣기

○ I ___will___ ___go___ with you.

○ I ___am___ ___going___ ___to___ visit her.

● **다시 한 번 잘 듣고, 빈칸을 채우시오.**

A: I saw Alice on the playground at lunchtime. She didn't look like herself.

B: Right. She _____ kind of sad or something.

A: I wonder what was bothering her.

B: How about we go _____ _____ her house for a visit?

A: That might be just the thing to cheer her up. I _____ _____ _____ visit her.

B: I _____ go with you.

● 대화를 듣고, 두 사람이 대화하는 장소로 가장 적절한 곳을 고르시오.

① 병원   ② 도서관   ③ 식당   ④ 은행   ⑤ 버스 터미널

전략 · 장소를 나타내는 키워드에 집중하세요.

전략 적용 해보기!

1 보기를 읽고, 관련 어휘 예측하기

○ 은행 → __deposit__ , __withdraw__ ,
__check__ __cash__

2 핵심 어휘로 실마리 찾기

○ make a __deposit__ , my deposit __slip__

● 다시 한 번 잘 듣고, 빈칸을 채우시오.

A: Good afternoon. How may I help you?

B: I need to _____ a deposit.

A: Certainly, sir. Will you be depositing _____ or _____?

B: Both actually. Here you are with my _____ _____.

A: Okay, let me see... All together, it's $570, correct?

B: Yes, that's correct.

A: Okay, sir. The deposit is all done. Here is your _____.

Key Words & Key Expressions

장소별로 자주 사용하는 표현들

bank: **balance** 잔고, 잔액 **deposit** 예금(하다) **transaction** 거래
withdraw 인출(하다) **ATM** 현금자동입출금기

post office: **package** 소포 **registered mail** 등기 우편
express mail 속달 우편 **content** 내용물

library: **library card** 도서관 카드 **check out** 대출하다
be due ~하기로 되어 있다 **overdue** 기한이 지난 **fine** 벌금

hospital: **surgery** 수술 **pain** 통증 **symptom** 증상
be hospitalized 입원하다 **be discharged** 퇴원하다
prescription 처방전

연습1 대화를 듣고, 두 사람이 대화하는 장소로 가장 적절한 곳을 고르시오.

① 은행   ② 병원   ③ 우체국   ④ 식당   ⑤ 도서관

1 보기를 읽고, 관련 어휘 예측하기

2 핵심 어휘로 실마리 찾기

○ 병원 ➡ ___check___ , ___test___

○ ___x-ray___ , annual ___physical___ , ___hearing___ ___test___

● 다시 한 번 잘 듣고, 빈칸을 채우시오.

A: We are going to the x-ray department, and then we'll get your _____ _____.

B: What kind of x-ray do I need?

A: Most people have a chest _____ with their annual _____.

B: After the hearing test, are we done?

A: Yes, that will be the last one for today! Then your _____ will be _____ in about three days.

B: Okay! Thank you!

연습2 대화를 듣고, 두 사람이 대화하는 장소로 가장 적절한 곳을 고르시오.

① 극장   ② 기차역   ③ 커피숍   ④ 상점   ⑤ 버스 정류장

1 보기를 읽고, 관련 어휘 예측하기

2 핵심 어휘로 실마리 찾기

○ 버스 정류장 ➡ ___bus___ ___number___ , ___bus___ ___stop___

○ ___get___ to, every ___bus___ from the ___stop___ , ___stops___ ___away___

● 다시 한 번 잘 듣고, 빈칸을 채우시오.

A: Excuse me. I'm trying to _____ _____ City Hall. Do you know which _____ goes there?

B: I'm afraid you're on the _____ _____. You'd better cross the street.

A: Oh, okay! Do you know which number it is?

B: Actually every bus from the stop _____ the street goes there. It's only 3 or 4 _____ _____.

A: Oh, that's great. Thank you so much.

retire

weather

villain

hate

target

actor

unrealistic

return

A 잘 듣고, 큰 소리로 따라 말하며 빈칸을 채우시오. T13

No.	Korean	English	Collocation
1	동 되돌아가다, 돌려주다	return	_____ a book 책을 반납하다
2	형 (가장) 최근의, 최신의	latest	the _____ edition 최신 판
3	동 은퇴하다	retire	_____ early 조기 은퇴하다
4	형 사악한, 악랄한 명 악	evil	good and _____ 선과 악
5	명 악당	villain	heroes and _____s 영웅과 악당
6	동 겨냥하다 명 대상, 목표	target	a lofty _____ 고귀한 목표
7	동 (영화, 연극 등에서) 주연을 맡다 명 스타, 별	star	a rising _____ 떠오르는 배우
8	형 기막히게 좋은	fabulous	a _____ resort 멋진 리조트

Vocabulary

No.	Korean	English	Collocation
9	명 (연극, 영화 등의) 여자 주인공	leading lady	a popular _____ _____ 인기있는 여자 주인공
10	형 이전의, (둘 중에서) 전자의	former	a _____ world champion 이전 세계 챔피언
11	명 (연인, 집단 사이의) 관계	relationship	a father-son _____ 부자 관계
12	명 파, 파벌, 패거리	clique	a popular _____ 인기있는 무리
13	동 싫어하다, 혐오하다 명 증오	hate	love and _____ 사랑과 증오
14	명 상황, 처지, 환경	situation	an awkward _____ 어색한 상황
15	형 비현실적인	unrealistic	an _____ story 비현실적인 이야기
16	명 대화, 대사	dialog	a friendly _____ 우호적인 대화
17	형 바보같은, 어리석은	foolish	a _____ boy 어리석은 소년
18	명 남자 배우	actor	a famous _____ 유명한 배우
19	명 (자연) 과학	science	a _____ experiment 과학 실험
20	명 소설, 허구	fiction	_____ and nonfiction 소설과 비소설
21	형 먼, (멀리) 떨어져 있는	distant	a _____ place 떨어져 있는 장소
22	형 선진의, 고급의	advanced	an _____ level 고급 수준
23	명 (과학) 기술	technology	a brand new _____ 신기술
24	부 갑자기	suddenly	_____ revealed 갑자기 폭로된
25	명 힘, 물리력, 폭력 동 억지로 … 시키다, 강요하다	force	_____ open 억지로 열다
26	명 날씨	weather	mild _____ 온화한 날씨
27	부 대단히, 매우	highly	_____ successful 크게 성공한
28	동 추천하다, 권하다	recommend	strongly _____ 강력하게 추천하다
29	형 다음의, 바로 옆의 부 다음에	next	_____ month 다음 달
30	명 (영화, 이야기 등의) 결말	ending	surprise _____ 뜻밖의 결말

B 그림을 보고, 알맞은 단어에 동그라미 하시오.

1

villain

leading lady

2

technology

target

3

advanced

unrealistic

4

actor

clique

C 영어는 우리말로, 우리말은 영어로 쓰시오.

1	return		14	(가장) 최근의, 최신의	
2	retire		15	사악한, 악랄한 / 악	
3	fabulous		16	주연을 맡다 / 스타, 별	
4	relationship		17	(연극, 영화 등의) 여자 주인공	
5	clique		18	이전의, (둘 중에서) 전자의	
6	situation		19	싫어하다, 혐오하다 / 증오	
7	advanced		20	대화, 대사	
8	technology		21	바보같은, 어리석은	
9	suddenly		22	(자연) 과학	
10	weather		23	소설, 허구	
11	highly		24	먼, (멀리) 떨어져 있는	
12	recommend		25	힘, 물리력, 폭력 / 강요하다	
13	next		26	(영화, 이야기 등의) 결말	

D 다음 중 영화와 가장 <u>관계없는</u> 단어에 동그라미 하시오.

actor	weather	ending	star	leading lady

E 다음 중 알맞은 단어를 골라 문장을 완성하시오.

1 He decided to (retire / return) the books early.

2 The actor had no trouble playing the (villain / science) in the film.

3 They didn't allow him to join their (technology / clique).

4 I want to know why you (recommend / star) that restaurant.

5 I think her dream is too (unrealistic / highly).

6 The English teacher asked me to read a (situation / dialog) in the book.

7 The final (ending / force) scene was a total surprise to everyone.

F 주어진 단어를 보고, 두 문장에 공통으로 들어갈 단어를 골라 써 넣으시오.

1 The archery hit the _____.

The product's _____ is young shoppers.

2 He usually writes _____.

She enjoys watching science-_____ movies.

3 She's a _____ relative of mine.

In the _____ future, we will have robot friends.

4 This rising _____ is so popular with teenagers.

They could see many _____s in the night sky.

Word Bank

fabulous	distant	clique	star	target	fiction

Reading

007 Returns (action)

007 Returns is the latest movie in the James Bond series.

❶ It is a new time for James Bond. He has retired from the spy business. But then, an evil villain targets him. What happens? Watch the movie and find out!

The action in this movie was great! A new James Bond stars in this movie, and he did a fabulous job. The only problem was his leading lady. ❷ Although beautiful, this former model did not really act well.

I give *007 Returns*: ★ ★ ★ ★ ☆

Q1 What is the writer's opinion of *007 Returns*?

a. It is a new kind of James Bond movie.

b. The lead actress did not do a good job.

Love in the Sunshine (romantic comedy)

This rom-com tells the story of one couple's relationship. These two first meet in middle school. It is the 80s, and they are in very different cliques. Of course, they hate each other. ❸ As they get older, things change.

❹ This movie was not as funny as I hoped. Many of the situations were unrealistic. Also, ❺ some of the dialog was quite foolish. The two actors were good though. I hope to see them in another movie in the future.

I give *Love in the Sunshine*: ★ ★ ✦ ★ ★

Q2   What does "rom-com" refer to?

    a. Something that is romantic but also funny

    b. An unrealistic and foolish situation

The Other One (science-fiction / horror)

The Other One takes place in the distant future. It is a time of advanced technology. Everything is controlled through technology. Suddenly, an evil force takes control of the weather systems. It starts to rain and doesn't stop!

I highly recommend this movie. The special effects were great, and the acting was good. The movie was scary! I never knew what would happen next. The ending was quite unexpected, too! If you like horror, see this movie.

I give *The Other One*: ★ ★ ★ ★ ☆

Q3 What is true about the time of *The Other One*?

a. Technology is used everywhere.　　b. It is close to our present time.

1 **It** is a new time for James Bond.

비인칭 주어 it

- 비인칭 주어 it은 시간, 날짜, 요일, 날씨, 계절, 온도, 밝고 어두움, 거리, 소요 시간 등을 나타내는 문장의 주어로 사용하며 이때 it은 따로 해석하지 않는다.

  ex) **It** takes about an hour. (소요 시간) 　　　　　**It**'s dark here. (밝고 어두움)

2 **Although** beautiful, this former model did not really act well.

종속 접속사 although

- although는 '비록 ～이지만'이라는 의미로 부사절을 이끄는 종속 접속사이다.

  ex) **Although** the sun was shining, it was cold.

3 **As** they get older, things change.

접속사 as

- as는 '～하는 동안, ～함에 따라'라는 의미로 시간의 경과를 나타내는 접속사이다.

  ex) He sat watching her **as** she got ready.

4 This movie was not **as funny as** I hoped.

비교할 때 쓰는 as ～ as 구문

- 'as + 형용사/부사 + as' 구문은 '…만큼 ～하다'라는 의미로 사용한다.

  ex) I can run **as fast as** you can.

5 Some of the dialog was **quite foolish**.

정도를 나타내는 부사 quite

- quite는 '꽤, 상당히'라는 의미로 very, little, a lot, really 등과 함께 형용사나 다른 부사의 정도를 나타낸다.

  ex) He is **quite busy** now. 　　　　　She did **quite well**.

► Reading Comprehension

A 질문에 알맞은 답을 고르시오.

1 이 글의 목적을 고르시오.

   a. To give opinions about three movies   b. To criticize three movies

   c. To persuade people to see movies

2 *Love in the Sunshine*에 대한 글쓴이의 생각을 고르시오.

   a. It was a good movie, but it had bad acting.

   b. The acting was good, but the other things were bad.

   c. The dialog and situations were funnier than expected.

3 글쓴이가 *The Other One*을 좋아하는 이유를 고르시오.

   a. There were not many special effects.

   b. The story could not be predicted.

   c. The acting was quite funny.

B 주어진 단어를 활용하여 빈칸을 채우시오.

1 *007 Returns* ★★★★☆

- _____ movie
- great action but bad

  _____
- new James Bond was

  good

2 *Love in the Sunshine* ★★★☆☆

- _____ comedy
- situations were

  _____ and the

  dialog was foolish
- not very _____

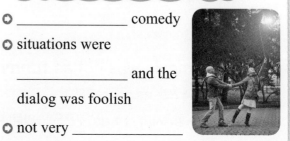

3 *The Other One* ★★★★★

- science-fiction / _____ movie
- great _____ and good acting
- _____ ending

Word Bank

horror	leading lady	unrealistic	unexpected
special effects	romantic	action	funny

► Reading Focus

Determining Fact or Opinion (사실과 의견 구분하기)
상황에 따라 변하지 않는 객관적인 정보인지 체크한다!

사실과 의견을 구분하는 것 역시 독해에서 중요해요. 사실은 어느 곳에서나 어떤 상황에서나 항상 변하지 않으며 객관적으로 증명될 수 있어요. 반면 의견은 기분에 따라 달라지고 주관적이며 개인에 따라 변할 수 있다는 점에 유의하세요.

● 알아 두면 유용한 주의 사항

Facts (사실)
점검 가능한 정보 포함
상황이 바뀌어도 불변
감정이나 신념 불포함

Opinions (의견)
수치로 나타내거나 측정 불가능
상황에 따라 변화
동의하거나 반대 가능

● 전략적 읽기의 열쇠

1 Kimchi is made with cabbage and red pepper. ➡ Fact! (요리책에서 쉽게 사실 여부 확인 가능)

2 Kimchi is not too spicy. ➡ Opinion! (개인에 따라 달라질 수 있음)

3 Kimchi is the national food of Canada. ➡ Incorrect fact! (사실 여부 확인 가능)

4 Korean people love kimchi. ➡ Opinion! (대부분의 한국인들에게는 사실이지만, 좋아하는 감정은 객관적으로 측정 가능하지 않음)

연습 다음 글을 읽고, 질문에 바르게 답하시오.

The Way of the Warrior is an Asian action movie. It tells the story of a young man in ancient times. After his parents get robbed, he learns to fight. He travels around fighting crime. This movie has a lot of great action. However, the story is not very original and is a little boring.

● 다음 문장이 사실인지 의견인지 고르시오.

	Fact	Opinion
a. It tells the story of a young man.	Fact	Opinion
b. The action is great.	Fact	Opinion
c. The story is a little boring.	Fact	Opinion

Grammar

Pre

비인칭 주어 it

● 다음 문장을 읽고, 맞으면 C, 틀리면 I를 선택하시오.

1 This is 6 o'clock.   (C / I)

2 It is summer in Australia.   (C / I)

3 What day is it today?   (C / I)

비인칭 주어 it

- 시간, 요일, 날짜, 달, 날씨, 계절, 명암, 거리, 소요 시간 등을 나타낼 때 사용함
- 비인칭 주어 it은 '그것'이라고 해석하지 않음

A 다음 문장을 읽고, 해당하는 것과 연결하시오.

1 It is sunny. •   • ⓐ 봄이다. •   • ① 시간

2 It is Monday. •   • ⓑ 화창하다. •   • ② 날짜

3 It is spring. •   • ⓒ 3시이다. •   • ③ 날씨

4 It is May. •   • ⓓ 월요일이다. •   • ④ 달

5 It is May 5th. •   • ⓔ 5월이다. •   • ⑤ 계절

6 It is 3 o'clock. •   • ⓕ 5월 5일이다. •   • ⑥ 요일

B 다음 문장을 읽고, 비인칭 주어 It의 알맞은 역할을 고르시오.

1 **It** is Sunday.   **2** **It** is winter.
  (시간 / 요일)   (날씨 / 계절)

3 **It** is cold.   **4** **It** is 9 o'clock.
  (날씨 / 계절)   (달 / 시간)

5 **It** is dark.   **6** **It** is September 8th.
  (명암 / 거리)   (날짜 / 요일)

• 비인칭 주어 it은 '그것'이라고 해석하지 않음   • 대명사 it은 앞에 나온 명사를 대신하고, '그것'이라고 해석함

C 다음을 읽고, 질문에 어울리는 답변과 해석을 연결하시오.

1 What day is it?   ⓐ It is 8:30.   ① 그것은 내 것이야.

2 What time is it?   ⓑ It is mine.   ② 그것은 내 새 자전거야.

3 Whose bag is this?   ⓒ It is Tuesday.   ③ 8시 30분이야.

4 What is that?   ⓓ It is my new bike.   ④ 화요일이야.

D 다음 문장을 읽고, 비인칭 주어 It은 ○, 대명사 It은 △하시오.

1 **It** is hot in summer. 여름에는 덥다.　　　2 **It** is on the table. 그것은 탁자 위에 있다.

3 **It** takes one hour. 1시간 걸린다.　　　4 **It** is Wednesday. 수요일이다.

5 **It** is Bill's book. 그것은 Bill의 책이다.　　　6 **It** is getting dark. 어두워지고 있다.

E 다음 대화를 읽고, It[it]이 '그것'이라고 해석이 되는지 또는 '해석 안 함'인지 고르시오.

1 A: Where is your jacket?　　　2 A: Is this Mike's pen?
   B: **It** is in my room.　　　　　B: Yes. **It** is his pen.
   (그것 / 해석 안 함)　　　　　(그것 / 해석 안 함)

3 A: When is your birthday?　　　4 A: How is the weather?
   B: **It** is October 22nd.　　　　B: **It** is windy and cloudy.
   (그것 / 해석 안 함)　　　　　(그것 / 해석 안 함)

5 A: Is that Sarah's house?　　　6 A: How long does it take?
   B: No, **it** is not.　　　　　　B: **It** takes 15 minutes.
   (그것 / 해석 안 함)　　　　　(그것 / 해석 안 함)

● 요일, 달을 나타내는 비인칭 주어 it

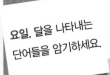

요일: Sunday, Monday, Tuesday, Wednesday, Thursday, Friday, Saturday

달:　　January, February, March, April, May, June,

　　　July, August, September, October, November, December

F 다음 빈칸을 채워 문장을 완성하시오.

1 It is We____n____sday.

2 It is T____e____day.

3 It is S____t____rday.

4 It is Fe____r____ary.

5 It is A____g____st.

6 It is De____e____ber.

● 날씨, 계절을 나타내는 비인칭 주어 it

날씨: sunny, rainy, cloudy, windy, snowy, warm, hot, cool, cold

계절: spring, summer, fall, winter

G 빈칸에 알맞은 단어를 보기에서 골라 문장을 완성하시오.

1 It is _____ⓒ sunny_____. (날씨가) 맑다.

2 It is _____. (날씨가) 따뜻하다.

3 It is _____. 봄이다.

4 It is _____. 겨울이다.

보기
ⓐ spring
ⓑ warm
ⓒ ~~sunny~~
ⓓ winter

● 날짜를 나타내는 비인칭 주어 it

날짜: 서수를 사용함

H 우리말과 같도록 문장을 완성하시오.

1 1월 1일이다.　　　It is _____January 1st_____.

2 5월 5일이다.　　　It is _____.

3 12월 25일이다.　　It is _____.

시간: 정시를 나타낼 때는 It is ___ (o'clock).이라고 표현하지만, '분'이 있을 때는 o'clock을 사용하지 않음

I 시계를 보고, 빈칸을 채우시오.

1

It is _____9 o'clock_____.

2

_____ is 9:15.

3

It _____.

4

_____

Post

● 아래의 상자에서 알맞은 내용을 골라 비인칭 주어 it에 대한 설명을 완성하시오.

1 비인칭 주어 it은 _____ⓗ 시간, 요일, 날짜, 달, 날씨, 계절_____, 명암, 거리, 소요 시간 등을 나타내요.

2 _____은 '그것'이라고 해석하지 않아요.

3 대명사 it은 앞에 나온 명사를 대신하고, '_____'이라고 해석해요.

4 요일을 물을 때 _____ is it (today)?라고 해요.

5 날짜를 물을 때 What is _____?라고 해요.

6 날씨를 물을 때 _____ is the weather?라고 해요.

7 Sunday, Monday, Tuesday, _____, Thursday, Friday, Saturday는 요일을 나타내는 어휘예요.

8 January, February, March, April, May, June, July, August, _____, October, November, December는 달을 나타내는 어휘예요.

ⓐ 그것　　ⓑ Wednesday　　ⓒ September　　ⓓ 비인칭 주어 it
ⓔ How　　ⓕ the date　　ⓖ What day　　ⓗ 시간, 요일, 날짜, 달, 날씨, 계절

Listening

유형 7 의도 파악하기

● 대화를 듣고, 여자아이의 마지막 말의 의도를 고르시오.

① 설득하기　　　② 충고하기　　　③ 설명하기　　　④ 격려하기　　　⑤ 비판하기

전략 ▸ 암시를 내포하는 키워드에 집중하세요.

전략 적용 해보기!

1 화자가 말하는 단어의 의미 분석

2 대화의 상황 생각하기

◎ down : ___기분이 우울한___

◎ 여자아이가 남자아이를 ___격려___ 하는 상황

● 다시 한 번 잘 듣고, 빈칸을 채우시오.

A: Hi, John! You look kind of _____.

B: Hi, Julie!

A: What's _____?

B: I'm just _____ a _____ _____ with school right now.

A: Too much work?

B: Yes, seems like as soon as I think I'm catching up, I get more assignments.

A: Well, just _____ _____ your work and _____ a schedule. I know you'll be able to _____ it all.

Key Words & Key Expressions

의도별로 자주 사용하는 표현들

Refusing(거절):

I'm sorry, but I can't. 미안하지만 할 수 없다. = Sorry, but I can't.

I'd love to, but I can't. 그러고 싶지만 할 수 없다. = I'd rather not.

Well, maybe next time! 글쎄요, 다음에요!

Thank you, but I'll have to pass. 고맙지만 사양할게요.

Accepting(수락):

I'd be glad to. 기꺼이 그러지요.

Yes, with pleasure. 기꺼이 할게요.

Be my guest. (상대방의 부탁을 들어주며) 그러세요.

Yes, certainly. 예, 그러지요.　No problem. 그럼요.

It's no big deal. 별일 아니에요. 그렇게 하지요.

연습1 대화를 듣고, 남자아이의 마지막 말의 의도를 고르시오.

① 응원하기   ② 충고하기   ③ 사과하기   ④ 감사하기   ⑤ 비판하기

| 1 화자가 말하는 단어의 의미 분석 | ○ appreciative: ___감사 표시___ |
| 2 대화의 상황 생각하기 | ○ 남자아이가 여자아이에게 ___도움___ 을 받는 상황 |

● 다시 한 번 잘 듣고, 빈칸을 채우시오.

A: I don't know how I can finish all these math problems. They are so hard.

B: Let me _____ a look. I am pretty good at math.

A: I just don't understand _____ _____ solve the questions.

B: Oh, I _____ _____ you with it!

A: Would you? That would be so great. I would be so _____.

연습2 대화를 듣고, 남자의 마지막 말의 의도를 고르시오.

① 사과하기   ② 설득하기   ③ 감사하기   ④ 충고하기   ⑤ 거절하기

| 1 화자가 말하는 단어의 의미 분석 | ○ sorry: ___거절 표시___ |
| 2 대화의 상황 생각하기 | ○ 남자가 여자의 도움 요청을 ___거절___ 하는 상황 |

● 다시 한 번 잘 듣고, 빈칸을 채우시오.

A: There is so much work _____ to do on this project.

B: Are you still working on it?

A: Yes, and the science fair is next week. I hope I can finish _____ time.

B: Seems like you have a lot left to do.

A: Is there any way that you _____ _____ me with some of it?

B: Oh, _____. I really need to finish my _____ first.

● 대화를 듣고, 두 사람이 만나기로 한 시각을 고르시오.

① 오후 2시　　　② 오후 3시　　　③ 오후 4시　　　④ 오후 5시　　　⑤ 오후 6시

전략 ▶ 시각과 날짜에 관련된 숫자에 집중하세요.

전략 적용 해보기!

1 대화를 듣기 전에 문제 먼저 읽기

○ 두 사람이 만나기로 한 시각에 집중

→ ___Why___ ___don't___ ___you___ come over
after school ___at___ ___2:00___?

2 숫자 집중해서 듣기

○ come over at ___2:00___, practice until ___3:00___ or ___4:00___

● 다시 한 번 잘 듣고, 빈칸을 채우시오.

A: Hello, Jane. How are you _____?

B: I'm great. What's going on?

A: I need to practice my piano piece for the recital this _____.

B: Me, too. I was going to practice _____, after dinner. Maybe tomorrow we could practice together at my house.

A: That would be really helpful and fun, too. What time will be okay?

B: Why don't you _____ _____ after school _____ _____? That way, we can practice _____ _____ or _____.

A: Okay, great. I'll meet you on the school yard tomorrow, and we can go to your place together. I'll bring my sheet music.

B: See you tomorrow!

Key Words & Key Expressions

시각과 관련된 표현:

quarter, fifteen 15분　half, thirty 30분
10:15 → It's ten fifteen. = It's a quarter after ten.
10:30 → It's ten thirty.
It takes half an hour. = It takes thirty minutes. 30분이 걸린다.
morning 아침, 오전　midday 정오　noon 정오　afternoon 오후
evening 저녁　midnight 자정

시간과 관련된 표현:

tonight 오늘 밤　the day before yesterday 그저께
yesterday 어제　today 오늘　tomorrow 내일
the day after tomorrow 모레
last week 지난주　this week 이번 주　next week 다음 주
last month 지난달　this month 이번 달　next month 다음 달

① 7:00 ② 7:30 ③ 7:45 ④ 8:00 ⑤ 8:45

1 대화를 듣기 전에 문제 먼저 읽기	◎ 두 사람이 만나기로 한 시각에 집중
	→ Let's meet at ___7:45___.
2 숫자 집중해서 듣기	◎ It starts at __8:00 p.m.__ See you at ___7:45___.

● 다시 한 번 잘 듣고, 빈칸을 채우시오.

A: Hi, Sue! How are you _____?

B: I'm good. I just finished the project I've been working on for history class.

A: Great. Why don't we go see a movie _____?

B: I'd love to. The new action movie is playing at the university theater.

A: What _____ does it start?

B: It starts at _____.

A: Sounds great. Let's meet at _____ in the theater lobby and grab a snack first.

B: Awesome. See you at 7:45.

연습2 대화를 듣고, 생일 파티가 열리는 날짜를 고르시오.

① 5월 10일 ② 5월 13일 ③ 5월 15일 ④ 5월 20일 ⑤ 5월 23일

1 대화를 듣기 전에 문제 먼저 읽기	◎ 두 사람이 만나기로 한 날짜에 집중 → __May__ __13th__
2 숫자 집중해서 듣기	◎ May ___13th___, ___12th___ birthday

● 다시 한 번 잘 듣고, 빈칸을 채우시오.

A: Do you remember when we are going to see Billy?

B: I think the party is on _____ _____ 13th.

A: Well, let's be sure. We don't want to miss it. It's his _____ _____ after all!

B: Here's the invitation. Yup, Saturday _____ _____.

A: What should we get for him?

B: Let's go to the mall to find a special gift for him.

Test 1

● 1번부터 6번까지는 듣고 답하는 문제입니다. **T 17**

01 대화를 듣고, 여자가 여행했던 곳의 날씨를 고르시오.

① foggy   ② windy

③ snowy   ④ cloudy

⑤ rainy

02 대화를 듣고, 여자가 원하는 가방을 고르시오.

① 줄 무늬 가방   ② 나비 무늬 가방

③ 물방울 무늬 가방   ④ 별 무늬 가방

⑤ 꽃 무늬 가방

03 대화를 듣고, 남자아이가 원하는 애완동물을 고르시오.

① bird   ② dog

③ fish   ④ cat

⑤ rabbit

04 대화를 듣고, 여자의 심정으로 알맞은 것을 고르시오.

① 지루한   ② 실망한

③ 슬픈   ④ 짜증이 난

⑤ 신이 난

05 대화를 듣고, 남자가 할 일을 고르시오.

① 음식하기   ② 장식하기

③ 노래하기   ④ 음악 틀기

⑤ 사진 찍기

06 대화를 듣고, 두 사람이 대화하는 장소로 가장 적절한 곳을 고르시오.

① 공항   ② 도서관

③ 식당   ④ 은행

⑤ 병원

● 여기서부터는 읽고 답하는 문제입니다.

07 다음 이메일의 빈칸 (A), (B)에 들어갈 말로 바르게 짝지어진 것을 고르시오.

Some people say that they don't have _____(A)_____ time to enjoy doing a variety of sports. In the past, extreme sports were very dangerous. However, they became safer and more people began to be interested in them. _____(B)_____ extreme sports have become increasingly popular, and accepted by the general population of western societies.

① a – Much   ② many – Much

③ much – Many   ④ many – a

⑤ a – Many

[8-10] 다음 글을 읽고, 물음에 답하시오.

Have you heard of skydiving indoors? I myself experienced <u>this</u> today. I actually did my skydiving _____(A)_____ a skydiving center. Let me tell you my exciting experience. Skydiving indoors is different. You use a wind tunnel. When I was _____(B)_____ the wind tunnel, the wind lifted me up. I felt like I was flying. What an amazing experience I had today!

08 윗글의 밑줄 친 this가 가리키는 것을 고르시오.

① 바람
② 실내 스카이다이빙
③ 바람 터널
④ 스카이다이빙 센터
⑤ 실내 활동

09 윗글의 빈칸 (A), (B)에 들어갈 말로 바르게 짝지어진 것을 고르시오.

① on − inside
② at − outside
③ to − inside
④ at − inside
⑤ at − on

10 윗글의 내용과 일치하지 <u>않는</u> 것을 고르시오.

① 나는 오늘 실내 스카이다이빙을 경험했다.
② 실내 스카이다이빙은 바람 터널을 이용한다.
③ 스카이다이빙과 실내 스카이다이빙의 차이점은 거의 없다.
④ 바람 터널 안의 바람이 사람을 들어 올린다.
⑤ 실내 스카이다이빙을 통해서도 날고 있는 느낌을 경험할 수 있다.

11 다음 글을 읽고, 바르게 추론한 문장을 고르시오.

Mystery movies focus on solving a crime or a puzzle. Suspense is often maintained as an important plot element. Agatha Christie is one of the most popular murder mystery authors. Many mystery movies are inspired from her novels.

① All mystery movies have the same plots.
② Mystery movies are mainly about unsolved murder cases and puzzles.
③ Agatha Christie is the only author of popular mystery movies.
④ All mystery movies focus on crimes.
⑤ Mystery movies are not widely popular lately.

12 밑줄 친 단어들과 같은 의미를 가진 단어들로 바르게 짝지어진 것을 고르시오.

> · *007 Returns* is the (A) latest movie in the James Bond series.
> · A new actor did a (B) fabulous job.
> · Some of the dialog was (C) quite foolish.

	(A)	(B)	(C)
①	worst	spectacular	quiet
②	most recent	fantastic	really
③	most recent	regular	little
④	last	ordinary	truly
⑤	last	remarkable	quiet

13 밑줄 친 전치사의 쓰임이 바르지 않은 것을 고르시오.

① I have lived in Paris for five years.

② I worked out for an hour.

③ I usually take a walk at the evening.

④ I usually get up at 7 o'clock.

⑤ The bag is on the table.

14 밑줄 친 부분 중 어법상 틀린 것을 고르시오.

① He made me practice all day long.

② He let me stay longer.

③ She made me cry.

④ He doesn't let me to go.

⑤ He had me bring his chair.

[15-17] 다음 글을 읽고, 물음에 답하시오.

> There are ___(A)___ people ___(B)___ enjoy sports. They enjoy the excitement and competition. Some people do extreme sports because the excitement of regular sports isn't enough. Extreme sports are sports ___(C)___ are exciting but risky. These are often non traditional sports. ___(D)___ extreme sports were developed as a rebellion against regular sports.

15 윗글의 빈칸 (A), (D)에 들어갈 수량 형용사가 바르게 짝지어진 것을 고르시오.

① many − Much　　② much − Many

③ many − Many　　④ much − Much

⑤ a lot of − Much

16 윗글의 빈칸 (B), (C)에 들어갈 관계대명사가 바르게 짝지어진 것을 고르시오.

① who − who　　② which − that

③ who − what　　④ who − that

⑤ that − what

17 윗글의 내용과 일치하는 것을 고르시오.

① 익스트림 스포츠는 안전하고 신나는 스포츠
이다.

② 익스트림 스포츠는 대체로 전통적인 스포츠
이다.

③ 익스트림 스포츠가 왜 개발되었는지에 관해
서는 알려진 바가 없다.

④ 신남과 경쟁을 즐기는 것은 익스트림 스포츠
와 아무런 관련이 없다.

⑤ 익스트림 스포츠는 일반적인 스포츠에 만족
하지 않는 사람들을 위해 개발되었다.

18 밑줄 친 부분의 뜻이 옳지 <u>않은</u> 것을 고르시오.

① You could even <u>crash</u> into the ground.
(추락하다)

② I met my <u>instructor</u>, Bill.
(교관)

③ This is a big tube with a <u>huge</u> fan under
it. (보통 크기의)

④ You need to <u>control</u> your body
movements. (조절하다)

⑤ If you don't, you could <u>veer</u> to the side.
(쏠리다)

19 주어진 어구들을 사용하여 우리말에 맞게 문장을
완성하시오.

| many volunteers, | much time |
| but we don't have | to do it. We have |

→ _____

_____

우리는 많은 자원봉사자들이 있지만, 그것을 할 시간이 많지
않다.

20 주어진 우리말을 영어로 옮기시오.

(1) 그곳에 가려면 약 두 시간 걸린다.

→ _____

(2) 로맨틱 코미디는 사람들을 웃게 하고, 공포
영화는 사람들을 비명 지르게 한다.

→ _____

Unit 5 Too Good to Be True

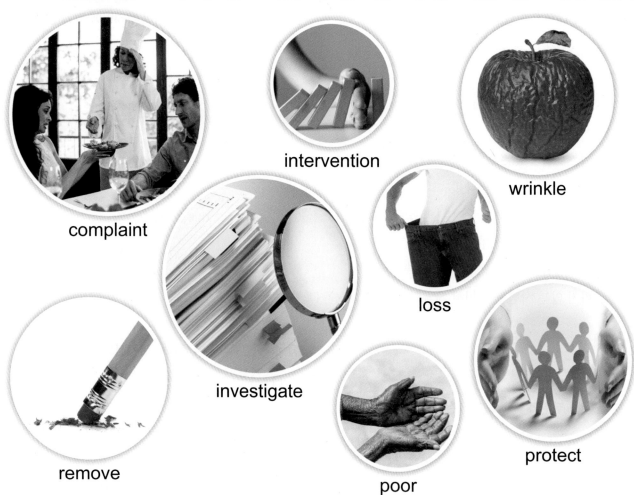

complaint

intervention

wrinkle

loss

investigate

remove

poor

protect

No.	Korean	English	Collocation
1	명 줄임, 손실, 분실, 패배	loss	a huge _____ 커다란 손실
2	동 없애다, 제거하다, 치우다	remove	_____ a problem 문제를 제거하다
3	명 주름 동 주름이 지다	wrinkle	forehead _____s 이마 주름
4	동 탄력 있게 만들다 명 어조, 말투, 분위기	tone	soft _____ 부드러운 말투
5	명 제품, 상품, 생산물	product	a popular _____ 인기 제품
6	동 믿다	believe	easily _____ 쉽게 믿다
7	형 사실이 아닌, 허위의	untrue	an _____ rumor 사실이 아닌 소문
8	명 광고	advertisement	an exciting _____ 흥미로운 광고

Vocabulary

No.	Korean	English	Collocation
9	형 부족한, 가난한, 불쌍한	poor	_____ lighting 침침한 조명
10	명 부족, 결핍 동 ~이 부족하다	lack	a _____ of time 시간 부족
11	명 정부, 행정, 체제	government	_____ officials 공무원들
12	명 개입, 조정, 중재, 간섭	intervention	a sudden _____ 갑작스러운 개입
13	형 새, 새로운	new	a _____ day 새로운 하루
14	명 약, 의학	medicine	an untested _____ 검증되지 않은 약물
15	명 시험, 검사 동 검사하다	test	an eye _____ 시력 검사
16	동 입증하다, 증명하다	prove	nothing to _____ 입증할 것이 없는
17	명 유효성, 효과적임	effectiveness	unclear _____ 불확실한 효과
18	동 허용하다, 허락하다	allow	_____ entry 입장을 허용하다
19	명 입증, 증명, 증거	proof	_____ of purchase 상품 구매 확인증
20	동 규제하다, 통제하다, 단속하다	regulate	strictly _____ 엄격히 규제하다
21	명 회사, 단체, 친구	company	run a _____ 회사를 운영하다
22	명 이점, 장점	advantage	unfair _____ 부당한 혜택
23	형 터무니없는, 너무나 충격적인	outrageous	an _____ claim 터무니없는 주장
24	동 관련시키다, 참여시키다	involve	_____ others 다른 사람을 끌어들이다
25	명 불평, 항의, 고소	complaint	a severe _____ 심각한 불평
26	동 조사하다, 살피다, 연구하다	investigate	_____ properly 적절히 조사하다
27	동 보호하다	protect	_____ the environment 환경을 보호하다
28	명 조사, 연구 동 조사하다, 연구하다	research	illegal _____ 불법적인 연구
29	명 복습, 검토 동 복습하다, 검토하다	review	carefully _____ 자세히 검토하다
30	명 환불 동 환불하다	refund	an immediate _____ 즉시 환불

B 그림을 보고, 알맞은 단어에 동그라미를 하시오.

1

involve

advertisement

2

complaint

outrageous

3

proof

protect

4

refund

research

C 영어는 우리말로, 우리말은 영어로 쓰시오.

1	wrinkle		14	줄임, 손실, 분실, 패배	
2	believe		15	없애다, 제거하다, 치우다	
3	government		16	탄력 있게 만들다 / 어조, 말투, 분위기	
4	intervention		17	제품, 상품, 생산물	
5	medicine		18	사실이 아닌, 허위의	
6	effectiveness		19	부족한, 가난한, 불쌍한	
7	regulate		20	부족, 결핍 / ~이 부족하다	
8	company		21	새, 새로운	
9	advantage		22	시험, 검사 / 검사하다	
10	outrageous		23	입증하다, 증명하다	
11	investigate		24	허용하다, 허락하다	
12	research		25	입증, 증명, 증거	
13	review		26	관련시키다, 참여시키다	

D 다음 중 의미가 <u>다른</u> 단어 하나를 골라 동그라미 하시오.

investigate   advertisement   research   review

E 다음 중 알맞은 단어를 골라 문장을 완성하시오.

1 Every student hopes to get a good mark on the (test / prove).

2 He wants to (involve / investigate) her in his project.

3 You should take (company / advantage) of this opportunity.

4 Please (remove / loss) your books from my desk.

5 The school did not (tone / allow) students to drink cola in the cafeteria.

6 You can see an (advertisement / intervention) for the new washing machine on TV.

7 The student made a (protect / complaint) about the homework.

F 주어진 단어를 보고, 두 문장에 공통으로 들어갈 단어를 골라 써 넣으시오.

1 She ironed _____s in her shirt.

Forehead _____s make people look old.

2 Without any _____, the officers had to let the man go.

It was hard to believe him since he never had _____.

3 The report was _____.

Most of the rumors on the internet turned out to be _____.

4 He has a _____ of writing skills.

Many poor people _____ food and water.

Word Bank
wrinkle   lack   review   untrue   proof   effectiveness

Reading

Have you ever heard of a drink that causes weight loss? Or a cream that removes wrinkles? Or even shoes that tone your legs? These products sound amazing! Should you believe their claims? Unfortunately, many of these claims are untrue.

How can this happen? We have all seen these types of advertisements. How can these products make these claims if they are not true? This problem has two causes.

❶ It comes from poor product regulation and a lack of government intervention.

 Q1 What is true about amazing products?

a. They have amazing effects.　　　b. Their claims are often untrue.

❷ A new medicine must go through testing to prove its effectiveness. The government allows it to be sold only after that proof. However, health products are not regulated the same way. ❸ They don't have to provide proof to start selling.

Companies take advantage of this in their ads. They make outrageous claims for their products. Unfortunately, the government can't intervene. ❹ Regulators must not get involved until they receive complaints about a product. Then, they can finally start investigating the product.

Q2 When can government regulators get involved?
a. When they see outrageous claims
b. When they receive complaints

What can you do to protect yourself? Do your research! Check the ingredients of the product. Can these do what the product claims? Look up reviews. Are other people happy with it? ❺ You should not buy before checking both these things.

Luckily, the government is planning regulation to help with this issue. Unfortunately, this will take time. But what if you buy a bad product now? Don't be afraid to complain to government regulators. Or contact the company and ask for a refund!

Q3 What should you do if you want to buy a health product?

a. Contact the government regulators

b. Do research into the health product

1 It **comes from** poor product regulation and a lack of government intervention.

come from

- '~에서 비롯되다' 혹은 '~ 출신이다'라는 뜻을 나타낼 때 come from으로 표현한다.

  ex) This practice **comes from** an old English tradition.

2 A new medicine must **go through** testing to prove its effectiveness.

go through

- '~을 통과하다, 성사되다' 혹은 '~을 살펴보다'라는 뜻을 나타낼 때 go through로 표현한다.

  ex) I am sorry, but the deal did not **go through**.

  You need to **go through** your email more carefully.

3 They **don't have to** provide proof to start selling.

have to 부정문

- have to는 조동사 must와 마찬가지로 '~해야 한다'라는 의미이다. have to의 부정문은 don't have to 로 나타내고, '~할 필요가 없다'의 의미로 쓰인다.

  ex) You **don't have to** tell me how you got it.

4 Regulators **must not** get involved until they receive complaints about a product.

must 부정문

- 조동사 must의 부정문은 must 바로 뒤에 not을 쓰며, must not은 '~해서는 안 된다'의 의미로 강한 금지 를 나타낸다.

  ex) You **must not** arrive late.

5 You **should not** buy before checking both these things.

should 부정문

- 조동사 should의 부정문은 should 바로 뒤에 not을 쓰며, should not은 '~해서는 안 된다, ~하지 않는 것이 좋다'의 의미로 금지나 충고를 나타낸다.

  ex) Cell phones **should not** be allowed in school.

► Reading Comprehension

A 질문에 알맞은 답을 고르시오.

1 이 글의 다른 제목을 고르시오.

   a. Changes to Government Regulation   b. Amazing Claims, Amazing Effects

   c. Beware of Ads

2 회사들이 건강 제품에 대해 과장된 주장을 할 수 있는 이유를 고르시오.

   a. Because their products have proved their effectiveness

   b. Because no one has complained to the government

   c. Because these products don't need to prove their claims

3 좋지 못한 제품을 구매했을 경우 이 글에서 제시된 해결책이 <u>아닌</u> 것을 고르시오.

   a. Do research on the company and leave a bad review.

   b. Ask the company for your money back.

   c. Tell government regulators about the problem.

B 주어진 단어를 활용하여 빈칸을 채우시오.

1 Why are there health products with amazing _____?

   ⚪ don't need to go through _____ to prove effectiveness

   ⚪ can start selling _____

   ⚪ government can't intervene unless there are _____

2 How can you _____ yourself?

Before

   ⚪ do research into the product _____ and check reviews

After

   ⚪ complain to government _____

   ⚪ contact the company and ask for _____

> **Word Bank**

a refund	without proof	protect	testing
complaints	ingredients	regulators	claims

► Reading Focus

Identifying Problems and Solutions (문제점과 해결책 찾기)

문제점을 시사하는 단어들과 해결책을 암시하는 단어들을 찾는다.

문제점과 해결책을 다룬 글 역시 우리가 자주 만날 수 있는 독해 지문 유형이에요. 이야기를 다루는 글은 흔히 어떤 문제로 이야기를 시작해서 그 문제를 해결하는 것으로 마무리 됩니다. 또한 정보를 다루는 글에서는 문제점을 직접적으로 나열하고 그에 대한 해결책을 제시합니다. 따라서 지문에서 문제점과 해결책을 찾는 것은 글을 이해하는 데 큰 도움이 됩니다. 이때, 글에서 문제점을 시사하고 해결책을 암시하는 signal words를 찾는 것이 중요합니다.

● 알아 두면 유용한 주의 사항

1 문제점을 시사하는 signal words: problem, cause, issue

2 해결책을 암시하는 signal words: solution, solve, help, in order to, so that

● 전략적 읽기의 열쇠

1 문제점과 해결책을 다루는 지문은 종종 인과관계를 나타내는 signal words를 사용한다.

→ because, since, as a result, due to 등을 참고하여 문제점과 해결책을 찾는다.

2 문제점과 해결책을 시사하는 signal words가 없는 경우도 있다.

→ 이 경우 문맥상 무엇이 문제점이고 해결책인지 파악해야 한다.

연습 다음 글을 읽고, 질문에 바르게 답하시오.

Do you worry about bad skin? Do you want to get rid of acne or spots? The solution is to be gentle. Don't scrub too hard. That causes even more skin problems. Just use your hands — not even a cloth! — and mild face soap. Be kind to your skin.

● 주어진 어구가 문제점인지 해결책인지 알맞은 것을 골라 기호를 쓰시오.

a. bad skin   b. get rid of spots   c. be gentle

d. scrub hard   e. use hands and mild soap   f. be kind to your skin

Problem : _____ _____ _____   Solution : _____ _____ _____

Grammar

● 조동사

● 다음 문장을 읽고, 맞으면 C, 틀리면 I를 선택하시오.

1 He can plays soccer. (C / I)

2 He not must make a noise. (C / I)

3 He should call the doctor now. (C / I)

● 조동사의 형태와 위치

• 조동사는 '조동사 + 동사원형'의 형태로, 동사 앞에서 동사의 의미를 보충해 줌

A 다음 중 올바른 문장을 고르시오.

주어가 3인칭 단수
(he/she/it)일 때도
조동사 + 동사원형!

1 ⓐ He plays can the guitar.

ⓥ He can play the guitar.

2 ⓐ I can speak English.

ⓑ I speak can English.

3 ⓐ He calls should his mom.

ⓑ He should call his mom.

4 ⓐ He must goes now.

ⓑ He must go now.

● 조동사의 의미

종류	의미	예문	해석
can	능력(~할 수 있다)	I **can** play the piano.	나는 피아노를 칠 수 있다.
may	허가(~해도 된다)	You **may** go now.	너는 지금 가도 된다.
	추측(~일지도 모른다)	It **may** snow.	눈이 올지도 모른다.
should	의무(~해야 한다)	You **should** go now.	너는 지금 가야 한다.
	충고(~하는 것이 좋다)	You **should** help him.	너는 그를 돕는 것이 좋겠다.
must	강한 의무(~해야만 한다)	You **must** go now.	너는 지금 가야만 한다.

B 주어진 우리말과 같도록 빈칸에 알맞은 조동사를 골라 쓰시오.

1 나는 그 일을 끝내야만 한다.

I ___must___ finish the work. (must / can)

2 그는 지금 자러 가야 한다.

He _____ go to bed now. (may / should)

3 그는 조용히 해야 한다.

He _____ be quiet. (should / can)

4 내일 비가 올지도 모른다.

It _____ rain tomorrow. (may / must)

조동사의 부정문

- 조동사 긍정문의 어순: 주어 + 조동사 + 동사원형 ~.
- 조동사 부정문의 어순: **주어 + 조동사 + not + 동사원형 ~.**

 다음 문장에서 not이 들어갈 알맞은 곳을 고르시오.

1 My dad ⌃can⌃speak Japanese.
ⓐ ⓑ

2 My uncle can ⌃speak⌃Chinese.
ⓐ ⓑ

3 You⌃must⌃park here.
ⓐ ⓑ

4 They⌃must⌃be late for class.
ⓐ ⓑ

5 He⌃should⌃call her now.
ⓐ ⓑ

6 She⌃may⌃be busy.
ⓐ ⓑ

 조동사의 의문문

- 조동사 긍정문의 어순: 주어 + 조동사 + 동사원형 ~.
- 조동사 의문문의 어순: **조동사 + 주어 + 동사원형 ~?**

D 다음 조동사가 있는 문장을 의문문으로 고치시오.

1 He should work harder.

_____Should_____ _____he_____ work harder _____?

2 He must clean his room.

_____ _____ clean his room _____

3 You can play the violin.

_____ _____ play the violin _____

4 She may help him.

_____ _____ help him _____

E 조동사 should와 보기의 표현을 이용하여 대화를 완성하시오.

1 A: I lost my umbrella.

B: You _____ⓐ should buy a new umbrella_____.

2 A: I am hungry. I didn't have lunch.

B: You _____.

3 A: Kevin needs to take a train at 8:30.

B: He _____.

4 A: Emily feels very tired now.

B: She _____.

5 A: I feel sick this morning.

B: You _____.

보기

ⓐ buy a new umbrella

ⓑ see a doctor

ⓒ leave now

ⓓ eat something

ⓔ go to bed early

F 빈칸에 알맞은 말을 보기에서 골라 대화를 완성하시오.

1 A: It is raining outside.

B: You ___ⓑ should___ take your umbrella.

2 A: I was late for school this morning.

B: You _____ be late for school again.

3 A: _____ I use your phone?

B: Sure. Go ahead.

4 A: _____ Peter play the piano?

B: No, he can't. He can not play the piano.

5 A: The traffic light is red.

B: We _____ stop when the red light is on.

보기

ⓐ Can

ⓑ should

ⓒ should not

ⓓ must

ⓔ May

G 다음 중 올바른 문장을 고르시오.

1 ⓐ Every student must studies hard.
   ⓑ✓ Every student must study hard.

2 ⓐ My aunt can to play tennis.
   ⓑ My aunt can play tennis.

3 ⓐ Children must not play with matches.
   ⓑ Children not must play with matches.

4 ⓐ Steve should to be quiet.
   ⓑ Steve should be quiet.

5 ⓐ May I use your pen?
   ⓑ May I using your pen?

Post

● 아래의 상자에 알맞은 내용을 골라서 조동사에 대한 설명을 완성하시오.

1 _____ⓖ 조동사_____ 는 동사 앞에서 동사의 의미를 보충해 주는 말이에요.

2 조동사 다음에는 _____ 이 와요.

3 조동사 의문문의 어순은 '_____'이에요.

4 조동사 부정문의 어순은 '_____'이에요.

5 조동사 _____은 능력(~할 수 있다)을 나타내요.

6 조동사 _____는 추측(~일지도 모른다)을 나타내요.

7 조동사 _____는 의무(~해야 한다)나 충고(~하는 것이 좋다)를 나타내요.

8 조동사 _____는 강한 의무(~해야만 한다)를 나타내요.

| ⓐ can | ⓑ may | ⓒ 동사원형 | ⓓ 조동사 + 주어 + 동사원형 ~? |
| ⓔ must | ⓕ should | ⓖ 조동사 | ⓗ 주어 + 조동사 + not + 동사원형 ~. |

Listening

유형 **9** 음식 주문하기 **T 20**

● 대화를 듣고, 오늘의 특선 메뉴 **두 개**를 고르시오.

① 스파게티   ② 라비올리   ③ 스테이크   ④ 닭고기 요리   ⑤ 농어 요리

전략 · 음식을 주문할 때 사용하는 표현을 익혀 보세요.

전략 적용 해보기!

1 주문할 때 사용하는 표현 익히기

2 음식 종류 익히기

○ __specials__ for tonight

○ __ravioli__ with cream sauce,
broiled __sea__ __bass__

● 다시 한 번 잘 듣고, 빈칸을 채우시오.

A: Welcome to Chez Rouge. I'm Carl. I'll be your server this evening.

B: Good evening.

A: _____ you like to hear the _____ _____ tonight?

B: Yes, please.

A: Tonight, we have ravioli_____ _____ _____ and _____ sea
bass on special.

B: Thank you, Carl. I'll _____ the menu and then decide.

A: Very good, ma'am. I'll be back to check on you shortly.

Key Words & Key Expressions

음식 주문과 관련해 자주 사용하는 표현들:

Are you ready to order? 주문하시겠어요?

Today's special 오늘의 특선 메뉴

Hold the onion, please. = No onions, please.
양파는 빼 주세요.

Hold the mustard, please. 겨자는 빼 주세요.

Without garlic, please. 마늘은 빼 주세요.

I'd like the dressing on the side, please. 드레싱은 따로 주세요.

메뉴 관련 표현들:

starter(=appetizer) 전채 요리 **main course** 주요리

set menu 세트 메뉴, 정식 **cold drink** 청량음료

side dish 곁들임 요리 **dessert** 후식, 디저트

연습 1 대화를 듣고, 남자가 주문할 음식을 고르시오.

① 치킨 수프　　　② 피자　　　③ 치킨 샌드위치　　　④ 햄버거　　　⑤ 스테이크 샌드위치

1 주문할 때 사용하는 표현 익히기

2 음식 종류 익히기

○ __I'll__ __just__ __go__ __with__ that.

○ chicken __sandwich__

● 다시 한 번 잘 듣고, 빈칸을 채우시오.

A: This menu is huge.

B: I know! I'm not sure _____ I'm going to get.

A: I _____ a really good _____ _____ last time I was here.

B: That sounds good. I think _____ just _____ _____ _____.

연습 2 대화를 듣고, 남자가 주문할 후식을 고르시오.

① 치즈 케이크　　　② 아이스크림　　　③ 초콜릿 케이크　　　④ 생크림 케이크　　　⑤ 딸기 케이크

1 주문할 때 사용하는 표현 익히기

2 음식 종류 익히기

○ __I__ __really__ __want__ __to__ __try__ one of their desserts.

○ __chocolate__ cake

● 다시 한 번 잘 듣고, 빈칸을 채우시오.

A: That was really a great _____.

B: Yeah, everything was so _____.

A: I'm so _____!

B: Me, too. But I really want to _____ one of their _____.

A: You can eat more?

B: Their chocolate _____ is famous! _____ a slice with me!

● 다음을 듣고, 무엇에 관한 내용인지 가장 적절한 것을 고르시오.

① 날씨   ② 환경 오염   ③ 운동의 필요성   ④ 비만의 원인   ⑤ 장래 희망

전략 ▸ 중심 내용을 나타내는 문장을 고르세요.

전략 적용 해보기!

1 주제문 고르기

2 주제와 관련된 표현 익히기

◦ We will discuss ___environmental___ issue.

◦ air ___pollution___ , ___industrial___ exhaust

● 다시 한 번 잘 듣고, 빈칸을 채우시오.

A: We will discuss environmental _____ today. New reports indicate that the
_____ pollution problems in our city are _____ worse. Air quality got worse
over the past two years. The report shows that _____ exhaust is the main
cause of this drastic change. It also indicates that people breathe air dirty enough to cause
health problems.

◤ **Key Words & Key Expressions** ◢

Environment(환경):

air pollution 대기 오염 water pollution 수질 오염

global warming 지구 온난화

recycled products 재활용품

energy efficient products 에너지 효율이 좋은 제품들

greenhouse effect 온실효과 ecosystem 생태계

eco-friendly 친환경적인 hybrid car 휘발유 전기 병용 승용차

acid rain 산성비

Social Issues(사회 문제):

aging society 고령화 사회 birth rate 출산율

household 가정 extended family 대가족

immediate family 직계 가족 nuclear family 핵가족

unemployment rate 실업률 youth unemployment 청년 실업

bullying 괴롭히기, 따돌림 cyberbullying 사이버 폭력

연습1 대화를 듣고, 무엇에 관한 내용인지 가장 적절한 것을 고르시오.

① 동물원   ② 날씨   ③ 운동   ④ 요리   ⑤ 콘서트

1 주제문 고르기

2 주제와 관련된 표현 익히기

◉ What is the ___forecast___?

◉ ___weather___, ___forecast___, ___rain___

● 다시 한 번 잘 듣고, 빈칸을 채우시오.

A: Are you excited about our trip to the zoo tomorrow?

B: Well, I was until I _____ the _____.

A: Oh, no! Don't say that! What is the _____?

B: Rain, rain, and then some more rain.

A: Do you think we should _____ _____ going?

B: If it's _____ in the _____, then probably.

연습2 대화를 듣고, 무엇에 관한 내용인지 가장 적절한 것을 고르시오.

① 생일 파티   ② 소풍   ③ 운동   ④ 탤런트쇼   ⑤ 서커스

1 주제문 고르기

2 주제와 관련된 표현 익히기

◉ It's my first time ___doing___ a ___talent___ ___show___.

◉ a talent ___show___, ___practice___ for hours, ___announce___, act

● 다시 한 번 잘 듣고, 빈칸을 채우시오.

A: Do you think we've prepared enough?

B: Yes, we'll be fine. Don't worry so much!

A: It's just that it's my first time _____ a _____ _____.

B: We _____ for _____ and hours. We are going to do great.

A: They are _____ our act! Here we go!

Unit 6 A Fantastic Drink

skin

natural

I can't do it

positive

fat

fiber

satisfaction

concentrate

order

A 잘 듣고, 큰 소리로 따라 말하며 빈칸을 채우시오. T22

No.	Korean	English	Collocation
1	형 매력적이지 못한	unattractive	an _____ offer 매력적이지 못한 제안
2	동 (정신을) 집중하다, 전념하다	concentrate	_____ on the book 책에 집중하다
3	명 에너지	energy	renewable _____ 재생 에너지
4	동 생산하다, 만들어 내다	produce	_____ results 결과를 만들어 내다
5	형 뚱뚱한 명 지방	fat	low in _____ 지방이 적은
6	동 싸우다 명 싸움	fight	_____ bravely 용감하게 싸우다
7	명 섬유, 섬유질	fiber	high in _____ 섬유질이 풍부한
8	명 피부, 껍질	skin	sensitive _____ 민감성 피부

Vocabulary

No.	Korean	English	Collocation
9	동 밝게 하다, 밝히다	brighten	_____ a room 방을 밝히다
10	형 자연의, 천연의	natural	_____ gas 천연 가스
11	형 환상적인, 멋진	fantastic	a _____ vacation 환상적인 휴가
12	명 행복, 기쁨, 만족	happiness	a measure of _____ 행복의 척도
13	동 주문하다 명 순서, 주문	order	_____ pizza 피자를 주문하다
14	명 할인 동 할인하다	discount	a fare _____ 요금 할인
15	동 다르다, 달라지다	vary	_____ in size 크기가 다양하다
16	동 보장하다, 품질을 보증하다 명 보장, 품질	guarantee	a money-back _____ 환불 보증
17	명 만족, 충족	satisfaction	_____ guaranteed 만족 보장
18	명 음료, 마실 것 동 마시다	drink	soft _____s 청량음료
19	명 달, 월, 개월	month	last _____ 지난 달
20	형 긍정적인, 낙관적인	positive	a _____ outlook 긍정적인 전망
21	동 바꾸다, 변화하다 명 변화, 거스름돈	change	economic _____ 경제적 변화
22	명 반대 형 반대의 동 뒤바꾸다, 역전시키다	reverse	_____ positions 반대 위치
23	부 최소로, 가장 적게	least	_____ likely 가장 덜 ~할 것 같은
24	형 활동적인, 활기에 찬	energetic	_____ students 활동적인 학생들
25	명 결과 동 발생하다	result	a surprising _____ 놀라운 결과
26	명 구입 동 구입하다	purchase	_____ groceries 식료품을 구매하다
27	부 정말로, 진심으로	truly	_____ amazing 정말로 놀라운
28	동 촉진하다, 홍보하다	promote	_____ a new product 신제품을 홍보하다
29	형 추가의 명 추가되는 것	extra	_____ features 추가 기능
30	형 도움이 되는	helpful	_____ advice 유익한 조언

B 그림을 보고, 알맞은 단어에 동그라미를 하시오.

1

discount

guarantee

2

natural

positive

3

energetic

unattractive

4

extra

helpful

C 영어는 우리말로, 우리말은 영어로 쓰시오.

1	unattractive		14	에너지	
2	concentrate		15	뚱뚱한 / 지방	
3	produce		16	싸우다 / 싸움	
4	brighten		17	섬유, 섬유질	
5	natural		18	피부, 껍질	
6	fantastic		19	주문하다 / 순서, 주문	
7	happiness		20	다르다, 달라지다	
8	guarantee		21	음료, 마실 것 / 마시다	
9	satisfaction		22	달, 월, 개월	
10	reverse		23	바꾸다, 변화하다 / 변화, 거스름돈	
11	least		24	결과 / 발생하다	
12	purchase		25	정말로, 진심으로	
13	promote		26	추가의 / 추가되는 것	

D 다음 중 주어진 단어들과 가장 관계있는 단어를 고르시오.

| satisfaction | happiness | energy |

① unattractive   ② positive   ③ reverse
④ extra   ⑤ fat

E 다음 중 알맞은 단어를 골라 문장을 완성하시오.

1 The family was so pleased with the (fantastic / unattractive) event.

2 The factories (produce / positive) thousands of cars every year.

3 They tried to (order / promote) their website and its services.

4 It is hard to judge someone's (brighten / happiness).

5 The shoes (vary / helpful) in size and color.

6 They (reverse / guarantee) that the diamonds are top quality.

7 The students have to (concentrate / fight) on their tests.

F 주어진 단어를 보고, 두 문장에 공통으로 들어갈 단어를 골라 써 넣으시오.

1 He is very _____ at work.

After resting, she became more _____.

2 He _____ed a hamburger and a cola.

The books are arranged in alphabetical _____.

3 His wallet was always _____ with lots of cash.

The food is so high in _____.

4 As a _____ of the accident, he lost his job.

His parents were not happy with his test _____s.

Word Bank

fat   order   energetic   result   brighten   produce

T23

Tired of feeling tired? Feeling unattractive? Want to concentrate, but you can't? ❶ It's time to feel your best! Fantastic Fruit gives your body the help it needs.

Fantastic Fruit ™
Ingredients

- energy-producing vitamins
- skin-brightening minerals
- fat-fighting fiber
- all-natural ingredients

Want more energy and brighter skin? Want a better body, too? Drink Fantastic Fruit to feel your healthiest! Enjoy both better health and happiness.* Order today and get a discount!

Results will vary. Fantastic Fruit does not guarantee satisfaction.

 Q1 According to the ad, what will Fantastic Fruit do?

a. Help customers reduce more stress

b. Give customers more energy than before

Dear Fantastic Fruit,

I ordered a case of your health drink last month. I have drunk one Fantastic Fruit every day since then. ❷ According to your ad, I should feel more energy. ❸ I should also lose weight and have brighter skin.

However, I have not seen any positive changes. In fact, I have seen the reverse! ❹ I am the heaviest I have ever been. I am also the least energetic. I expected better results for $90!

Please refund my money!
Susan Smith

Q2   Why did Susan Smith write this letter?

     a. To complain about results   b. To express her satisfaction

Dear Susan Smith,

Thank you for your purchase of Fantastic Fruit. Welcome to the Fantastic Fruit family! Our mix of vitamins, minerals, and fiber is truly health promoting. We have thousands of satisfied customers. People drink Fantastic Fruit all over the world.

We are sorry to hear about your results. For some customers, ❺ it can take longer than a month. Perhaps ordering an extra month would be helpful? Check our website for this month's discount!

Feel fantastic with Fantastic Fruit!
Tony Taylor, CEO

Q3 What did Tony Taylor do for Susan Smith?

a. Asked her to buy more   b. Gave her a refund

1 It's time to feel your **best**!

최상급 불규칙 변화

- good/well의 최상급은 best이고, bad/ill의 최상급은 worst이다.

  ex) That was **the worst** performance ever.

2 **According to** your ad, I should feel more energy.

according to

- according to는 '어떠한 진술이나 기록 등에 따르면,' 혹은 '어떠한 합의나 지시 등에 따라'의 의미로 사용된다.

  ex) Everything went **according to** the original plan.

3 I should also **lose weight** and have brighter skin.

lose weight

- '체중을 줄이다, 살이 빠지다'는 lose weight로, '체중이 늘다, 살이 찌다'는 gain weight로 표현한다.

  ex) I **lost weight** by swimming.   **I've gained weight** recently.

4 I am **the heaviest** I have ever been.

최상급 규칙 변화

- 형용사의 최상급은 보통 원급에 －est를 붙여 만들고, 최상급 앞에는 정관사 the를 쓴다.

  하지만 대다수 2음절 단어나 3음절 이상의 긴 단어는 원급 앞에 the most를 붙여 최상급을 만든다.

  ex) She is **the tallest** girl in our class.   You are **the most beautiful** lady.

5 It can **take longer** than a month.

take longer

- '~하는 데 시간이 걸리다'라는 표현은 비인칭 주어 it을 써서 'It takes + 시간 ~.'으로 나타낸다.

- '~하는 데 …보다 시간이 더 오래 걸리다'는 long의 비교급인 longer를 써서 'It takes longer than + 시간 ~.'으로 나타낸다.

  ex) It **takes** an hour by car to get there.   It **takes longer** than I expected.

► Reading Comprehension

A 질문에 알맞은 답을 고르시오.

1 이 글은 무엇에 관한 것인지 고르시오.

   a. A disappointing drink   b. Health tips

   c. A better way to exercise

2 Susan Smith가 Fantastic Fruit을 마신 후 어떻게 되었는지 고르시오.

   a. She saw no changes.   b. She saw positive changes.

   c. She saw negative changes.

3 Fantastic Fruit에 대해 바르게 말한 것을 고르시오.

   a. Refunds are easily given.   b. Results are not guaranteed.

   c. All its customers are satisfied.

B 주어진 단어를 활용하여 빈칸을 채우시오.

1 Fantastic Fruit

- a health _____
- has vitamins, minerals, and

   _____
- ad says it will make you feel

   your _____

2 Susan Smith

- ordered _____ of Fantastic Fruit
- got negative

   _____
- wants a

   _____

3 Tony Taylor

- CEO of Fantastic Fruit
- says there are _____ of satisfied customers
- asked Susan to _____ Fantastic Fruit

Word Bank			
thousands	buy more	a case	refund
drink	results	healthiest	fiber

► Reading Focus

Compare and Contrast (비교와 대조)
비교와 대조에 사용되는 어휘들을 익힌다!

때로는 한 지문 내에 두 가지 다른 아이디어나 사물, 인물이 묘사될 수 있어요. 이때 두 대상의 비슷한 점을 비교할 수도 있고 다른 점을 대조할 수도 있어요. '비교'와 '대조'에 사용되는 어휘들을 익혀 두면 글의 내용을 더 쉽게 이해할 수 있답니다.

● 알아 두면 유용한 주의 사항

비교 어휘들 (**Comparison**)	대조 어휘들 (**Contrast**)
both, like, too, also, the same as	but, however, unlike, instead, although
similarly, likewise, in the same way	the reverse, in contrast, even though

● 전략적 읽기의 열쇠

비교, 대조 어휘들은 문장의 서두, 중간, 그리고 말미에 올 수 있어요.

→ Both vitamin C and D are good for you. (서두)

→ Vitamin C is good for you, and vitamin D is, too. (말미)

→ Even though I slept eight hours, I am still tired. (서두)

→ I slept eight hours, but I am still tired. (중간)

연습 다음 글을 읽고, 질문에 바르게 답하시오.

Both vitamin D and vitamin C are very good for you. They help your skin, and give you more energy. Vitamin D can also make your bones stronger. Although vitamin C doesn't have this same effect, it does help blood flow. Take these two vitamins every day. You'll feel better for it!

● 윗글을 읽고, 관계있는 것끼리 연결하시오.

1 Vitamin C only   •

2 Vitamin D only   •

3 Both vitamin C and D •

• help your skin.

• give you more energy.

• makes bones stronger.

• helps blood flow.

Grammar

● **최상급 비교**

● 다음 문장을 읽고, 맞으면 C, 틀리면 I를 선택하시오.

1 Mt. Everest is the higher mountain in the world. (C / I)

2 That is oldest palace in Korea. (C / I)

3 Science is the most interesting subject of all. (C / I)

● **최상급의 의미와 역할**

• 최상급은 '가장 ~한, 가장 ~하게'라는 의미를 나타냄　　• 최상급은 셋 이상을 비교할 때 사용함

	비교급	최상급
의미	~보다 더 …한, ~보다 더 …하게	가장 ~한, 가장 ~하게
비교 대상	두 개를 비교할 때	셋 이상을 비교할 때
형태	비교급 + than	the + 최상급 + of/in
예문	Paul is **taller than** Bill.	Paul is **the tallest in** his class.

A 다음을 읽고, 알맞는 것을 고르시오.

1 최상급은 (ⓐ ~보다 더 …한, ~보다 더 …하게　ⓑ✓ 가장 ~한, 가장 ~하게)라는 뜻이다.

2 최상급은 비교 대상이 (ⓐ 두 개　ⓑ 셋 이상)일 때 사용한다.

3 최상급 다음에는 주로 (ⓐ of 또는 in　ⓑ than)이 온다.

● **최상급을 만드는 3가지 방법**

규칙 변화						불규칙 변화		
형용사/부사 + est			most + 2음절 이상의 형용사/부사					
원급	비교급	최상급	원급	비교급	최상급	원급	비교급	최상급
tall	taller	tallest	difficult	more difficult	most difficult	good	better	best
easy	easier	easiest				bad	worse	worst
hot	hotter	hottest	interesting	more interesting	most interesting	many	more	most
						much	more	most

B 빈칸에 알맞은 비교급이나 최상급을 쓰시오.

1 tall – taller – <u>tallest</u>　　2 easy – _____ – easiest　　3 good – better – _____

규칙 변화 I: 형용사/부사 + est

대부분의 형용사/부사		'자음+**y**'로 끝난 형용사/부사		'단모음+단자음'으로 끝난 형용사/부사	
형용사/부사 + est		y를 i로 고치고 + est		마지막 자음을 한 번 더 쓰고 + est	
old**est**	young**est**	happ**iest**	bus**iest**	hot**test**	fat**test**
fast**est**	smart**est**	prett**iest**	heav**iest**	thin**nest**	big**gest**

C 주어진 단어의 최상급과 최상급을 만드는 규칙을 바르게 연결하시오.

1 happy •
2 big •
3 smart •
4 heavy •
5 hot •

• biggest •
• hottest •
• happiest •
• smartest •
• heaviest •

• ⓐ
• ⓑ
• ⓒ

대부분의 형용사/부사: + est
'자음+**y**'로 끝난 형용사/부사: y를 i로 고치고 + est
'단모음+단자음'으로 끝난 형용사/부사: 마지막 자음을 한 번 더 쓰고 + est

규칙 변화 II: most + 2음절 이상의 형용사/부사

• 2음절 이상의 긴 단어는 앞에 **most**를 붙여서 최상급을 나타냄

D 다음 중 most를 붙여서 최상급을 만드는 단어에 동그라미 하고, 최상급을 쓰시오.

1	smart	young	beautiful	tall	→	most beautiful
2	happy	important	heavy	busy	→	
3	difficult	hot	fat	thin	→	
4	good	bad	fast	famous	→	

불규칙 변화

• 자주 사용되는 불규칙 최상급 단어들은 암기하기

good — best   **well** — best   **bad** — worst   **many** — most   **much** — most

E 주어진 단어의 최상급을 고르시오.

1 good   better   best
2 well   better   best
3 bad   worse   worst
4 many   more   most

- 최상급 구문: the + 최상급 + of/in
- 비교급 구문: 비교급 + than

F 주어진 문장의 최상급 구문을 고르시오.

1 Grandpa is old.
　ⓐ Grandpa is older than Grandma.
　ⓑ✓ Grandpa is the oldest in my family.

2 My brother is young.
　ⓐ My brother is younger than me.
　ⓑ My brother is the youngest in my family.

3 Ms. Brown is busy.
　ⓐ Ms. Brown is the busiest in her family.
　ⓑ Ms. Brown is busier than her husband.

4 Mr. Jobs is famous.
　ⓐ Mr. Jobs is more famous than Mr. Lee.
　ⓑ Mr. Jobs is the most famous in his office.

5 Mike is fast.
　ⓐ Mike is faster than Mary.
　ⓑ Mike is the fastest of all the students.

6 Science is interesting.
　ⓐ Science is the most interesting subject of all.
　ⓑ Science is more interesting than history.

G 사진과 표를 보고, tall, short, young, old의 비교급과 최상급을 사용하여 문장을 완성하시오.

Anna　Ben　Peter　Stella

Anna	Ben
12 years old	8 years old
145cm	140cm

Peter	Stella
11 years old	9 years old
150cm	135cm

1 Ben is ___the___ ___youngest___ of all.

2 Anna is _____ _____ of all.

3 Peter is _____ _____ of all.

4 Stella is _____ _____ of all.

5 Stella is _____ than Ben.

6 Peter is _____ than Anna.

7 Ben is _____ than Stella.

8 Anna is _____ than Peter.

H 주어진 단어를 활용하여 비교급 또는 최상급 문장을 완성하시오.

1 Ted is _____the heaviest_____ of all. (heavy)

2 Andy is _____ than his brother. (smart)

3 Harry is _____ than his sister. (young)

4 Mark is _____ _____ singer in his class. (good)

5 I am not a good singer. I am _____ _____ singer in my class. (bad)

6 My aunt is beautiful. She is _____ _____ _____ lady in my family. (beautiful)

Post

● 아래의 상자에서 알맞은 내용을 골라 최상급에 대한 설명을 완성하시오.

1 최상급은 _____ⓑ 셋 이상_____ 을 비교할 때 사용해요.

2 최상급은 '_____, 가장 ~하게'라는 의미를 나타내요.

3 대부분의 형용사와 부사는 뒤에 _____를 붙여서 최상급을 만들어요.

4 2음절 이상의 긴 단어는 앞에 _____를 붙여서 최상급을 만들어요.

5 wet, hot은 _____을 한번 더 쓰고, est를 붙여 최상급을 만들어요.

6 good, bad의 최상급은 _____예요.

7 interesting의 최상급은 _____이에요.

8 최상급 구문은 '_____'으로 나타내요.

| ⓐ est | ⓑ 셋 이상 | ⓒ best, worst | ⓓ the + 최상급 + of/in |
| ⓔ most | ⓕ 가장 ~한 | ⓖ 마지막 자음 | ⓗ most interesting |

Listening

● 대화를 듣고, 여자가 전화한 이유를 고르시오.

① 용서를 구하기 위해   ② 작별 인사를 하기 위해   ③ 도움을 청하기 위해

④ 선물을 주기 위해   ⑤ 불만을 표하기 위해

전략 · 'because'는 이유, 'to부정사'와 'so that... can'은 목적을 나타내요.

전략 적용 해보기!

| 1 | 이유를 묻는 질문 찾기 |
| 2 | 이유, 목적을 나타내는 표현 익히기 |

○ ___What's___ ___up___ ?

○ I'm calling ___to___ ___say___ ___goodbye___ .

● 다시 한 번 잘 듣고, 빈칸을 채우시오.

A: Hello.

B: Hi! This is Karen. Is this Sungbae?

A: Hi, Karen. What's _____?

B: Well, I'm calling _____ _____ _____. I leave Korea in a week. I'm going to help my father with his business in Toronto, Canada.

A: Really? Do you _____ _____ for a goodbye dinner before you leave?

B: Thank you, but I'm really busy. I don't think I will have time.

A: That's sad. Please take care, and _____ my _____ to your mom and dad.

B: Sure, thank you, I will.

▶ Key Words & Key Expressions

이유를 묻는 표현들:

Why ~? 왜?(이유 · 목적을 물음)

What for ~? 뭐 하러?(이유 · 목적을 물음)

What's up? 무슨 일이야?

What seems to be the problem? 무엇이 문제인데?

거절을 나타내는 표현들:

I'm sorry, but ~. 미안하지만 ~.

I'd love to, but ~. 나도 그러고 싶지만 ~.

I'm upset because ~. ~한 이유로 화가 나.

I'd love to, but I'm not feeling well today.
그러고 싶지만 오늘 몸이 안 좋아.

I'm sad because my friend is moving. 내 친구가 이사를 가서 슬퍼.

대화를 듣고, 여자아이가 전화한 이유를 고르시오.

① 파티에 초대하기 위해　　② 사과를 하기 위해　　③ 불만을 표하기 위해

④ 식당을 예약하기 위해　　⑤ 감사를 표하기 위해

1 이유를 묻는 질문 찾기

　○ ___What's___ ___up___ ?

2 이유, 목적을 나타내는 표현 익히기

　○ I'm calling ___to___ ___invite___ ___you___ to my birthday party.

● 다시 한 번 잘 듣고, 빈칸을 채우시오.

A: Hello, is Peter there?

B: Hi, Theresa. This is Peter. _____ _____?

A: Oh, hi! I'm calling _____ _____ _____ to my birthday _____.

B: Cool! That sounds like fun. When is it?

A: In two weeks _____ the 14th.

B: I'll be there for sure!

연습2 대화를 듣고, 남자가 찾아온 이유를 고르시오.

① 같이 운동을 하기 위해　　② 약속을 정하기 위해　　③ 저녁을 먹기 위해

④ 생일 선물을 주기 위해　　⑤ 파티를 취소하기 위해

1 이유를 묻는 질문 찾기

　○ ___What___ are you ___doing___ here?

2 이유, 목적을 나타내는 표현 익히기

　○ I just stopped by ___to___ ___give___ ___you___ ___this___.

● 다시 한 번 잘 듣고, 빈칸을 채우시오.

A: Oh, hi, Mark. _____ _____ you _____ here?

B: Hi, Sharon. I just _____ _____ _____ _____ you this.

A: What is it?

B: It's your birthday present. I'm sorry I _____ _____ _____ to your party.

A: Oh! That's so sweet of you! Thank you!

B: You're welcome and happy birthday!

● 대화를 듣고, 들려주는 내용과 일치하지 <u>않는</u> 것을 고르시오.

① 기차를 놓쳤다.   ② 다음 기차는 5분 후에 온다.   ③ 지금 시각은 2시 30분이다.

④ 지금 시각은 3시 30분이다.   ⑤ 다음 기차는 2시 35분에 온다.

전략 ▸ 보기와 비교하면서 듣고 ○, ✕ 표시를 하세요.

전략 적용 해보기!

1 지시문 꼼꼼히 확인하기

2 들으면서 보기에 ○, ✕ 표시하기

◎ ⓐ 일치   ⓑ 불일치

◎ ① 기차를 놓쳤다.

② 다음 기차는 5분 후에 온다.

③ 지금 시각은 2시 30분이다.

④ 지금 시각은 3시 30분이다.

⑤ 다음 기차는 2시 35분에 온다.

● 다시 한 번 잘 듣고, 빈칸을 채우시오.

A: What time is the next train?

B: Let's see. Looks like we just ＿＿＿＿＿＿ one!

A: Oh, no. When is the next one?

B: Well, the next one is ＿＿＿＿＿＿＿ to come in about five minutes.

A: So it'll ＿＿＿＿ ＿＿＿＿ at 2:35 P. M.?

B: That's what the ＿＿＿＿＿＿ says.

Key Words & Key Expressions

Flight(항공) 관련 표현들:

flight connection 항공편 연결

What is your connecting flight? 어느 비행기로 갈아타나요?

final destination 최종 목적지

What is your final destination? 당신의 최종 목적지는 어디인가요?

direct flight 직항편

This is a direct flight to Paris. 이것은 파리 직항편입니다.

stopover 경유지 체류

This flight has a five-hour stopover in Hawaii.
이 비행기는 하와이에서 5시간 체류합니다.

departure time 출발 시간

Please check in at least one hour before departure
time. 늦어도 출발 한 시간 전에는 탑승 수속을 해 주세요.

arriving time 도착 시간 (=time of arrival)

The expected time of arrival is 10:20 P.M.
예상 도착 시간은 밤 10시 20분입니다.

연습1 대화를 듣고, 들려주는 내용과 일치하는 것을 고르시오.

① 모든 음식이 25% 할인이다.   ② 모든 음식이 30% 할인이다.   ③ 모든 음식이 25% 할인이다.

④ 전채 요리만 50% 할인이다.   ⑤ 전채 요리만 75% 할인이다.

| 1 지시문 꼼꼼히 확인하기 |
| 2 들으면서 보기에 O, X 표시하기 |

ⓐ 일치   ⓑ 불일치

모든 음식이 25% 할인이다.   모든 음식이 30% 할인이다.

모든 음식이 25% 할인이다.   전채 요리만 50% 할인이다.

⑤ 전채 요리만 75% 할인이다.

● 다시 한 번 잘 듣고, 빈칸을 채우시오.

A: This ad says that we can get 75% off our _____!

B: Let me _____ that.

A: See? Right there.

B: Hmm… No, this is _____ good for 75% off an _____.

A: Oh, I guess I didn't read it closely enough.

연습2 대화를 듣고, 들려주는 내용과 일치하지 <u>않는</u> 것을 고르시오.

① 수업 장소가 바뀌었다.   ② 교실이 비어 있다.   ③ 바뀐 교실은 2층에 있다.

④ 바뀐 교실은 12층에 있다.   ⑤ 수업에 이미 늦었다.

| 1 지시문 꼼꼼히 확인하기 |
| 2 들으면서 보기에 O, X 표시하기 |

ⓐ 일치   ⓑ 불일치

① 수업 장소가 바뀌었다.   ② 교실이 비어 있다.

③ 바뀐 교실은 2층에 있다.   바뀐 교실은 12층에 있다.

⑤ 수업에 이미 늦었다.

● 다시 한 번 잘 듣고, 빈칸을 채우시오.

A: Where is everybody?

B: Oh, _____ at that sign. It says our class is meeting on the _____ _____ today.

A: I wonder why.

B: I don't know, but we'd better get a _____ _____. We're late already.

Unit 7 A Great Athlete

improve

destroy

genius

win

prize

successful

keyboard

weakness

A 잘 듣고, 큰 소리로 따라 말하며 빈칸을 채우시오. 🔊 T26

No.	Korean	English	Collocation
1	형 성공한, 성공적인	successful	clearly _____ 분명히 성공한
2	명 선수, 재생 장치, 연주자	player	a football _____ 축구 선수
3	동 이기다, 따다, 얻다	win	_____ the match 경기에서 이기다
4	명 상, 상품	prize	first _____ 1등 상
5	형 연속적인, 연이은, 잇따른	successive	_____ victories 연승
6	명 토너먼트, 선수권 쟁탈전	tournament	a golf _____ 골프 선수권 대회
7	부 프로 선수로, 직업적으로, 전문적으로	professionally	write _____ 직업적으로 글을 쓰다
8	형 최고의, 제1의	premier	the _____ league 제1리그, 프리미어 리그

Vocabulary

No.	Korean	English	Collocation
9	동 압도적으로 우세하다, 지배하다	dominate	_____ the field 그 분야에서 군림하다
10	동 끝내다 명 끝, 종료	end	opposite _____s 반대쪽 끝
11	동 대변혁[혁신]을 일으키다	revolutionize	_____ the industry 산업 혁명을 일으키다
12	명 전략, 계획	strategy	a well-planned _____ 잘 계획된 전략
13	형 신체의, 물리적인, 물질의	physical	a _____ activity 신체 활동
14	명 실시간	real-time	_____ news 실시간 뉴스
15	명 지도, 약도 동 지도를 만들다	map	a road _____ 도로 지도, 로드맵
16	명 자원, 재료	resource	a renewable _____ 재생 가능 자원
17	동 파괴하다	destroy	completely _____ 완파하다
18	동 요구하다, 필요로 하다	require	_____ a payment 지불을 요구하다
19	형 매일 행해지는, 나날의 부 매일, 날마다	daily	a _____ routine 매일 똑같이 하는 일
20	명 회원, 구성원	member	a club _____ 클럽 회원
21	명 천재, 귀재, 특별한 재능	genius	a musical _____ 천재 음악가
22	동 ~와 겨루다, 경쟁하다	compete	seriously _____ 심하게 경쟁하다
23	동 개선하다, 향상시키다	improve	_____ the situation 상황을 호전시키다
24	형 특정한, 특별한 명 자세한 사항	particular	a _____ restaurant 특별한 식당
25	명 약점, 힘이 없음, 나약함	weakness	a moral _____ 도덕상의 약점
26	명 기술, 기량	skill	a social _____ 사회적 기술
27	명 기준, 척도 동 측정하다	measure	_____ a room 방 면적을 재다
28	명 (컴퓨터) 키보드, (피아노) 건반	keyboard	a wireless _____ 무선 키보드
29	명 입력, 투입 동 입력하다	input	data _____ 데이터 입력
30	명 결정, 판단	decision	a tough _____ 힘든 결정

B 그림을 보고, 알맞은 단어에 동그라미를 하시오.

1

win

require

2

skill

prize

3

end

decision

4

member

map

C 영어는 우리말로, 우리말은 영어로 쓰시오.

1	successful		
2	successive		
3	tournament		
4	professionally		
5	premier		
6	dominate		
7	revolutionize		
8	strategy		
9	physical		
10	particular		
11	weakness		
12	measure		
13	decision		

14	선수, 재생 장치, 연주자	
15	실시간	
16	자원, 재료	
17	파괴하다	
18	요구하다, 필요로 하다	
19	매일 행해지는, 나날의 / 매일, 날마다	
20	회원, 구성원	
21	천재, 귀재, 특별한 재능	
22	~와 겨루다, 경쟁하다	
23	개선하다, 향상시키다	
24	기술, 기량	
25	(컴퓨터) 키보드, (피아노) 건반	
26	입력, 투입 / 입력하다	

D 다음 중 경기와 가장 <u>관계없는</u> 단어에 동그라미 하시오.

> strategy   player   tournament   decision   compete

E 다음 중 알맞은 단어를 골라 문장을 완성하시오.

1 The team was really excited to (win / prize) the tournament.

2 This new machine may (require / revolutionize) people's lifestyles.

3 He is a very (successful / weakness) businessman.

4 They made a (decision / improve) about where to go this weekend.

5 The new (strategy / compete) was less effective for studying.

6 As the game came to an (end / dominate), the winner was very clear.

7 They had a whole month of (successive / professionally) wins.

F 주어진 단어를 보고, 두 문장에 공통으로 들어갈 단어를 골라 써 넣으시오.

1 A kilogram is a _____ of weight.

The tailor carefully _____d me for my new suit.

2 Driving is a useful _____.

He has excellent speaking _____s.

3 They produce _____ products.

Finally the team became champions in the _____ league.

4 Oil is a natural _____.

Natural gas is a limited _____ on the Earth.

Word Bank

> measure   weakness   skill   require   premier   resource

Reading

Although only 26 years of age, this athlete is world famous. He is one of the most successful players of his sport. He has won over $500,000 US in prize money. He has even received a prize for winning successive tournaments.

He first began playing professionally in 2006, when he was 16 years old. In less than 2 years, he won his first premier tournament. He started dominating the sport. In a short time, he ended up revolutionizing its strategy.

 Q1 What do you think the writer will talk about next?

a. Who this professional athlete is

b. How to become a professional athlete

Who is this athlete? His name is Jaedong Lee, and he plays e-sports. ❶ An e-sport is not a regular physical sport. It is a computer or video game played as a sport. Jaedong plays the computer game Starcraft II professionally.

Starcraft II is a real-time strategy game. ❷ Teams of players play against each other on a game map. They must control game resources, and build forces. ❸ To win the game, one team's forces must destroy another's.

Q2 What does Jaedong need to do in his sport?

a. He must destroy the other team's forces.

b. He must score more points than the other team.

Like other athletes, Jaedong requires daily training. He trains for hours every day with the other members of his team, the Evil Geniuses. ❹ They practice competing with and against each other. They focus on improving their own particular weaknesses.

One particular skill that's important for an e-sport athlete is APM. ❺ This means "actions per minute." It is a measure of how fast you use a keyboard, and input decisions. How fast is Jaedong? He has an APM of over 400!

Q3 Who does Jaedong play for?

a. APM   b. The Evil Geniuses

1 **An** e-sport is not a regular physical sport.

모음 앞의 부정관사

• 부정관사 a/an은 단수 보통 명사 앞에서 막연히 '하나의'라는 뜻을 나타낸다. 뒤에 오는 단어의 첫소리가 자음 이면 a를 쓰고, 모음이면 an을 쓴다.

ex) She hurt her arm in **an** accident.

2 Teams of players **play against** each other on a game map.

play against

• play against는 '~와 시합하다, 맞붙다'라는 뜻이다.

ex) We are ready to **play against** the other team this weekend.

3 To win the game, one team's forces **must** destroy another's.

조동사 must

• must는 '~해야 한다'라는 의미로 필요나 의무를 나타내는 조동사이고, 조동사 다음에는 반드시 동사원형을 쓴다.

ex) You **must** register by next week.

4 They **practice competing** with and against each other.

동명사를 목적어로 취하는 동사들

• mind, enjoy, give up, avoid, finish, admit, consider, practice 등의 동사는 동명사를 목적어로 취한다.

ex) Would you **mind passing** me the salt, please?

5 This means "actions **per minute.**"

per + 시간 단위

• per 다음에 시간 단위(unit of time)를 더해 '~ 시간 단위당'의 표현을 나타낸다. 예를 들어 '한 시간에 얼마' 라고 할 때는 ~ per hour, '하루에 얼마'라고 할 때는 ~ per day를 사용한다.

ex) We will pay you twenty dollars **per hour.**

► Reading Comprehension

A 질문에 알맞은 답을 고르시오.

1 이 글은 무엇에 관한 것인지 고르시오.

   a. An important skill for an athlete   b. A popular e-sport

   c. A world-famous athlete

2 재동에 관한 내용으로 옳지 <u>않은</u> 것을 고르시오.

   a. He can use a keyboard very quickly.

   b. He makes very good game plans.

   c. He can do physical exercise well.

3 이 글에 이어질 내용으로 가장 알맞은 것을 고르시오.

   a. Why Jaedong has such high APM

   b. Where the Evil Geniuses live

   c. Who created Starcraft II

B 주어진 단어를 활용하여 빈칸을 채우시오.

1 Jaedong Lee

◉ started playing e-sports

  _____

◉ has won $500,000 US in

  _____ money

◉ trains _____ every day

◉ can do over 400

  _____ per minute

2 e-Sports

◉ not a _____ sport

◉ a computer or video game

  played as a sport, like

  _____

◉ a real-time _____

  game

◉ need to control _____

  and destroy forces

Word Bank

actions	Starcraft II	for hours	physical
strategy	resources	at 16	prize

► Reading Focus

Making Predictions (예측하기)
지문의 주제와 관련된 합리적이고 타당한 예측을 한다!

이야기가 앞으로 어떻게 전개될지 추측해 보는 것은 글을 이해하는 데 매우 도움이 되요. 예측하기란 현재 여러분이 읽고 있는 것에 대해 다시 한 번 생각해 보고, 다음에 어떤 일이 일어날지 예상해 보는 것이에요. 예측하기를 통해 여러분은 주어진 글에 더욱 집중하게 되죠. 또한, 예측하기는 여러분에게 주제와 관련된 정보를 기억하게 함으로써 옛 정보와 새로운 정보를 연결할 수 있게 해 줘요. 이것은 여러분이 읽고 있는 이야기에 대해 자신만의 의견을 형성하는데 도움을 준답니다.

● 효과적인 예측하기를 위한 주의 사항

1 어떠한 주제와 아이디어들이 언급되었는가를 기억한다.

2 다음에 이어질 수 있는 여러 가지 가능성에 대해 곰곰이 생각해 본다.

3 예측한 사항이 주어진 지문과 연관성이 있는가 점검해 본다.

● 전략적 읽기의 열쇠

1 예측하기는 합리적이고 논리적이어야 한다. 그러한 예측을 뒷받침할 만한 타당한 이유가 있어야 한다.

2 예측하기는 반드시 주어진 지문과 직접적인 연관성을 갖고 있어야 한다.

연습 다음 글을 읽고, 질문에 바르게 답하시오.

APM is important for e-sport athletes. They need an APM at least in the low 300s to win a championship. It is not surprising that these athletes try to improve their APM with training. One way to do this is with finger exercises.

● 윗글에 이어질 내용으로 가장 알맞은 것을 고르시오.

a. What age most gamers become e-sport athletes

b. What kind of exercises e-sport athletes do

c. How much money e-sport athletes can make

Grammar

동명사

● 다음 문장을 읽고, 맞으면 C, 틀리면 I를 선택하시오.

1 I enjoy playing computer games. (C / I)

2 Watching TV is fun. (C / I)

3 Would you mind open the window? (C / I)

동명사의 형태와 의미

• 동명사의 형태: 동사 + ing　　　• 동명사의 의미: **동사와 명사가 합해진 말로 '~하는 것, ~하기'라는 의미를 나타냄**

A 다음 문장에서 동명사를 찾아 동그라미 하시오.

1 (Playing) soccer is fun.

2 I like playing basketball.

3 My hobby is dancing.

동명사 만들기

대부분의 동사	동사원형 + ing	do-doing　play-playing drink-drinking　speak-speaking
-e로 끝난 동사	e를 빼고 + ing	write-writing　drive-driving take-taking　make-making
'단모음 + 단자음'으로 끝난 동사	마지막 자음을 한 번 더 쓰고 + ing	run-running　swim-swimming stop-stopping　cut-cutting

B 주어진 단어의 올바른 동명사형을 고르시오.

1 play　ⓐ plaing
　　　ⓑ✓ playing

2 write　ⓐ writeing
　　　ⓑ writing

3 run　ⓐ runing
　　　ⓑ running

4 swim　ⓐ swimming
　　　ⓑ swiming

5 stop　ⓐ stoping
　　　ⓑ stopping

6 cut　ⓐ cutting
　　　ⓑ cuting

7 take　ⓐ taking
　　　ⓑ takeing

8 make　ⓐ makeing
　　　ⓑ making

9 drive　ⓐ driveing
　　　ⓑ driving

동명사의 역할

- 동사처럼 **동작이나 상태를 나타냄**
- 명사처럼 문장에서 **주어, 목적어, 보어** 역할을 함

Reading books is fun.　　My hobby is reading.　　I like reading.
　　주어　　　　　　　　　　　　　보어　　　　　　　　　　　목적어

C 동명사를 찾아 밑줄을 긋고, 주어, 보어, 목적어 중 어떤 역할을 하는지 골라 동그라미 하시오.

1 I enjoy singing.　　　　　　　　　나는 노래하는 것을 즐긴다.　　　　주어　　보어　　(목적어)

2 Singing is fun.　　　　　　　　　노래하는 것은 즐겁다.　　　　　주어　　보어　　목적어

3 My hobby is singing.　　　　　　내 취미는 노래하는 것이다.　　　주어　　보어　　목적어

4 She finished cleaning.　　　　그녀는 청소를 끝마쳤다.　　　　주어　　보어　　목적어

5 Cleaning is boring.　　　　　　청소하는 것은 지겹다.　　　　　주어　　보어　　목적어

6 Dad quit smoking.　　　　　　아빠는 담배를 끊으셨다.　　　　주어　　보어　　목적어

7 Smoking is bad for your health.　담배를 피우는 것은 건강에 나쁘다.　주어　　보어　　목적어

8 It stopped raining.　　　　　　비가 그쳤다.　　　　　　　　주어　　보어　　목적어

D 주어진 우리말과 같도록 올바른 것을 고르시오.

1 나는 음악 듣는 것을 즐긴다.

I enjoy 　ⓐ listen to music.
　　　　　ⓑ listening to music. ✓

2 그는 숙제를 끝마쳤다.

He finished 　ⓐ doing his homework.
　　　　　　ⓑ do his homework.

3 만화책 읽는 것은 재미있다.

ⓐ Read comic books 　is fun.
ⓑ Reading comic books

4 나는 만화책 읽는 것을 좋아한다.

I like 　ⓐ reading comic books.
　　　　ⓑ read comic books.

5 약속을 지키는 것은 중요하다.

ⓐ Keep promises 　is important.
ⓑ Keeping promises

6 나는 약속 지키는 것을 좋아한다.

I like 　ⓐ keeping promises.
　　　　ⓑ keep promises.

● 동명사만을 목적어로 취하는 동사

• 반드시 암기할 것!

enjoy ~ing, finish ~ing, mind ~ing, give up ~ing, practice ~ing

E 다음 문장에서 <u>틀린</u> 부분을 찾아 바르게 고치시오.

1 Dad enjoys ~~to cook~~.
                cooking

2 Mom finished to eat dinner.

3 Would you mind help me?

4 Don't give up do your best.

● stop & forget

• 뒤에 동명사와 to부정사가 올 때 의미가 달라짐

It stopped raining.
비가 그쳤다.

He stopped to eat.
그는 식사하기 위해 멈추었다.

He forgot calling me.
그는 나에게 전화했던 것을 잊었다. (전화를 걸었음)

He forgot to call me.
그는 나에게 전화할 것을 잊었다. (전화를 걸지 않음)

F 주어진 단어나 어구를 올바른 형태로 고쳐서 문장을 완성하시오.

1 cry   The baby stopped _____crying_____.   그 아기는 울음을 멈췄다.

2 close the door   He forgot _____.   그는 창문을 닫아야 할 것을 잊었다.

3 open the window   He forgot _____.   그는 문을 열어 둔 것을 잊었다.

4 play the piano   He practices _____.   그는 피아노 연습을 한다.

5 pass the salt   Would you mind _____?   소금을 좀 건네주시겠어요?

6 call   He stopped _____.   그는 전화를 걸기 위해 멈추었다.

7 snow   It stopped _____ at 3.   3시에 눈이 그쳤다.

8 talk   I enjoyed _____ with him.   나는 그와 이야기 나누는 것을 즐겼다.

9 do the dishes   I finished _____.   나는 설거지를 끝냈다.

G 주어진 동사의 올바른 동명사형을 쓰시오.

1 write ➡ _____writing_____

2 smile ➡ _____

3 swim ➡ _____

4 cut ➡ _____

5 stop ➡ _____

6 run ➡ _____

7 drink ➡ _____

8 learn ➡ _____

9 drive ➡ _____

10 study ➡ _____

11 sing ➡ _____

12 dance ➡ _____

13 sit ➡ _____

14 walk ➡ _____

15 get ➡ _____

16 give ➡ _____

Post

● 아래의 상자에서 알맞은 내용을 골라 동명사에 대한 설명을 완성하시오.

1 동명사는 _____ⓑ 동사 + ing_____의 형태로 나타내요.

2 동명사는 _____가 합해진 말로 '~하는 것, ~하기'라는 의미를 나타내요.

3 동명사는 명사처럼 문장에서 _____ 역할을 해요.

4 동명사만을 목적어로 취하는 동사에는 _____, give up, practice 등이 있어요.

5 make, run, play의 동명사형은 _____이에요.

6 _____은 뒤에 동명사와 to부정사가 올 때 의미가 달라져요.

7 '그는 점심 먹는 것을 멈췄다.'는 He stopped _____.로 표현해요.

8 '그는 점심을 먹기 위해 멈췄다.'는 He stopped _____.로 표현해요.

ⓐ 동사와 명사　　ⓑ 동사 + ing　　ⓒ 주어, 목적어, 보어　　ⓓ to eat lunch

ⓔ stop, forget　　ⓕ eating lunch　　ⓖ enjoy, finish, mind　　ⓗ making, running, playing

Listening

유형 13 관계 파악하기 **T 28**

● 대화를 듣고, 두 사람의 관계로 가장 적절한 것을 고르시오.

① 의사 – 환자　　　　② 웨이터 – 손님　　　　③ 호텔 직원 – 손님

④ 사장 – 점원　　　　⑤ 점원 – 손님

전략 ● 상황을 유추하여 두 사람의 관계를 파악해요.

전략 적용 해보기!

　1 보기 먼저 살펴보기

　2 장소, 상황을 유추해 보기

○ <u>호텔 직원 – 손님</u> → 호텔 안내 데스크에서 벌어지는 대화

○ ⓐ 백화점　　　　ⓑ 호텔　　　　ⓒ 병원

● 다시 한 번 잘 듣고, 빈칸을 채우시오.

A: Good afternoon. How may I help you?

B: Yes, I'm here to ＿＿＿＿＿ ＿＿＿＿＿. Here is my ＿＿＿＿＿＿＿ confirmation.

A: Excellent. I have you down for three ＿＿＿＿＿ in one of our ocean front ＿＿＿＿＿.
Is that correct?

B: If possible, I'd like to add one more night, please.

A: Yes, of course. We'd be delighted to have you for an additional evening.

B: Is there breakfast available?

A: Yes, it's already ＿＿＿＿＿＿ in your room ＿＿＿＿＿. Here are your keys. You're in
room 1509.

Key Words & Key Expressions

Doctor – Patient(의사와 환자): 진찰할 때

symptom 증상 **pain** 통증 **diagnose** 진단하다

prescribe 약을 처방하다 **physical therapy** 물리 치료

Pharmacist – Patient(약사와 환자): 약을 구입할 때

over the counter 처방전 없이 살 수 있는 **prescription** 처방전

medicine in syrup 시럽으로 된 약 **tablet(=pill)** 알약

dosage 복용량

Librarian – Student(사서와 학생): 책을 대출할 때

check out 대출하다 **overdue** 기한이 지난 **fine** 벌금

Clerk – Customer(점원과 손님): 백화점에서 물건을 구입할 때

pay in cash 현금으로 지불하다

charge to a credit card 신용카드로 결제하다

return policy 환불 정책 **refund** 환불금 **receipt** 영수증

대화를 듣고, 두 사람의 관계로 가장 적절한 것을 고르시오.

① 점원 – 손님　　　　　② 약사 – 환자　　　　　③ 사장 – 점원
④ 사서 – 학생　　　　　⑤ 웨이터 – 손님

1 보기 먼저 살펴보기

2 장소, 상황을 유추해 보기

◯　　점원 – 손님　　→ 마트 계산대에서 벌어지는 대화

◯ ⓐ 약국　　　　　ⓑ 마트　　　　　ⓒ 도서관

● 다시 한 번 잘 듣고, 빈칸을 채우시오.

A: _____ you like a _____ bag?
B: No, thank you. I brought one from home.
A: Your _____ is $87.00.
B: Here is my _____ _____ and my membership card.
A: Thank you. Here is your receipt, sir.

대화를 듣고, 두 사람의 관계로 가장 적절한 것을 고르시오.

① 간호사 – 환자　　　　　② 웨이터 – 손님　　　　　③ 약사 – 환자
④ 사장 – 점원　　　　　⑤ 교사 – 학생

1 보기 먼저 살펴보기

2 장소, 상황을 유추해 보기

◯　　약사 – 환자　　→ 처방전 없이 감기약을 지어 주는 상황

◯ ⓐ 약국　　　　　ⓑ 식당　　　　　ⓒ 학교

● 다시 한 번 잘 듣고, 빈칸을 채우시오.

A: I can give you some over the _____ cold _____.
B: That would be great. I feel miserable.
A: If your symptoms _____, you should really go _____ a doctor.
B: Thanks, I will.
A: Be sure to _____ these only _____ eating.
B: Okay, I will. Thanks again, you're a lifesaver.

유형 14 직업 고르기   **T 29**

● 대화를 듣고, 여자가 말하는 운동선수를 고르시오.

① 투포환 선수   ② 높이뛰기 선수   ③ 수영 선수

④ 단거리 주자   ⑤ 심판

전략 · 직업과 관련된 표현을 잘 들으세요.

전략 적용 해보기!

1 같은 직업군 중 다양한 직업 익히기   ○ athlete ➜ _____sprinter_____

2 직업과 관련된 표현 골라 듣기   ○ _____athlete_____ , _____sprinter_____ , _____won_____ gold medals

● 다시 한 번 잘 듣고, 빈칸을 채우시오.

A: Have you ever heard of Usain Bolt?

B: I sure have. He is one of the greatest _____ of our time.

A: Which sport does he compete _____?

B: Seriously? You've never heard of him? He's the fastest _____ in the world.

A: Ahh, the lightning bolt. Usain Bolt!

B: Yes, he _____ gold medals in Beijing, London, and Rio. He's unbeatable.

Key Words & Key Expressions

Athlete(운동선수):

swimmer 수영 선수 **sprinter** 단거리 주자 **pitcher** (야구) 투수

bowler 볼링 선수 **scuba diver** 스쿠버 다이버

shot putter 투포환 선수 **pole jumper** 장대높이뛰기 선수

Entertainer(연예인):

actor 배우 **actress** 여배우 **comedian** 코미디언 **magician** 마술사

singer 가수 **dancer** 무용수 **clown** 광대

Artist(예술가):

pianist 피아노 연주자 **violinist** 바이올린 연주자 **cellist** 첼로 연주자

drummer 드럼 연주자 **guitarist** 기타 연주자 **artist** 화가, 예술가

sculptor 조각가

연습1 대화를 듣고, 남자가 선택한 직업을 고르시오.

① 경찰관　　　② 변호사　　　③ 약사　　　④ 수의사　　　⑤ 의사

1 같은 직업군 중 다양한 직업 익히기　◎ doctor → ___vet___

2 직업과 관련된 표현 골라 듣기　◎ ___doctor___, vet, ___stethoscope___

● 다시 한 번 잘 듣고, 빈칸을 채우시오.

A: Isn't Career Day coming up soon?

B: It's _____ two weeks, I think.

A: What are you going to come as? I know you _____ _____ _____ a doctor.

B: Well, I really want to be a _____, so I wanted to bring my dog.

A: Your dog? No way. You can't bring a dog to school!

B: I guess maybe I'll just bring a stuffed one and my _____.

연습2 다음을 듣고, 자신의 직업에 대해 바르게 설명한 사람을 고르시오.

① pilot　　　② writer　　　③ pharmacist　　　④ police officer　　　⑤ baker

1 같은 직업군 중 다양한 직업 익히기　◎ chef → ___baker___

2 직업과 관련된 표현 골라 듣기　◎ make ___bread___ and cakes - baker,

get ___medicine___ - pharmacist,

fly ___planes___ - pilot,

protect citizens and stop ___crimes___ - police officer,

make ___books___ - writer

● 다시 한 번 잘 듣고, 빈칸을 채우시오.

① I love _____ and cakes. I make them all day long.

② People visit me when they feel _____ to get _____. I'm glad I can help them.

③ I've been all _____ the world. I love flying _____.

④ My work is sometimes dangerous. I help to _____ citizens and stop _____.

⑤ Words are my favorite things. I put them together and make _____.

Unit 8 Hello Who

birth

purse

certificate

designer

coin

create

twins

stationery

A 잘 듣고, 큰 소리로 따라 말하며 빈칸을 채우시오. (T30)

No.	Korean	English	Collocation
1	튄 가장 (많이), 최고로, 대단히	most	_____ often 가장 자주
2	명 성격, 등장인물, 글자	character	the main _____ 주요 등장인물
3	동 낳다 명 곰	bear	a polar _____ 북극곰
4	동 창조하다	create	_____ a document 문서를 작성하다
5	명 부모	parents	overprotective _____ 과잉 보호하는 부모
6	명 쌍둥이 형 쌍둥이의	twin	_____ brothers 쌍둥이 형제
7	명 디자이너	designer	a jewelry _____ 보석 디자이너
8	튄 ~에 따라서	according	_____ to the schedule 예정대로

Vocabulary

No.	Korean	English	Collocation
9	명 출생, 탄생, 시작, 출현	birth	a _____ certificate 출생증명서
10	명 증명서, 자격증, 면허증	certificate	a _____ of participation 참여 증서
11	형 진짜의	real	a _____ diamond 진짜 다이아몬드
12	형 영국의 명 영국인	British	a _____ citizen 영국 시민
13	형 일본의 명 일본인, 일본어	Japanese	a _____ tradition 일본 전통
14	명 작가, 저자 동 쓰다, 저술하다	author	a best-selling _____ 베스트셀러 작가
15	동 부르다, 전화하다 명 통화, 부름	call	on _____ 대기 중
16	형 확고한, 확실한, 단단한	firm	a _____ mattress 단단한 매트리스
17	명 사실	fact	in _____ 사실은
18	형 자신의 대 자신의 것 동 소유하다	own	my _____ way 나 자신의 방법
19	명 이름 동 이름을 붙이다	name	a brand _____ 상표명
20	동 보여 주다 명 쇼, 구경거리	show	_____ up 나타나다, 눈에 띄다
21	명 동전	coin	a _____ purse 동전 지갑
22	명 지갑, 자금력, 주머니 사정	purse	a fat _____ 돈이 가득 들어 있는 지갑
23	부 빨리, 곧	quickly	decide _____ 빨리 결정하다
24	부 지체없이, 즉시	promptly	answer _____ 즉시 응답하다
25	명 인기	popularity	increased _____ 높아진 인기
26	명 문구류, 문방구, 편지지	stationery	a _____ shop 문구점
27	명 보석류, 보석 장식, 장신구	jewelry	a _____ box 보석 상자
28	부 ~조차도, 훨씬 형 짝수의	even	an _____ number 짝수
29	명 은행, 둑	bank	a piggy _____ 돼지 저금통
30	명 항공사	airline	an overseas _____ 국제선

B 그림을 보고, 알맞은 단어에 동그라미를 하시오.

1

twins

firm

2

real

purse

3

promptly

stationery

4

jewelry

certificate

C 영어는 우리말로, 우리말은 영어로 쓰시오.

1	character		14	가장 (많이), 최고로, 대단히
2	create		15	낳다 / 곰
3	parents		16	출생, 탄생, 시작, 출현
4	designer		17	진짜의
5	according		18	부르다, 전화하다 / 통화, 부름
6	certificate		19	확고한, 확실한, 단단한
7	British		20	사실
8	Japanese		21	이름 / 이름을 붙이다
9	author		22	보여 주다 / 쇼, 구경거리
10	own		23	동전
11	quickly		24	~조차도, 훨씬 / 짝수의
12	promptly		25	은행, 둑
13	popularity		26	항공사

D 다음 중 주어진 단어들과 가장 관계있는 단어를 고르시오.

| pencil eraser ruler notebook | ① character ② bank ③ fact |
| | ④ stationery ⑤ author |

E 다음 중 알맞은 단어를 골라 문장을 완성하시오.

1 She couldn't find her (name / birth) on the list.

2 Let's toss a (call / coin).

3 It's hard to judge his success by (promptly / popularity).

4 The talking elephant (character / author) was his favorite in the book.

5 She saves change in her piggy (jewelry / bank).

6 He was very proud of his foreign language (author / certificate).

7 The (airline / stationery) is famous for wonderful service.

F 주어진 단어를 보고, 두 문장에 공통으로 들어갈 단어를 골라 써 넣으시오.

1 There were lots of coins in her _____.

She took her _____ to go to the market.

2 The tickets _____ sold out.

Please finish the work as _____ as possible.

3 The _____ shop was full of beautiful pens and notebooks.

She bought glue and several types of paper at the _____ store.

4 The director _____d a new character in his movie.

It was really difficult to _____ something out of nothing.

Word Bank

quickly   purse   firm   author   stationery   create

T31

I am one of the most famous characters in the world. I was "born" in 1970.
❶ Although I was created in Japan, I am an English girl. Besides my parents, I also have a twin sister. ❷ Can you guess who I am?

This famous character is Hello Kitty! She was created by designer, Ikuko Shimizu of Sanrio. According to her Sanrio "birth certificate," her real name is Kitty White. She was "born" in London. She is British, not Japanese!

Q1 Who is Kitty White?

a. A character created by Ikuko Shimizu

b. A little girl born in England

Why was she made to be British? In the 1970s, the Japanese people loved all things British. Beatrix Potter and Lewis Carroll — both British authors — were very popular with children. ❸ Sanrio wanted to take advantage of this trend.

And ❹ although she looks like one, never call Hello Kitty a cat! Sanrio is very firm about this. According to Sanrio, she was designed as a "little girl." ❺ In fact, she has her own cat! This cat is named Charmmy Kitty.

Q2 Why was Hello Kitty made British?

a. Because the Japanese people loved all things British

b. Because her parents were British

Hello Kitty first showed up on a coin purse in 1970. Her character became popular quickly. Sanrio promptly started putting her on other products. As her popularity continued, Hello Kitty was put on more and more products.

Today, Hello Kitty is one of the most popular characters in the world. She is on stationery, jewelry, and food. She is even on wine bottles, bank cards, and jet airlines! Where will we see Hello Kitty next?

Q3 Which kind of Hello Kitty product is NOT mentioned?

a. A Hello Kitty TV show   b. A Hello Kitty necklace

1 Although I **was created** in Japan, I am an English girl.

수동태 시제

- 'be동사 + 과거분사' 형태의 수동태는 시제에 따라 be동사가 바뀐다.

  ex) This play **is performed** by the students. (수동태의 현재 시제)

  This play **was performed** by the students. (수동태의 과거 시제)

2 Can you guess **who I am**?

간접의문문의 해석

- 의문문이 다른 문장의 일부가 되는 것을 간접의문문이라고 한다. 간접의문문을 해석할 때에는 who I am을 '내가 누구인지'와 같이 주어부터 해석한다.

  ex) Do you know **who that girl is**?

3 Sanrio wanted to **take advantage of** this trend.

take advantage of

- '~을 이용하다, ~한 기회로 활용하다'라는 뜻을 나타낼 때 take advantage of로 표현한다.

  ex) I hope you are not trying to **take advantage of** me.

4 **Although** she looks like one, never call Hello Kitty a cat.

접속사 although

- '비록 ~이지만, ~에도 불구하고'의 의미로 양보를 나타낼 때 접속사 though나 although를 쓴다.

  ex) **Although** this room is big, it can't hold all my furniture.

5 **In fact**, she has her own cat!

In fact

- '사실은' 혹은 '사실'이라는 뜻을 나타낼 때 in fact로 표현한다. 방금 한 말에 대해 구체적인 내용과 설명을 더할 때 주로 사용한다.

  ex) **In fact**, I was shocked as I walked into my office.

► Reading Comprehension

A 질문에 알맞은 답을 고르시오.

1 이 글은 무엇에 관한 것인지 고르시오.

a. A popular English girl   b. A famous character

c. A successful company

2 첫 번째 단락의 화자(speaker)가 누구인지 고르시오.

a. Hello Kitty   b. Sanrio   c. The writer

3 Hello Kitty에 대한 내용으로 옳지 <u>않은</u> 것을 고르시오.

a. She was designed as a little cat.

b. She "comes from" England.

c. She is on many different products.

B 주어진 단어를 활용하여 빈칸을 채우시오.

1 Hello Kitty

○ I was created _____,
but I am an English girl.

○ My real name is _____.

○ I was born in 1970.

○ I have a _____ and a
cat.

○ Today, I am on all kinds of
_____.

2 Sanrio Company

○ _____ Hello Kitty

○ first put her on a _____
_____

○ made Hello Kitty British
because _____ people
liked British things

○ says that Hello Kitty is a
girl, NOT _____

Word Bank

| in Japan | coin purse | products | a cat |
| Japanese | twin sister | designed | Kitty White |

► Reading Focus

Recognizing Point of View (관점 이해하기)

주어진 글이 누구의 관점에서 쓰였는지 파악한다!

독해 지문은 여러 가지 방법으로 쓰여집니다. 때로는 누군가가 당신에게 직접 이야기하는 것처럼 쓰여지기도 하고 또 때로는 그 지문이 마치 당신에 대해 이야기하는 것처럼 쓰여지기도 하지요. 대개의 경우 독해 지문은 글쓴이가 다른 제3자에 관해 이야기하는 것처럼 쓰여집니다. 이와 같이 글이 누구의 시점에서 쓰여졌는가를 관점이라고 하고, 글의 다양한 장르에서 여러 가지 관점들이 사용된답니다.

🔵 알아 두면 유용한 관점들

1 1인칭 시점: 화자가 자신의 이야기를 하며, I나 my가 사용된다. 일기나 사설 등에서 주로 사용되는 시점이다.

2 2인칭 시점: 화자가 상대방의 이야기를 하며, you나 your가 사용된다. 지침서 등에서 주로 사용되는 시점이다.

3 3인칭 시점: 화자가 제3자인 다른 사람의 이야기를 하며, he/she나 his/her가 사용된다. 대부분의 글에서 가장 많이 사용되는 시점이다.

🔵 전략적 읽기의 열쇠

때로는 지문이 한 가지 관점만이 아닌 복합적인 관점에서 쓰여질 수도 있음을 기억하자.

 다음 글을 읽고, 질문에 바르게 답하시오.

Another famous Sanrio character is Mimmy. She is Hello Kitty's twin sister. They look almost exactly alike. How can you tell who is who? Mimmy wears a yellow ribbon — not red, like her sister's. I think I like Mimmy even better than Hello Kitty!

🔵 **윗글은 어떤 관점에서 쓰여졌는지 모두 고르시오.**

a. First person(1인칭)   b. Second person(2인칭)

c. Third person(3인칭)

Grammar

수동태

● 다음 문장을 읽고, 맞으면 C, 틀리면 I를 선택하시오.

1 The window broken by her. (C / I)

2 The book was written by him. (C / I)

3 The door is opened by me. (C / I)

능동태 vs. 수동태

능동태	수동태
주어가 동작을 직접 행하는 형태	주어가 동작의 대상이 되는 형태
	능동 구문의 목적어를 강조하고 싶을 때 사용함
	동사 부분을 'be동사 + 과거분사'로 씀
He ate the cake.	The cake was eaten by him.

A 주어는 △, 동사는 ○ 하고, 능동태인지 수동태인지 고르시오.

1 King Sejong made the Korean Alphabet. (능동태) 수동태

2 Many books were written by Shakespeare. 능동태 (수동태)

3 Shakespeare wrote many books. 능동태 수동태

4 Harry Potter was written by J. K. Rowling. 능동태 수동태

5 Picasso painted amazing pictures. 능동태 수동태

6 Amazing pictures were painted by Picasso. 능동태 수동태

7 Ben broke the window. 능동태 수동태

8 The window was broken by Ben. 능동태 수동태

수동태 구문을 만드는 3단계 과정

1 능동태의 목적어를 수동태의 주어로 바꿈

2 동사를 'be동사 + 과거분사'로 바꿈

3 능동태의 주어를 'by + 행위자(목적격)'로 바꿈

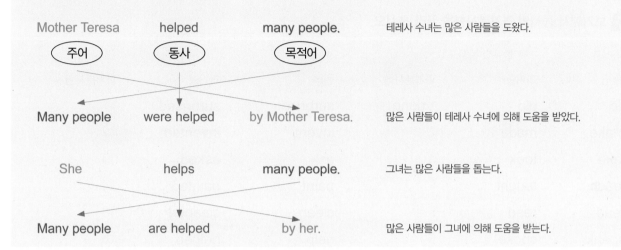

Mother Teresa	helped	many people.	테레사 수녀는 많은 사람들을 도왔다.
주어	동사	목적어	
Many people	were helped	by Mother Teresa.	많은 사람들이 테레사 수녀에 의해 도움을 받았다.
She	helps	many people.	그녀는 많은 사람들을 돕는다.
Many people	are helped	by her.	많은 사람들이 그녀에 의해 도움을 받는다.

B 주어진 능동태 문장을 수동태 문장으로 바꿀 때 빈칸에 알맞은 말을 쓰시오.

1
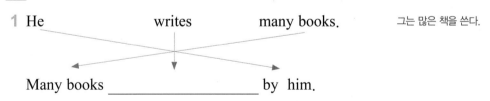

He　　　　　writes　　　　many books.　　　그는 많은 책을 쓴다.

Many books ＿＿＿＿＿＿＿＿ by him.

2
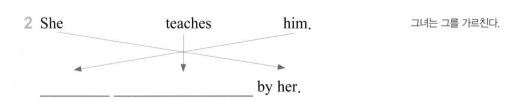

She　　　　teaches　　　　him.　　　그녀는 그를 가르친다.

＿＿＿＿ ＿＿＿＿＿＿＿ by her.

3
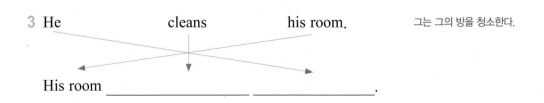

He　　　　cleans　　　his room.　　　그는 그의 방을 청소한다.

His room ＿＿＿＿＿＿＿ ＿＿＿＿＿.

- be동사 + 과거분사
- 동사의 과거분사형뿐만 아니라 과거형도 함께 기억해야 올바른 수동태를 만들 수 있음

> 과거분사는 수동태뿐만 아니라 현재완료 시제에도 필요하므로 꼭 암기할 것!

C 보기에서 동사의 과거분사형을 골라 쓰시오.

불규칙 동사			규칙 동사		
원형	과거형	과거분사형	원형	과거형	과거분사형
do	did	1 done	surprise	surprised	11
make	made	2	invent	invented	12
take	took	3	ask	asked	13
teach	taught	4	paint	painted	14
read	read	5	clean	cleaned	15
speak	spoke	6	help	helped	16
write	wrote	7	call	called	17
break	broke	8	visit	visited	18
eat	ate	9	finish	finished	19
give	gave	10	play	played	20

보기

done	taught	spoken	given	taken	made	eaten	broken	read	written
played	cleaned	asked	invented	visited	called	painted	helped	finished	surprised

D 능동태 문장을 알맞은 수동태 문장과 연결하시오.

1 He teaches us. •   • ⓐ We were taught by him.

2 He taught us. •   • ⓑ We are taught by him.

3 She writes e-mails. •   • ⓒ E-mails are written by her.

4 She wrote e-mails. •   • ⓓ E-mails were written by her.

5 They give many presents. •   • ⓔ Many presents were given by them.

6 They gave many presents. •   • ⓕ Many presents are given by them.

E 주어진 단어 중 알맞은 것을 골라 문장을 완성하시오.

1 He ___broke___ the window yesterday.
(ⓐ break ⓑ̶ broke ⓒ broken)

2 The window was _____ by him yesterday.
(ⓐ break ⓑ broke ⓒ broken)

3 Santa _____ many presents.
(ⓐ gives ⓑ giving ⓒ given)

4 Many presents are _____ by Santa.
(ⓐ give ⓑ gave ⓒ given)

5 The news _____ me last night.
(ⓐ surprises ⓑ surprising ⓒ surprised)

6 I _____ by the news last night.
(ⓐ surprised ⓑ was surprised ⓒ am surprising)

7 She _____ poor children.
(ⓐ helping ⓑ helps ⓒ is helped)

8 Poor children _____ by her.
(ⓐ helped ⓑ are helped ⓒ are helping)

Post

● 아래의 상자에서 알맞은 내용을 골라 수동태에 대한 설명을 완성하시오.

1 _____ⓖ 능동태_____ 는 주어가 동작을 직접 행하는 형태로 표현되요.

2 _____는 주어가 동작의 대상이 되는 형태로 표현되요.

3 수동태 구문을 만드는 3단계 과정:
　① 능동태의 목적어를 수동태의 주어로 바꿔요.
　② 동사를 'be동사 + 과거분사'로 바꿔요.
　③ 능동태의 주어를 '_____ + 행위자(목적격)'로 바꿔요.

4 수동태 문장에서 동사는 '_____'로 써요.

5 make – made – _____

6 take – took – _____

7 eat – ate – _____

8 speak – spoke – _____

| ⓐ by | ⓑ made | ⓒ eaten | ⓓ spoken |
| ⓔ taken | ⓕ 수동태 | ⓖ̶ 능동태 | ⓗ be동사 + 과거분사 |

Listening

T 32

유형 15 지도 보고 길 찾기

● 대화를 듣고, 남자가 가려고 하는 장소를 고르시오.

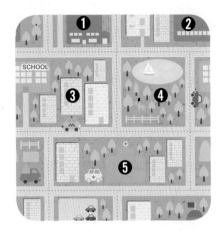

전략 · 지도 위에 길을 그려 보세요.

전략 적용 해보기!

1 지도 위에서 직접 길 찾기

2 장소의 전치사 이해하기

○ will be right ___in___ ___front___ ___of___ you

● 다시 한 번 잘 듣고, 빈칸을 채우시오.

A: Hello, City Museum. How _____ I help you?

B: Yes, hi. I'm having trouble finding the _____. Could you help me?

A: Certainly. Where are you now?

B: I'm just driving _____ the school.

A: You need to _____ the second left. You will _____ some apartments and then a park.

B: Is that all?

A: Yes, the museum will be right _____ _____ _____ you when that street ends.

B: Great! Thank you so much!

Key Words & Key Expressions

길을 안내하는 표현:

Go straight on at the lights. 신호등에서 직진하세요.

Go straight on when you come to the crossroads.

교차로에서 직진하세요.

Go across the roundabout. 로터리를 건너가세요.

Take the first road that goes left[right].

= Take the first turning on your left[right].

왼쪽[오른쪽]으로 갈라지는 첫 번째 길을 따라가세요.

You'll see a bank. = You'll come to a bank. 은행이 보일 거예요.

Go on for about 100 meters. 100미터 가량 직진하세요.

연습1 대화를 듣고, 여자가 가려고 하는 장소를 고르시오.

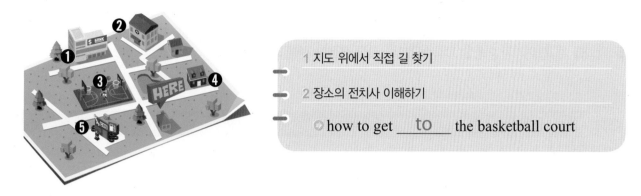

1 지도 위에서 직접 길 찾기

2 장소의 전치사 이해하기

○ how to get ___to___ the basketball court

● 다시 한 번 잘 듣고, 빈칸을 채우시오.

A: Do you know how to _____ _____ the basketball court from here?

B: Yeah, sure do. We just need to _____ _____ of here and _____ the first _____.

A: Is it close?

B: It's really close. _____ five minutes?

A: Okay, let's get _____. We don't want to miss Carl's game.

연습2 다음을 듣고, 지도에 대한 설명으로 알맞지 <u>않은</u> 것을 고르시오.

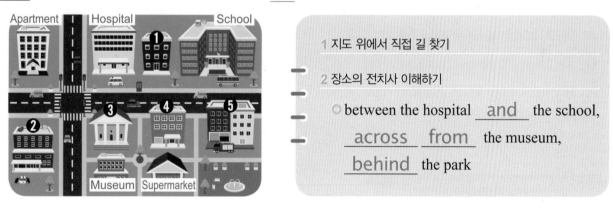

1 지도 위에서 직접 길 찾기

2 장소의 전치사 이해하기

○ between the hospital ___and___ the school,
___across___ ___from___ the museum,
___behind___ the park

● 다시 한 번 잘 듣고, 빈칸을 채우시오.

① The hotel is _____ the hospital and the school.

② There is a police station across from the museum.

③ The bank is _____ the corner. It's across from the hospital.

④ The library is in front of the supermarket and next to the park.

⑤ The fire station is _____ the park.

● 대화를 듣고, 여자가 이용할 교통수단으로 가장 적절한 것을 고르시오.

① 택시   ② 기차   ③ 버스   ④ 지하철   ⑤ 자동차

전략 · 흔히 함께 붙여서 사용되는 연어에 대해 알아 두세요.

전략 적용 해보기!

1 연어(Collocation)에 유의하기   ○ (ⓐ by   ⓑ for) bus

2 자주 사용되는 구어 표현 익히기   ○ I'd ___suggest___ the subway.

● 다시 한 번 잘 듣고, 빈칸을 채우시오.

A: May I help you?

B: Yes, I'm supposed to meet my friend by 3rd Street Station, but I'm not sure _____ _____ _____ there.

A: Well, there are a couple of options. Would you like to go_____ _____, subway, or taxi?

B: I think taxi. That's the fastest way, right?

A: Well, at this time of day, I'd _____ the subway.

B: Ah, okay. Where is _____ _____ _____?

A: If you exit the hotel and turn right, it will be right in front of you.

Key Words & Key Expressions

교통편 관련 자주하는 질문들

Train/Bus

Could you tell me the time of the next train[bus] to Seoul? 서울행 다음 기차[버스] 시간을 알려 주시겠어요?

What platform[stop] does it leave from?
어느 플랫폼[정류장]에서 출발하나요?

What time does it depart? 언제 출발하나요?

What time does it arrive? 언제 도착하나요?

How long is the journey? 얼마나 걸리나요?

Plane

Is it a direct flight, or do I have to change planes?
직항인가요, 아니면 비행기를 갈아타야 하나요?

What terminal does it leave from? 어느 터미널에서 출발하나요?

Can I have a window[aisle] seat? 창가[복도] 자리로 주시겠어요?

How long is the flight? 비행시간이 얼마나 걸리나요?

연습1 대화를 듣고, 남자아이가 이용할 교통수단으로 가장 적절한 것을 고르시오.

① 택시   ② 기차   ③ 버스   ④ 지하철   ⑤ 비행기

1 연어(Collocation)에 유의하기

2 자주 사용되는 구어 표현 익히기

○ I love (ⓐ going   ⓥ taking) a plane.

○ We're _____flying_____.

● 다시 한 번 잘 듣고, 빈칸을 채우시오.

A: Hey, Carl. _____ are you _____ to?

B: I'm going to the beach with my family.

A: Oh, fun! Are you _____ the train?

B: We normally do, but this year we're _____!

A: Oh, great! I love taking a _____.

연습2 대화를 듣고, 두 사람이 이용할 교통수단으로 가장 적절한 것을 고르시오.

① 택시   ② 기차   ③ 버스   ④ 지하철   ⑤ 비행기

1 연어(Collocation)에 유의하기

2 자주 사용되는 구어 표현 익히기

○ (ⓥ take   ⓑ use) a cab

○ It might take longer _____due_____ __to__ ___traffic___.

● 다시 한 번 잘 듣고, 빈칸을 채우시오.

A: I'm so tired. Can we _____ a _____?

B: It might take longer _____ _____ _____.

A: I am not in a _____. Are you?

B: I guess not.

A: I just don't think I can deal with the crowded _____ and that long transfer today.

Test 2

01 대화를 듣고, 여자가 주문한 음식을 고르시오.

① 새우 버거　　② 더블 치즈 버거

③ 피자　　④ 어니언 링

⑤ 콜라

02 대화를 듣고, 두 사람이 무엇에 관해 논의 중인지 알맞은 것을 고르시오.

① 자연재해　　② 건강 식단

③ 핵가족화　　④ 환경 문제

⑤ 대중교통

03 대화를 듣고, 여자가 전화한 이유를 고르시오.

① TV를 구입하기 위해

② 냉장고를 구입하기 위해

③ 도움을 청하기 위해

④ 선물을 주기 위해

⑤ 구입한 제품에 대한 불만을 표하기 위해

04 대화를 듣고, 들려주는 내용과 일치하지 않는 것을 고르시오.

① 주문할 음식은 25% 할인된다.

② 세일은 이번 주 토요일까지이다.

③ 할인은 한 달 뒤까지 계속된다.

④ 두 사람은 저녁 7시에 식당에서 만날 것이다.

⑤ 두 사람은 오늘 저녁에 그 식당에 갈 것이다.

05 대화를 듣고, 두 사람의 관계로 가장 적절한 것을 고르시오.

① 점원과 손님　　② 교사와 학생

③ 계산원과 손님　　④ 사장과 점원

⑤ 의사와 환자

06 대화를 듣고, 여자가 이용할 교통수단으로 가장 적절한 것을 고르시오.

① 버스　　② 기차

③ 택시　　④ 지하철

⑤ 자동차

● 여기서부터는 읽고 답하는 문제입니다.

07 주어진 문장을 부정문으로 잘못 옮긴 것을 고르시오.

① You can submit this online.

→ You cannot submit this online.

② You should buy this.

→ You should not buy this.

③ You have to provide an ID.

→ You have not to provide an ID.

④ You may use this computer.

→ You may not use this computer.

⑤ You must get involved in this project.

→ You must not get involved in this project.

Have you heard of _____(A)_____ e-sport?
It is a form of competition that is facilitate
by electronic systems. It is not a regular
physical sport. It is a computer or video
game play as a sport. For example, Starcraft
II is a real-time strategy game. Teams of
players play _____(B)_____ each other on a
game map. To win the game, one team's
forces must destroy another's.

08 윗글의 빈칸 (A), (B)에 들어갈 말로 바르게 짝지어
진 것을 고르시오.

① a – against   ② a – for
③ an – against   ④ an – for
⑤ an – by

09 윗글의 밑줄 친 각 동사를 알맞은 형태로 바꾼 것
을 고르시오.

① facilitated – played – destroy
② facilitate – play – destroyed
③ facilitated – played – destroyed
④ facilitate – play – destroy
⑤ facilitated – play – destroyed

10 윗글에서 말한 e 스포츠에 대한 설명으로 옳지
않은 것을 고르시오.

① e 스포츠는 전자 기기에 의해 운용된다.
② e 스포츠는 경쟁 형태의 스포츠이다.
③ e 스포츠는 일반적인 신체 운동과 똑같다.
④ e 스포츠는 스포츠로 하는 컴퓨터 혹은 비디오
게임이다.
⑤ e 스포츠의 한 예로 스타크래프트 II를 들 수
있다.

11 다음 글은 어떤 관점에서 쓰여졌는지 알맞은 것을
고르시오.

Heidi is an orphan girl. Her parents died
when she was younger. She lives with her
aunt, Aunt Dete, in Switzerland until she
turns five. Then, Aunt Dete brings Heidi to
her grandpa. Heidi's grandpa lives in a small
cottage in the Alps. He is very quiet. He
rarely talks with other people.

① First person(1인칭)
② Second person(2인칭)
③ Third person(3인칭)
④ First person(1인칭)과 Second person
(2인칭)
⑤ Second person(2인칭)과 Third person
(3인칭)

12 밑줄 친 단어들과 같은 의미를 가진 단어들로 바르게 짝지어진 것을 고르시오.

- They don't have to provide __(A) proof__ to start selling.
- I have not seen any __(B) positive__ changes.
- He has even received a prize for winning __(C) successive__ tournaments.

	(A)	(B)	(C)
①	evidence	bad	fruitful
②	data	useful	fruitful
③	evidence	great	fruitful
④	present	useful	consecutive
⑤	evidence	useful	consecutive

13 밑줄 친 부분 중 최상급의 형태가 옳지 않은 것을 고르시오.

① He is the greatest poet that has ever lived.

② This is the oldest palace in Korea.

③ He is the best chef in town.

④ I am the heavyest I have ever been.

⑤ You are the most beautiful girl I've ever seen.

14 밑줄 친 부분 중 어법상 틀린 것을 고르시오.

① He forgot calling me.

② I finished doing my homework.

③ I enjoy to sing and dance.

④ He stopped to call me.

⑤ Would you mind opening the door for me?

[15-17] 다음 글을 읽고, 물음에 답하시오.

Julie loves have pets. She wants have a cat. Her friend's cat had two kittens. Julie asked her parents if she could have one. Her mother said, "I am sorry, but you can. Neither your dad nor I can help you. Both of us are too busy. I don't think you can take care of the cat by yourself." The problem is that Julie's parents do not allow her to have the kitten.

15 윗글에서 Julie의 문제는 무엇인지 고르시오.

① Julie likes cats.

② Her friend's cat had two kittens.

③ Julie asks her parents if she can have a kitten.

④ Her parents can help Julie.

⑤ Julie's parents do not allow her to have the kitten.

16 윗글의 밑줄 친 각 단어를 알맞은 형태로 바꾼 것을 고르시오.

① to have   having   can't
② to have   to have   can
③ to have   to have   can't
④ have   have   can
⑤ have   have   can't

17 윗글의 내용을 가장 잘 요약한 것을 고르시오.

① Julie는 부모님과 pet shop에 가서 애완동물로 고양이를 살 것이다.
② Julie는 애완동물로 고양이를 갖고 싶어하지만 부모님께서 허락하지 않으신다.
③ Julie는 애완동물을 원하지 않지만 부모님이 고양이를 사 주려고 하신다.
④ Julie는 애완동물에 대해서는 생각해 본 적이 없다.
⑤ Julie의 고양이가 새끼 고양이 두 마리를 낳았다.

18 밑줄 친 부분의 뜻이 옳지 <u>않은</u> 것을 고르시오.

① He started <u>dominating</u> the sport.
(압도적으로 우세하다)
② He first began playing <u>professionally</u> in 2006.
(프로 선수로)
③ Starcraft II is a <u>real-time</u> strategy game.
(실시간)
④ They practice <u>competing</u> with and against each other. (함께하다)

⑤ They focus on <u>improving</u> their own particular weaknesses. (개선하다)

19 주어진 단어와 어구들을 사용하여 우리말에 맞게 문장을 완성하시오.

| must not | Regulators | the complaints. |
| until they receive | | get involved |

→ _____

_____

규제 기관들은 불만을 접수 받을 때까지 개입해서는 안되요.

20 주어진 우리말을 영어로 옮기시오.

(1) 그 펜을 제게 좀 건네주시겠어요?

→ _____

(2) 그 유명한 등장 인물은 프랑스에서 만들어졌다.

→ _____

Unit 9 Handling Conflict

uncomfortable

gift

communication

upset

wrong

blame

question

conflict

A 잘 듣고, 큰 소리로 따라 말하며 빈칸을 채우시오. T35

No.	Korean	English	Collocation
1	동 다루다, 만지다 명 손잡이	handle	_____ the situation 상황을 처리하다
2	명 갈등, 충돌 동 상충하다	conflict	a _____ of opinions 의견 대립
3	동 다치게 하다, 아프다	hurt	_____ someone's feelings ~의 기분을 상하게 하다
4	명 느낌, 감정, 기분, 의견	feeling	a happy _____ 행복한 기분
5	형 틀린 부 틀리게	wrong	a _____ answer 틀린 답
6	부 다르게, 별도로	differently	do _____ 다르게 하다
7	명 의사소통, 연락, 통신	communication	mass _____ 매스컴, 대중 전달
8	동 식히다 형 시원한, 냉정한	cool	a _____ breeze 시원한 산들바람

Vocabulary

No.	Korean	English	Collocation
9	형 속상한 동 속상하게 하다	upset	an _____ stomach 배탈
10	동 후회하다 명 유감, 애석	regret	an instant _____ 즉각적인 후회
11	명 (걱정거리가 되는) 문제, 주제, 쟁점 동 발부하다	issue	an important _____ 중요한 안건
12	형 불편한, 불쾌한	uncomfortable	an _____ seat 불편한 자리
13	동 쓰다, 작성하다	write	_____ a letter 편지를 쓰다
14	대 무엇이든, 아무것	anything	_____ else 그 밖의 다른 것
15	명 선, 줄 동 줄을 서다	line	_____ up 줄을 서다
16	형 열려 있는 동 열다	open	an _____ mind 열린 마음
17	명 질문, 문제	question	a silly _____ 어리석은 질문
18	부 솔직히, 정말로	honestly	answer _____ 솔직하게 대답하다
19	형 객관적인 명 목적, 목표	objective	an _____ decision 객관적 결정
20	형 중요한	important	an _____ choice 중요한 선택
21	부 친절하게, 다정하게	kindly	speak _____ 다정하게 말하다
22	동 ~을 탓하다 명 책임, 탓	blame	place the _____ 책임을 지우다
23	대 누구나, 누구, 아무	anyone	without _____ 아무도 없이
24	명 잘못, 결점	fault	at _____ 잘못해서
25	동 해결하다 명 결심, 의지	resolve	_____ doubts 의문을 해소하다
26	동 돌보다, 관심을 갖다 명 돌봄, 주의	care	good _____ 잘 돌봄
27	명 선물, 재능 동 공짜로 내주다	gift	a birthday _____ 생일 선물
28	형 웃기는, 이상한	funny	a _____ show 재미있는 쇼
29	명 생각, 사고	thought	a sudden _____ 갑작스런 생각
30	동 세다, 계산하다 명 계산, 셈	count	a head _____ 인원수

B 그림을 보고, 알맞은 단어에 동그라미 하시오.

1

conflict

communication

2

thought

upset

3

honestly

kindly

4

resolve

regret

C 영어는 우리말로, 우리말은 영어로 쓰시오.

1	handle		14	다치게 하다, 아프다	
2	differently		15	느낌, 감정, 기분, 의견	
3	communication		16	틀린 / 틀리게	
4	regret		17	식히다 / 시원한, 냉정한	
5	uncomfortable		18	(걱정거리가 되는) 문제, 주제, 쟁점 / 발부하다	
6	anything		19	쓰다, 작성하다	
7	question		20	선, 줄 / 줄을 서다	
8	honestly		21	열려 있는 / 열다	
9	objective		22	누구나, 누구, 아무	
10	important		23	돌보다, 관심을 갖다 / 돌봄, 주의	
11	blame		24	선물, 재능 / 공짜로 내주다	
12	fault		25	웃기는, 이상한	
13	thought		26	세다, 계산하다 / 계산, 셈	

D 다음 중 conflict와 <u>관계없는</u> 단어에 동그라미 하시오.

| upset | uncomfortable | kindly | blame | hurt |

E 다음 중 알맞은 단어를 골라 문장을 완성하시오.

1 The two countries have serious (conflict / hurt).

2 The class was really (upset / feeling) when their field trip was canceled.

3 The book has many (honestly / funny) stories.

4 I have nothing to (write / line) with.

5 He discussed the (issue / wrong) with his parents.

6 Reading is very (care / important) for all students.

7 I don't want to (blame / count) you for this problem.

F 주어진 단어를 보고, 두 문장에 공통으로 들어갈 단어를 골라 써 넣으시오.

1 We need to learn how to _____ stress.

The door _____ was broken.

2 She couldn't keep her _____s on the test.

They hadn't _____ about safety before that accident.

3 He prepared a small _____ for his mom's birthday.

The _____s from Santa made the children happy.

4 Each student solved the same math question _____.

The new cell phone is designed _____ from the old one.

Word Bank

thought   resolve   differently   handle   gift   communication

Reading

It's difficult to handle conflicts with friends. Sometimes a friend does something that hurts your feelings. Or maybe you think that you did something wrong because your friend is acting differently. What is the best way to handle this?

Communication is key. But it's best not to talk right away. Let the situation cool off a little bit. It's better if no one is angry or upset when talking. That way, you will not say anything that you regret.

Q1 How should you handle a conflict with a friend?

a. Don't talk about the situation

b. Communicate with him or her

❶ You could talk face to face with your friend about the issue. But some people find that difficult to do. ❷ If you are uncomfortable, write a letter to your friend instead. Anything that gets the lines of communication open!

But, ❸ before communicating with your friend, ask a question of yourself, "Is there anything I did that caused this?" Thinking about this honestly will help your communication. You will be more objective about the situation.

It's important to communicate honestly and kindly. ❹ Don't try to blame anyone or find fault. Instead, talk about your feelings, or ask your friend about his or her feelings. After talking, you will both understand why the situation happened.

After resolving the conflict, why don't you show your friend that you care? You could give a small gift to your friend. Or ❺ you even could just make a funny card for him or her. It's the thought that counts!

Q3   What should you NOT do when talking?

a. Blame someone for the problem

b. Speak honestly and directly

1 You could talk **face to face** with your friend about the issue.

face to face

- '얼굴을 맞대고'라는 의미로, 어떤 일을 직접 만나서 하는 상황을 나타낼 때 사용된다.

  ex) I want to talk **face to face** rather than over the phone.

2 If you are uncomfortable, **write a letter to** your friend instead.

수여동사 write

- 두 개의 목적어를 나란히 취하는 수여동사 write는 4형식에서 3형식으로 바꿀 때 전치사 to를 쓴다.

  4형식 | 주어 | + | 수여동사 | + | 간접 목적어 | + | 직접 목적어

  3형식 | 주어 | + | 수여동사 | + | 직접 목적어 | + | **전치사** | + | 간접 목적어

  (전치사 to를 쓰는 동사: write, give, sell, send, pay, bring, lend, teach 등)

  ex) She **sent a beautiful picture to** me.

3 Before communicating with your friend, **ask a question of** yourself.

수여동사 ask

- 수여동사 ask는 4형식에서 3형식으로 바꿀 때 전치사 of를 쓴다.

  ex) Can I **ask a favor of** you?

4 Don't try to blame anyone or **find fault**.

find fault

- '흠을 잡다, 불평하다'의 의미로 '～에 대해 흠을 잡다'라고 할 때 대개 with와 함께 사용한다.

  ex) I could not **find fault with** his arguments.

5 You even could just **make a funny card for** him or her.

수여동사 make

- 수여동사 make는 4형식에서 3형식으로 바꿀 때 전치사 for를 쓴다.

  (전치사 for를 쓰는 동사: make, buy, cook, get 등)

  ex) My father **made a chair for** me.

⚐ Reading Comprehension

Ⓐ 질문에 알맞은 답을 고르시오.

1 이 글은 무엇에 관한 것인지 고르시오.

    a. Learning how to show you care   b. Making new friends

    c. Solving relationship problems

2 갈등 해소를 위한 첫 번째 단계는 무엇인지 고르시오.

    a. Showing that you care   b. Beginning communication

    c. Letting the situation cool off

3 갈등은 어떻게 해소되는지 고르시오.

    a. Both people understand their feelings and the situation.

    b. Both people ignore the situation.

    c. One person gives the other person a gift.

Ⓑ 주어진 단어를 활용하여 빈칸을 채우시오.

1 _____ with Friends

○ friends can _____ your feelings

○ or maybe you did something _____

○ situation is difficult to handle

2 Communication Is _____

① Let the situation _____.

② Think about what you did.

③ Communicate honestly and _____.

3 _____ You Care

○ give a small gift or make a card

○ it's the thought that _____

Word Bank

counts	cool off	Key	Show
kindly	Conflict	wrong	hurt

► Reading Focus

Understanding Meaning from Context: Reading Cloze
(문맥을 통한 의미 이해: 빈칸 채우기)

빈칸 채우기를 하며, 문맥을 통해 모르는 말의 의미를 유추한다!

글을 읽다 보면 지문에 모르는 말이 나올 수 있어요. 이때 사전을 찾지 않고도 모르는 말의 의미를 짐작할 수 있을까요? 대개는 주변의 말들을 통해 뜻을 유추할 수 있어요. 빈칸 채우기는 이런 문제를 연습할 수 있는 좋은 방법이에요. 즉, 모르는 말을 빈칸으로 간주하는 것이지요. 그리고 나서 주변의 말들을 보면서 빈칸에 가장 적절한 말을 찾아보는 겁니다.

● 알아 두면 유용한 주의 사항

1 빈칸 채우기 연습을 할 때 전체 주제를 염두에 두세요.

2 빈칸 채우기 연습을 할 때 문법 요소도 염두에 두세요.

ex) I have a <u>humongous</u> bag which has all of my textbooks in it.

I have a _____ bag which has all of my textbooks in it.

a. small ➡ 모든 교과서가 들어간다고 했으므로 오답!

b. locker ➡ 빈칸에는 형용사가 필요하므로 오답!

c. big   ➡ 정답일 가능성 높음!

연습 다음 글을 읽고, 질문에 바르게 답하시오.

Dear Diary,

Today was the worst day. Today, my best friend, Arlene, totally **dissed** me in front of the class. She said that I was the bee's knees! **Gross**! How could she be so **uncool**! I know that she is British, but that's no excuse!

● 윗글에 나온 단어들의 알맞은 뜻을 고르시오.

1 dissed	a. hit	b. conflicted	c. insulted
2 Gross	a. Disgusting	b. Congratulations	c. Smooth
3 uncool	a. wonderful	b. rude	c. freezing

Grammar

● **문장의 형식**

● 다음 문장을 읽고, 맞으면 C, 틀리면 I를 선택하시오.

1 He gives her many flowers. (C / I)

2 He teaches us math. (C / I)

3 He wrote her an e-mail. (C / I)

● **문장의 5형식**

1형식	He	runs.			그는 달린다.
2형식	He	is	happy.		그는 행복하다.
3형식	He	likes	apples.		그는 사과를 좋아한다.
4형식	He	gives	her	flowers.	그는 그녀에게 꽃을 준다.
5형식	He	makes	us	happy.	그는 우리를 행복하게 만든다.

A 다음 문장이 몇 형식인지 고르시오.

1 The sun rises. 해가 뜬다. ✓ 2 3 4 5

2 I am Korean. 나는 한국인이다. 1 2 3 4 5

3 He has a dog. 그는 개를 갖고 있다. 1 2 3 4 5

4 Santa gives children presents. 싼타는 어린이들에게 선물을 준다. 1 2 3 4 5

5 They make me happy. 그들은 나를 행복하게 만든다. 1 2 3 4 5

● **3형식 문장과 4형식 문장**

• 3형식 문장: 주어 + 동사 + 목적어(~을/를).

• 4형식 문장: 주어 + 동사 + 간접 목적어(~에게) + 직접 목적어(~을/를).

B 다음 문장의 알맞은 뜻을 연결하고, 3형식인지 4형식인지 고르시오.

1 He wrote a letter. • • ⓐ 그는 그녀에게 편지를 썼다. 3형식 4형식

2 He wrote her a letter. • • ⓑ 그는 편지를 썼다. 3형식 4형식

3 He bought me a present. • • ⓒ 그는 나에게 선물을 사 주었다. 3형식 4형식

4 He bought a present. • • ⓓ 그는 선물을 샀다. 3형식 4형식

수여동사

- '수여'는 '주다'라는 뜻임
- 4형식 문장에서 사용할 수 있는 동사: 간접 목적어(~에게)와 직접 목적어(~을/를)를 수반하는 동사

  give(주다), show(보여 주다), tell(말해 주다), buy(사 주다), teach(가르쳐 주다), send(보내 주다), lend(빌려 주다)

C 다음 문장에서 간접 목적어는 ○, 직접 목적어는 △하고, 알맞은 뜻과 연결하시오.

1 Ms. Han teaches (me) English. •
2 Jim showed us the pictures. •
3 Eve gave Adam an apple. •
4 Bella sent Chris a message. •
5 Sam buys Lily flowers. •
6 Ellen lent Oscar $100. •

• ⓐ Eve는 Adam에게 사과를 주었다.
• ⓑ Bella는 Chris에게 메시지를 보냈다.
• ⓒ Jim은 우리에게 사진을 보여 주었다.
• ⓓ 한 선생님은 나에게 영어를 가르쳐 주신다.
• ⓔ Sam은 Lily에게 꽃을 사 준다.
• ⓕ Ellen은 Oscar에게 100달러를 빌려 주었다.

D 우리말과 같도록 보기에 주어진 말을 사용하여 4형식 문장을 완성하시오.

1 엄마는 나에게 과자를 만들어 주신다.

Mom makes ___me___ ___cookies___.

2 아빠는 내 여동생에게 이야기를 해 주신다.

Dad tells _____ _____.

3 그는 그의 아저씨께 메시지를 보내 드렸다.

He sent _____ _____.

4 그는 우리에게 선물을 사 주었다.

He bought _____ _____.

5 우리는 그들에게 그 책을 보여 주었다.

We showed _____ _____.

6 그녀는 그녀의 남동생에게 그 공책을 주었다.

She gave _____ _____.

보기					
a message	the book	stories	presents	his uncle	her brother
~~me~~	us	them	~~cookies~~	my sister	the notebook

- 주어 + 동사 + 간접 목적어 + 직접 목적어 (4형식)

주어 + 동사 + 직접 목적어 + **to** + 간접 목적어 (3형식)

E 주어진 4형식 문장을 3형식 문장으로 고치시오.

1 He gave   me   a present.

He gave a present | to | me .

2 He wrote   her   a letter.

He wrote _____ | | _____.

3 He tells   us   stories.

He tells _____ | | _____.

4 He showed   them   the pictures.

He showed _____ | | _____.

5 He teaches   me   math.

He teaches _____ | | _____.

6 He lent   her   his car.

He lent _____ | | _____.

- 주어 + make/buy/get + 간접 목적어 + 직접 목적어 (4형식)

주어 + make/buy/get + 직접 목적어 + **for** + 간접 목적어 (3형식)

F 주어진 4형식 문장을 3형식 문장으로 고치시오.

1 Dad made   us   breakfast.

Dad made _____ | | _____.

2 Mom bought   me   a coat.

Mom bought _____ | | _____.

G 다음 문장에서 밑줄 친 부분을 바르게 고치시오.

1 Hannah makes dinner <u>to</u> her family.
　　　　　　　　for

2 Grace buys flowers <u>to</u> her mom.

3 Rose gives presents <u>for</u> her sister.

4 Becky teaches history <u>for</u> her class.

5 Alice gets them <u>to</u> some drink.

6 David sends flowers <u>for</u> her.

7 Paul showed his picture <u>for</u> me.

8 Ryan lent his bicycle <u>for</u> her.

● 아래의 상자에서 알맞은 내용을 골라 3형식과 4형식 문장에 대한 설명을 완성하시오.

1 3형식 문장은 _____ⓓ 주어 + 동사 + 목적어_____ 로 이루어져 있어요.

2 4형식 문장은 _____ 로 이루어져 있어요.

3 수여동사는 _____ 에서 사용할 수 있고, 간접 목적어와 직접 목적어를 수반해요.

4 수여동사에는 _____, buy 등이 있어요.

5 give, show 등의 동사는 4형식에서 3형식으로 바꿀 때 전치사 _____가 필요해요.

6 make, buy 등의 동사는 4형식에서 3형식으로 바꿀 때 전치사 _____가 필요해요.

7 'He gave me a present.'를 'He gave _____.'로 바꿔 쓸 수 있어요.

8 'She buys him flowers.'를 'She buys _____.'으로 바꿔 쓸 수 있어요.

ⓐ to	ⓑ 4형식 문장	ⓒ a present to me	~~ⓓ 주어 + 동사 + 목적어~~
ⓔ for	ⓕ give, show, tell	ⓖ flowers for him	ⓗ 주어 + 동사 + 간접 목적어 + 직접 목적어

Listening

유형 17 요청하기   T 37

● 대화를 듣고, 남자가 여자에게 요청한 것을 고르시오.

① 음식 만들기   ② 설거지하기   ③ 빨래하기

④ 파티 장식하기   ⑤ 숙제 도와주기

전략 ▶ 요청(Request)을 나타내는 표현을 들어야 해요.

전략 적용 해보기!

1 요청 표현 듣기

2 기본 동사에 친숙해지기

○ ___Would___ ___you___ help me ~?

○ ___help___ me with the decorations

● 다시 한 번 잘 듣고, 빈칸을 채우시오.

A: Is there a lot left to do to get ready for tomorrow?

B: So much!

A: Well, we are having 30 people over for your birthday.

B: _____ you _____ _____ with the decorations?

A: Yes, I _____ _____ that. Any specific plan?

B: I trust you. Just do _____ _____ _____ looks good.

Key Words & Key Expressions

자주 사용되는 요청 관련 표현들:

| Can you |
| Will you |
| Could you possibly |

open the door for me, please?
문을 좀 열어 주시겠어요?

Would you mind opening the door for me?
문을 좀 열어 주시겠어요?

Would you mind ~ing...?에 대한 응답

요청 수락: **No, I don't mind.** 네, 좋아요.

요청 거절: **Yes.** 아니요.

요청에 대한 응답 표현들

요청을 수락할 때:

Sure, here you are. 물론이지, 여기 있어.

Okay! 좋아!

요청을 거절할 때:

Sorry, I can't. 미안하지만 난 할 수 없어.

I'm afraid I can't. 미안하지만 난 할 수 없어.

연습1 대화를 듣고, 여자가 남자에게 요청한 것을 고르시오.

① 슈퍼마켓에서 야채 사기　　② 빵집에서 빵 사기　　③ 과일 가게에서 과일 사기

④ 슈퍼마켓에서 우유와 시리얼 사기　　⑤ 슈퍼마켓에서 주스와 시리얼 사기

1 요청 표현 듣기	◦ __Will__ __you__ have time to stop at ~? __Would__ __you__ __please__ pick up ~?
2 기본 동사에 친숙해지기	◦ __have__ time to do, __pick__ __up__ some milk

● 다시 한 번 잘 듣고, 빈칸을 채우시오.

A: _____ _____ have time to stop at the supermarket on your way home tonight?

B: Yes, that's no problem. What do we need?

A: _____ _____ _____ pick up some milk and cereal for breakfast tomorrow?

B: Anything else?

A: No, that should be all we need.

연습2 대화를 듣고, 여자가 남자에게 요청한 것을 고르시오.

① 영화표 예매하기　　② 극장 위치 알아보기　　③ 영화 상영 시간 알아보기

④ 극장까지 태워주기　　⑤ 집안일 도와주기

1 요청 표현 듣기	◦ __Would__ __you__ please ~?
2 기본 동사에 친숙해지기	◦ __reserve__ two tickets, __make__ reservations for two tickets

● 다시 한 번 잘 듣고, 빈칸을 채우시오.

A: _____ _____ _____ _____ two tickets for the movie this weekend?

B: What day did you _____ _____ _____?

A: Didn't we say that we _____ _____ _____ Saturday afternoon?

B: That's right. How about 3:45?

A: Sounds great. I'll see you there.

● 대화를 듣고, 남자아이가 여자아이에게 제안한 것을 고르시오.

① 취미 활동하기　　　　② 운동하기　　　　③ 책 읽기

④ 함께 공부하기　　　　⑤ 도서관 가기

전략 · 제안(Offer)을 나타내는 표현을 들어야 해요.

전략 적용 해보기!

1 제안 표현 듣기

2 수락 혹은 거절 표현 듣기

○ __Why__ __don't__ __we__ study together ~?

○ That __would__ __be__ __great__ .

● 다시 한 번 잘 듣고, 빈칸을 채우시오.

A: I'm so nervous about the upcoming midterm test!

B: Yeah, it should be pretty hard. _____ you _____ studying?

A: Not yet. Have you?

B: Neither have I. _____ _____ _____ _____ together some?

A: _____ _____ _____ _____ . Are you free this weekend?

B: I think so. I just need to ask my mom. I'll tell you tomorrow.

A: Okay!

Key Words & Key Expressions

자주 사용되는 제안 관련 표현들:

What about How about	going to the movies tonight? 오늘 밤에 영화 보러 가는 게 어때?
You should Let's	have a walk after dinner. 저녁 식사 후에 산책하자.
Shall we Why don't we	join the chess club? 체스 클럽에 가입하지 않을래?

제안에 대한 응답 표현들

제안을 수락할 때:

OK! 좋아!　Yes, let's. 그래, 그러자.

Yes, I'd love[like] to. 그래, 나도 그러고 싶어.

What a good idea! 좋은 생각이야!

제안을 거절할 때:

No, let's not. 아니, 그러지 말자.

No, I'd rather not. 아니, 그러지 않는 게 좋겠어.

What a bad[awful] idea! 좋은 생각이 아니야!

연습1 대화를 듣고, 여자가 남자에게 제안한 것을 고르시오.

① 악기 배우기　　② 음악회 가기　　③ 영화 보러 가기　　④ 쇼핑하기　　⑤ 여행 가기

1 제안 표현 듣기
2 수락 혹은 거절 표현 듣기

- ___Let's___ ___go___.
- That ___sounds___ ___like___ ___fun___.

● 다시 한 번 잘 듣고, 빈칸을 채우시오.

A: Are you busy tomorrow night?
B: No, I _____ have any _____.
A: I have two tickets to the city orchestra concert. _____ _____.
B: That _____ like _____. Thanks for the invite!
A: No problem. I think we will have fun.

연습2 대화를 듣고, 여자가 남자에게 제안한 것을 고르시오.

① 걸어가기　　　　② 비행기 타기　　　　③ 고속 전철 타기
④ 2층 버스 타기　　⑤ 운전하기

1 제안 표현 듣기
2 수락 혹은 거절 표현 듣기

- You really ___should___ ___try___ it.
- I'll be sure to ___try___ ___it___, ___but___ next time maybe.

● 다시 한 번 잘 듣고, 빈칸을 채우시오.

A: _____ you _____ the new express line?
B: I haven't _____. I guess you did.
A: Oh wow! You really _____ _____ it! It's so fast.
B: I'll be _____ to try it, _____ next time maybe.

Unit 10 Dear Advice Annie

advice

move

confused

cheek

tease

playful

email

serious

A 잘 듣고, 큰 소리로 따라 말하며 빈칸을 채우시오. T39

No.	Korean	English	Collocation
1	동 알다, 알고 있다	know	_____ everything 모든 것을 알다
2	명 친구	friend	make new _____s 새로운 친구를 사귀다
3	명 소리 동 ~처럼 들리다 형 건전한	sound	the _____ of rain 빗소리
4	명 조언, 충고	advice	ask _____ 조언을 구하다
5	명 확인, 수표 동 확인하다	check	double _____ 재확인하다
6	부 거의, 대체로	almost	_____ certain 거의 확실한
7	명 이해, 합의 형 이해심 있는	understanding	have no _____ 전혀 이해하지 못하다
8	명 전자 우편, 이메일 동 이메일을 보내다	email	an _____ address 이메일 주소

Vocabulary

No.	Korean	English	Collocation
9	명 웹 사이트	website	an official _____ 공식 홈페이지
10	명 주, 일주일	week	twice a _____ 일주일에 두 번
11	형 ~할 수 있는	able	be _____ to ~ ~할 수 있다
12	동 읽다	read	_____ a novel 소설을 읽다
13	명 우편물 동 게시하다	post	_____ a letter 편지를 보내다
14	형 최고의, 제일 좋은 부 가장 잘	best	_____ friends 가장 친한 친구들
15	부 끊임없이, 거듭	constantly	_____ repeat 끊임없이 반복하다
16	형 건방진, 까부는	cheeky	a _____ monkey 건방진 녀석
17	형 사실인, 진짜의	true	a _____ statement 진실된 진술
18	명 뺨	cheek	rosy _____s 발그레한 볼
19	형 세심한, 예민한, 민감한	sensitive	_____ skin 민감한 피부
20	명 얼굴 동 직면하다, 향하다	face	a smiling _____ 웃는 얼굴
21	형 모든, ~마다	every	_____ day 매일
22	형 진지한, 심각한, 중대한	serious	a _____ condition 심각한 상태
23	형 혼란스러운, 분명치 않은	confused	a _____ student 혼란스러워하는 학생
24	동 움직이다, 이사하다, 감동시키다	move	_____ away 이사하다
25	명 의미	meaning	an unclear _____ 불확실한 의미
26	형 장난기 많은, 농담의	playful	_____ children 장난기 많은 아이들
27	동 놀리다, 장난하다 명 놀림, 장난	tease	_____ each other 서로 놀리다
28	명 농담 동 농담하다	joke	_____ around 익살을 부리다
29	명 벌, (일과 놀이를 함께 하는) 모임	bee	a _____ sting 벌침
30	명 무릎	knee	a _____ injury 무릎 부상

그림을 보고, 알맞은 단어에 동그라미 하시오.

1

week

website

2

post

email

3

playful

confused

4

tease

joke

C 영어는 우리말로, 우리말은 영어로 쓰시오.

1	sound		14	알다, 알고 있다	
2	advice		15	친구	
3	almost		16	확인, 수표 / 확인하다	
4	understanding		17	전자 우편, 이메일 / 이메일을 보내다	
5	constantly		18	주, 일주일	
6	cheeky		19	~할 수 있는	
7	cheek		20	읽다	
8	sensitive		21	최고의, 제일 좋은 / 가장 잘	
9	every		22	사실인, 진짜의	
10	serious		23	얼굴 / 직면하다, 향하다	
11	move		24	농담 / 농담하다	
12	meaning		25	벌, (일과 놀이를 함께 하는) 모임	
13	playful		26	무릎	

D 다음 중 주어진 설명과 관계있는 단어를 고르시오.

> an opinion or suggestion about what someone should do

① cheek   ② tease   ③ joke   ④ advice   ⑤ website

E 다음 중 알맞은 단어를 골라 문장을 완성하시오.

1 She would often (check / post) her email since she was expecting something.

2 This accident caused him a (playful / serious) injury.

3 When he fell down, he hurt his (knee / bee) very badly.

4 The two boys often (sound / tease) each other in a mean way.

5 The book was full of good (advice / week).

6 Her skin is really (sensitive / cheeky) to strong sunlight.

7 After reading the FAQ, he felt like the (email / website) didn't have all the information.

F 주어진 단어를 보고, 두 문장에 공통으로 들어갈 단어를 골라 써 넣으시오.

1 Not all the students understood the teacher's _____.

He was always making _____s, and it made his friends laugh a lot.

2 His explanation made us _____.

People were _____ about the revised road map.

3 His homework was _____ done.

It was really cold outside, and they were glad to be _____ home.

4 Her best friend _____d to Canada.

I was so tired that I couldn't _____ even a finger.

Word Bank

almost   constantly   move   understanding   joke   confused

Reading

Having problems at school... and ① don't know what to do? Having issues with friends... but don't know how to talk about it? It sounds like you need some advice! Check out Advice Annie! She will give advice for almost any problem.

Advice Annie has the experience and understanding to help you! Just email Advice Annie about your problem at adviceannie@advice.com. Then, check Annie's website about a week later. ② You'll be able to read Annie's great post about your problem.

 Q1
How can you read Annie's advice for your problem?
a. By reading her email to you
b. By checking her website

Dear Advice Annie,

❸ I am having trouble with my best friend, Sally. She constantly says that I am cheeky! It's true my cheeks are big. I'm quite sensitive about that. ❹ Does she think that my face is fat?

My feelings are hurt every time Sally says this. I hope that she is not serious! What can I do about this? Please give me some good advice!

Thank you,
Confused Cathy

P.S. Sally moved here from England last year.

Q2 What is Cathy's problem?

a. Her friend moved to England.　　b. Her friend is saying something hurtful.

Dear Confused Cathy,

I am not surprised that you are confused! Sally does not think that your face is fat. She is just using British English. Words have different meanings in British English than in American English. ❺ In British English, cheeky means playful.

Do you like to tease her? Do you make jokes about things? That's what "cheeky" means. Sally likes your jokes!

Advice Annie

P.S. Next time, why don't you call her "the bee's knees"? This means you think she is great!

Q3 What does "cheeky" mean?

a. It depends on the English.   b. It means a big or chubby face.

1 I don't know **what to do**.

what to do

- '무엇을 해야 할지'라는 의미로 what I should do와 같은 표현이다.

  ex) Please just tell me **what to do**.

2 You'll **be able to** read Annie's great post about your problem.

be able to

- '~할 수 있다'라는 의미로 조동사 can과 같은 표현이다. 특히, 조동사는 두 개 이상 함께 사용할 수 없으므로 can을 쓰기 곤란할 경우 대신 be able to를 사용한다.

  ex) You must **be able to** deal with pressure.

3 I am **having trouble with** my best friend, Sally.

have trouble with

- '~에 문제가 있다, 어려움이 있다'라는 의미로 with 다음에는 명사나 동명사가 온다.

  ex) I am **having trouble with** this sentence. Can you explain it to me?

4 Does she think **that** my face is fat?

접속사 that

- 접속사 that은 'that + 주어 + 동사 ~'의 형태로 문장에서 주어, 목적어, 보어 역할을 한다.

  ex) I think **that** the situation is not fair. (목적어)   The fact is **that** he made a mistake. (보어)

5 **In British English**, cheeky means playful.

In British English

- '영국식 영어로는'의 의미로, 어떤 언어로 말하는 것을 나타낼 때 전치사 in과 함께 쓴다.

  ex) How can you say, "Thank you," **in French**?

► Reading Comprehension

A 질문에 알맞은 답을 고르시오.

1 이 글의 다른 제목을 고르시오.

   a. Ask Annie!   b. A New Language

   c. Annie's Problem

2 Cathy에 대한 설명으로 옳지 <u>않은</u> 것을 고르시오.

   a. She doesn't like Sally.   b. She doesn't like the shape of her face.

   c. She doesn't like the word "cheeky."

3 Sally가 Cathy에게 "cheeky"라고 말한 이유를 고르시오.

   a. Because Cathy has big cheeks   b. Because Cathy jokes a lot

   c. Because Sally is American

B 주어진 단어를 활용하여 빈칸을 채우시오.

1 Advice Annie

❍ has the _____ for help you

❍ can give _____ for almost any problem

❍ just email and check the _____ a week later

2 Cathy's Problem

❍ having trouble with Sally

❍ constantly called _____

❍ her _____ are hurt

3 Annie's Advice

❍ Sally is using _____ English

❍ cheeky has a different _____

❍ call Sally "the bee's _____ "

Word Bank

feelings	experience	knees	British
advice	cheeky	meaning	website

► Reading Focus

Understanding Vocabulary: Suffixes (어휘 파악: 접미사)
접미사를 통해 모르는 단어의 뜻을 짐작한다!

지문에서 모르는 단어가 나올 때 그 단어의 한 부분을 보고 의미를 짐작할 수 있어요. 한 단어에서 익숙한 어근(root)은 바로 그 단어의 기본 뜻이에요. 그 다음엔 단어의 끝부분인 접미사(suffix)를 보세요. 접미사는 바로 그 단어의 의미를 파악할 수 있는 실마리를 제공합니다.

● 알아 두면 유용한 접미사들

1 -ly ➡ 형용사 + ly = 부사 (방법을 나타내는 접미사)

ex) quick (빠른)   quickly (빨리)

2 -ful ➡ 명사 + ful = 형용사 (가득함을 나타내는 접미사)

ex) beauty (아름다움, 미)   beautiful (아름다운)

3 -ed ➡ 동사 + (e)d = 형용사 (수동과 결과를 나타내는 접미사)

ex) confuse (혼란시키다)   confused (혼란스러워하는)

4 -ing ➡ 동사 + ing = 형용사 (능동과 진행을 나타내는 접미사)

ex) surprise (놀라게 하다)   surprising (놀라운)

연습 다음 글을 읽고, 질문에 바르게 답하시오.

"What's in your boot?" In America, you could say "My foot." But in Britain, you could say "My soccer ball." **Confused**? This word means "trunk; the back of the car" in Britain. **Luckily**, British English becomes easier if you can see the context. What a funny and **wonderful** language!

● 윗글에 나온 단어들의 알맞은 뜻을 고르시오.

1 Confused   a. not understanding   b. difficult or unclear

2 Luckily   a. to have luck   b. in a lucky way

3 wonderful   a. amazing   b. to guess

Grammar

● 접속사

● 다음 문장을 읽고, 맞으면 C, 틀리면 I를 선택하시오.

1 You and I are friends.   (C / I)

2 He but she are friends.   (C / I)

3 She drinks milk or juice.   (C / I)

● 접속사의 종류

등위 접속사	상관 접속사	종속 접속사	
and 그리고	both A and B A와 B 둘 다	before ~ 이전에	after ~ 이후에
but 그러나	either A or B A 또는 B	because ~ 때문에	when ~할 때
or 혹은, 또는	not only A but also B A뿐만 아니라 B도	though 비록 ~일지라도	

● 접속사의 의미와 역할

- 접속사: 문장과 문장 또는 문장 가운데 두 성분을 이어 주는 말
- 등위 접속사: 단어와 단어, 구와 구, 절과 절을 **동등하게 연결함**
- 상관 접속사: **두 개 이상의 단어가 함께 사용되어 한 가지 의미를** 나타냄
- 종속 접속사: 문장의 일부분으로 쓰이는 **종속절을 이끄는 역할을** 함

A 알맞은 설명을 찾아 연결하시오.

1 접속사 •

2 등위 접속사 •

3 상관 접속사 •

4 종속 접속사 •

- ⓐ 두 개 이상의 단어가 함께 사용되어 한 가지 의미를 나타냄
- ⓑ 단어와 단어, 구와 구, 절과 절을 동등하게 연결함
- ⓒ 문장과 문장 또는 문장 가운데 두 성분을 이어 주는 말
- ⓓ 문장의 일부분으로 쓰이는 종속절을 이끄는 역할을 함

B 보기의 접속사를 분류에 맞게 골라 빈칸을 채우시오.

등위 접속사	상관 접속사	종속 접속사	보기
1 but	2	3	after
and	either A or B	before	both A and B
or	not only A but also B	because	~~but~~

등위 접속사 and, but

- and(그리고): 앞의 내용에 **비슷한** 새로운 것을 더할 때 사용
- but(그러나): 앞의 내용에 **상반되는** 다른 것을 더할 때 사용

C 등위 접속사 and, but 중 알맞은 것을 써넣어 문장을 완성하시오.

1 I like music, _____but_____ I don't like art.　　　　나는 음악을 좋아하지만, 미술을 싫어한다.

2 I like music, _____ he doesn't like music.　　나는 음악을 좋아하지만, 그는 음악을 좋아하지 않는다.

3 I like math _____ science.　　　　　　　　나는 수학과 과학을 좋아한다.

4 He _____ I like English.　　　　　　　　　그와 나는 영어를 좋아한다.

5 He can speak English, _____ he can't speak Spanish.

그는 영어는 할 수 있지만, 스페인어는 할 수 없다.

6 She eats apples in the morning, _____ she doesn't eat apples in the evening.

그녀는 아침에는 사과를 먹지만, 저녁에는 사과를 먹지 않는다.

등위 접속사 or

- or(혹은, 또는): 하나를 **선택**할 때 사용

D 등위 접속사 and, but, or 중 알맞은 것을 골라 동그라미 하시오.

1 Is he a teacher | and | a doctor?
| but |
| (or) |

2 Is she a cook | and | a singer?
| but |
| or |

3 Do you want milk | and | juice?
| or |
| but |

4 Does he drink coffee | but | tea?
| and |
| or |

5 She is poor | and | happy.
| but |
| or |

6 She is young | but | cute.
| or |
| and |

- 명령문, + and: …해라, 그러면 ～할 것이다
- 명령문, + or: …해라, 그렇지 않으면 ～할 것이다

E 다음 문장을 읽고, 알맞은 접속사를 골라 동그라미 하시오.

1 Hurry up, ((and) / or) you will catch the bus.　　　　서둘러라, 그러면 너는 버스를 탈 수 있을 거야.

2 Hurry up, (and / or) you will miss the train.　　　　서둘러라, 그렇지 않으면 너는 기차를 놓칠 거야.

3 Try harder, (and / or) you will fail.　　　　더 열심히 노력해라, 그렇지 않으면 너는 실패할 거야.

4 Try harder, (and / or) you will succeed.　　　　더 열심히 노력해라, 그러면 너는 성공할 거야.

5 Run, (and / or) you will be on time.　　　　뛰어라, 그러면 너는 제시간에 도착할 거야.

6 Run, (and / or) you will be late for class.　　　　뛰어라, 그렇지 않으면 너는 수업에 늦을 거야.

F 자연스러운 의미가 되도록 문장을 연결하시오.

1 Wake up now, or　　　　　　　　　　ⓐ you will not be late.

2 Wake up now, and ·　　　　　　　　　ⓑ you will be late.

3 Study harder, and ·　　　　　　　　　ⓒ you will not pass the exam.

4 Study harder, or ·　　　　　　　　　ⓓ you will pass the exam.

G 다음 대화를 읽고, 알맞은 접속사를 골라 동그라미 하시오.

1 A: Is Mark American (and / (or)) Canadian?　　　　Mark는 미국인이야, 캐나다인이야?

　B: He is Canadian.　　　　그는 캐나다인이야.

2 A: Would you like some ice cream (but / or) cake?　　　　아이스크림을 먹을래, 케이크를 먹을래?

　B: Ice cream would be nice.　　　　아이스크림이 좋겠어.

3 A: Will you join us for lunch?　　　　우리랑 같이 점심 먹을래?

　B: I'd love to, (but / and) I can't.　　　　그러고 싶지만, 그럴 수 없어.

4 A: What did you eat for breakfast?　　　　아침으로 무엇을 먹었니?

　B: I ate an apple, a piece of toast, (but / and) some cereal.　　　　사과, 토스트, 시리얼을 먹었어.

H 접속사 and, but, or를 이용하여 두 문장을 한 문장으로 연결하시오.

1 I was tired last night. ➕ I went to bed early.

➡ I was tired last night, _____and I went to bed early_____ .

2 I was tired last night. ➕ I didn't go to bed early.

➡ I was tired last night, _____ .

3 He was thirsty. ➕ He didn't drink water.

➡ He was thirsty, _____ .

4 He was thirsty. ➕ He drank water.

➡ He was thirsty, _____ .

5 Hurry up. ➕ You will miss the bus.

➡ Hurry up, _____ .

Post

● 아래의 상자에서 알맞은 내용을 골라 접속사에 대한 설명을 완성하시오.

1 ____ⓗ 접속사____ 는 문장과 문장 또는 문장 가운데 두 성분을 이어 주는 말이에요.

2 _____는 단어와 단어, 구와 구, 절과 절을 동등하게 연결해요.

3 _____는 두 개 이상의 단어가 함께 사용되어 한 가지 의미를 나타내요.

4 _____는 문장의 일부분으로 쓰이는 종속절을 이끄는 역할을 해요.

5 _____는 '그리고'라는 의미로 앞의 내용에 비슷한 새로운 것을 더할 때 사용해요.

6 _____은 '그러나'라는 의미로 앞의 내용에 상반되는 다른 것을 더할 때 사용해요.

7 _____는 '혹은, 또는'이라는 의미로 하나를 선택할 때 사용해요.

8 _____ 뒤에 오는 and는 '그러면'이라는 뜻이고, 명령문 뒤에 오는 or는 '그렇지 않으면'

이라는 뜻이에요.

| ⓐ or | ⓑ 등위 접속사 | ⓒ and | ⓓ 종속 접속사 |
| ⓔ but | ⓕ 상관 접속사 | ⓖ 명령문 | ~~ⓗ 접속사~~ |

Listening

유형 19 금액 파악하기 🎧 **T 41**

● 대화를 듣고, 남자가 지불해야 할 금액을 고르시오.

① $30.00　　② $50.00　　③ $70.00　　④ $100.00　　⑤ $130.00

전략 ▶ 지불 금액을 파악할 때는 물건의 가격과 구입 개수를 모두 고려해야 해요.

전략 적용 해보기!

1 화폐 단위에 집중하기

2 개수나 양, 할인율 고려하기

○ It's seventy ___dollars___ .

○ Its regular selling price is ___$100.00___ , but today it's ___30___ % ___off___ .

● 다시 한 번 잘 듣고, 빈칸을 채우시오.

A: Excuse me, this sweater is very nice.

B: That's our last bestselling sweater. Its _____ selling _____ is $_____, but today it's _____% _____.

A: Wow, so it's $_____?

B: It sure is, and it's our last sweater in _____.

A: Great, I'll _____ _____. Thank you.

▶ **Key Words & Key Expressions**

화폐 단위:

dollar 달러 **euro** 유로 **pound** 파운드
yen 엔 **won** 원

벌금:

fine, penalty 벌금
overdue fine, late charge 연체료

물건 구매 시 사용할 수 있는 표현들:

I'm on a budget. 예산이 빠듯해요. (돈이 넉넉하지 않아요.)
I'm short of cash. 현금이 부족해요.
I'm short of money. 돈이 부족해요.
I'm short of coins. 동전이 부족해요.
Can I get a refund? = **Can I get my money back?**
환불을 받을 수 있나요?
Your refund comes to $~. 환불 금액은 ~달러입니다.

대화를 듣고, 여자가 지불해야 할 금액을 고르시오.

① $4.00   ② $5.00   ③ $6.00   ④ $8.00   ⑤ $10.00

1 화폐 단위에 집중하기

2 개수나 양, 할인율 고려하기

○ five for four __dollars__

○ __Five__ for $4.00, I'll take __ten__.
  → __Ten__ for $8.00.

● 다시 한 번 잘 듣고, 빈칸을 채우시오.

A: _____ _____ are apples today?

B: We're running a special sale. They are $_____ each or five for $_____.

A: That's a good deal.

B: _____ _____ can I get you?

A: I'll _____ _____, please.

대화를 듣고, 두 사람이 지불해야 할 금액을 고르시오.

① $3.00   ② $4.00   ③ $5.00   ④ $6.00   ⑤ $7.00

1 화폐 단위에 집중하기

2 개수나 양, 할인율 고려하기

○ These are $__4.00__ for __20__.

○ We can get this one __pack__ of __50__
  for $__5.00__.

● 다시 한 번 잘 듣고, 빈칸을 채우시오.

A: What do we need to pick up for the party?

B: I think we're supposed to _____ paper plates. Sarah asked us to _____ about 40.

A: These are $_____ for _____.

B: Are there any cheaper ones? I only have $_____ _____ me.

A: Ah, here we go! We can get this one _____ of _____ for $_____.

B: Perfect!

유형 20 언급되지 않은 것 고르기 **T42**

● 대화를 듣고, 스카이 다이빙과 관련해 언급되지 <u>않은</u> 것을 고르시오.

① 긴장하지 말 것   ② 날씨를 확인할 것   ③ 비용을 확인할 것

④ 오랜 경력자와 함께 할 것   ⑤ 즐겁게 할 것

전략 ▶ 알고 있는 지식을 활용하세요.

전략 적용 해보기!

1 알고 있는 지식 활용하기

2 질문이나 요구 사항에 집중

○ 스카이 다이빙 유의 사항

→ Do not go __skydiving__ as a __beginner__ .

○ be __careful__ while skydiving

● 다시 한 번 잘 듣고, 빈칸을 채우시오.

A: We should always be careful while skydiving.

First, you should always _____ _____ _____ the weather.

B: Okay, that makes sense.

A: Second, do not _____ _____ as a _____ unless you are with someone experienced.

B: Okay, I'm going skydiving next week _____ the weather is good and the sky is clear.

I'm going _____ my skydiving teacher, who has ten years' experience working as a skydiving teacher.

A: And finally, _____ and have _____.

Key Words & Key Expressions

운동 관련 표현:

play soccer 축구하다 play basketball 농구하다

do taekwondo 태권도하다 do judo 유도하다

do gymnastics 체조하다 jog 조깅하다

jump rope 줄넘기하다 work out(=exercise) 운동하다

예매, 예약과 관련된 표현들:

book a ticket 표를 예매[예약]하다

I booked two tickets for Jane and me.

Jane과 제 것으로 두 장 예약했어요.

I'd like to book a ticket from Los Angeles to Paris.

LA발 파리행 비행기표를 예약하려고요.

make a reservation 예약하다

I'll call and make a reservation for three.

제가 전화해서 세 사람 좌석을 예약할게요.

Can you make a reservation for me?

나 대신 예약 좀 해 줄래요?

연습1 대화를 듣고, 생일 파티에서 하지 <u>않았던</u> 것을 고르시오.

① 야구하기　　② 케이크 먹기　　③ 영화 보기　　④ 수영하기　　⑤ 극장 가기

| 1 알고 있는 지식 활용하기 | ○ 운동 표현 → __play__ __baseball__ |
| 2 질문이나 요구 사항에 집중 | ○ __생일 파티__ → How was your __birthday__ __party__ ? |

● 다시 한 번 잘 듣고, 빈칸을 채우시오.

A: _____ _____ your birthday party last weekend?

B: It was really fun! Why didn't you make it?

A: Oh, I got kind of sick on Saturday, so my mom said I _____ stay home. What did you do?

B: We played _____ outside, and then we went to the _____. After that we came back to my house and had _____.

A: Sounds like a good time!

연습2 대화를 듣고, 여행과 관련해 언급되지 <u>않은</u> 것을 고르시오.

① 비행기표 예약　　② 왕복 티켓　　③ 행선지　　④ 출발 시간　　⑤ 도착 날짜

| 1 알고 있는 지식 활용하기 | ○ 비행기표 예약 → __book__ some __plane__ __tickets__ |
| 2 질문이나 요구 사항에 집중 | ○ __여행__ → __Where__ are you going and __when__ ? |

● 다시 한 번 잘 듣고, 빈칸을 채우시오.

A: Charles, can you help me _____ some _____ _____?

B: Yes, of course. Where are you going and when?

A: I need a _____ _____ ticket to Osaka. _____ on the 4th and coming _____ on the 8th.

B: I'm assuming you want to leave early on the 4th and come back late on the 8th.

A: Yes, I want to _____ _____ a late flight _____ on the 8th.

B: Okay, I'll e-mail you with some options by the afternoon.

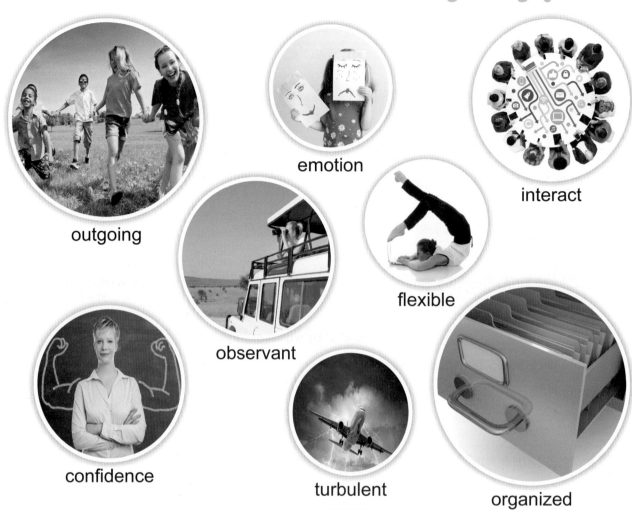

outgoing

emotion

interact

flexible

observant

confidence

turbulent

organized

A 잘 듣고, 큰 소리로 따라 말하며 빈칸을 채우시오. T43

No.	Korean	English	Collocation
1	동 묘사하다, 서술하다	describe	_____ completely 완전히 묘사하다
2	명 성격, 인격, 개성	personality	a bright _____ 밝은 성격
3	명 방법, 방식, 체계	method	an untested _____ 검증되지 않은 방법
4	명 전략, 작전, 전술	tactic	an unfair _____ 불공평한 전략
5	명 정체성, 독자성, 신분	identity	an _____ card 신분증
6	동 언급하다, 참조하다	refer	_____ to a dictionary 사전을 찾아보다
7	동 상호 작용을 하다, 소통하다, 교류하다	interact	_____ with each other 서로 상호 작용하다
8	형 외향적인, 사교적인	outgoing	an _____ person 외향적인 사람

Vocabulary

No.	Korean	English	Collocation
9	명 소음, 시끄러움, 잡음	noise	_____ canceling 잡음 제거
10	명 무리, 그룹 동 (무리지어) 모이다	group	a _____ discussion 집단 토론
11	형 사회의, 사교적인	social	a _____ event 사교 모임
12	명 세계, 세상	world	a new _____ 새로운 세상
13	형 관찰력 있는, (법률, 관습을) 준수하는	observant	an _____ person 관찰력 있는 사람
14	형 직관력이 있는	intuitive	an _____ guess 직관적 추측
15	명 현재, 선물 형 현재의, 출석한 동 주다	present	the _____ moment 지금 이 순간
16	명 가능성, 가능한 일, 기회	possibility	a small _____ 작은 가능성
17	명 감정, 정서	emotion	a strong _____ 격한 감정
18	명 논리, 타당성	logic	based on _____ 논리에 기초한
19	동 (~하는) 경향이 있다, (~을) 하기 쉽다	tend	_____ to forget 잊어버리는 경향이 있다
20	동 숨기다, 숨다	hide	_____ away 몸을 숨기다
21	동 표현하다 형 급행의	express	_____ yourself 너 자신을 표현하다
22	명 조화, 화합	harmony	sing in _____ 화음을 넣어 노래하다
23	명 자신감, 신뢰, 믿음, 확신	confidence	lacking _____ 자신감 결여
24	동 탐사하다 명 예상, 전망	prospect	an uncertain _____ 불확실한 전망
25	형 체계적인, 조직적인, 정리된	organized	a well-_____ program 잘 짜여진 프로그램
26	형 융통성 있는, 유연한	flexible	a _____ schedule 변경 가능한 일정
27	형 적극적인, 확신에 찬	assertive	an _____ individual 적극적인 사람
28	형 격동의, 격한, 난기류의	turbulent	_____ waters 거친 물살
29	명 (변화, 차이의) 범위, 폭	range	a wide _____ 대폭, 넓은 범위
30	명 성향, 기질, 경향	tendency	have a _____ to ~의 경향이 있다

B 그림을 보고, 알맞은 단어에 동그라미 하시오.

1

observant

interact

2

noise

emotion

3

confidence

hide

4

flexible

logic

C 영어는 우리말로, 우리말은 영어로 쓰시오.

1	personality		14	묘사하다, 서술하다
2	identity		15	방법, 방식, 체계
3	observant		16	전략, 작전, 전술
4	intuitive		17	언급하다, 참조하다
5	present		18	외향적인, 사교적인
6	possibility		19	무리, 그룹 / (무리지어) 모이다
7	emotion		20	사회의, 사교적인
8	confidence		21	세계, 세상
9	prospect		22	논리, 타당성
10	organized		23	(~하는) 경향이 있다, (~을) 하기 쉽다
11	assertive		24	표현하다 / 급행의
12	turbulent		25	조화, 화합
13	tendency		26	(변화, 차이의) 범위, 폭

D 다음 중 주어진 단어들과 가장 관계있는 단어를 고르시오.

intuitive	flexible	assertive	observant	outgoing

① world   ② personality   ③ logic   ④ range   ⑤ method

E 다음 중 알맞은 단어를 골라 문장을 완성하시오.

1 They often (refer / interact) to the dictionary to correct wrong spellings.

2 The book is designed for children in the six to eight age (range / possibility).

3 He tried his best to (tend / describe) the situation.

4 The country has many (social / intuitive) problems.

5 The players did not like the new (harmony / tactic).

6 The flight was really (flexible / turbulent), and we couldn't sleep.

7 The new (method / prospect) for completing the work saved a lot of time.

F 주어진 단어를 보고, 두 문장에 공통으로 들어갈 단어를 골라 써 넣으시오.

1 His _____ was really different from hers.

Sometimes his strong _____ causes trouble in the group.

2 He was really _____, so he never missed even slight changes.

She tried to be more _____, but she often overlooked important things.

3 "Love" is a positive _____.

We need to express our _____s honestly.

4 Don't look back at the past and focus on the _____.

As all the students were _____, so the teacher began class.

Word Bank   emotion   observant   intuitive   personality   present   confidence

Reading

There are many different ways to describe personality. One method considers 5 different aspects of a person: mind, energy, nature, tactics, and identity. All these aspects together make one personality type. But what does each aspect refer to?

The first aspect, mind, is about how we interact.
❶ People can be outgoing or not outgoing. People who are not outgoing prefer to be alone.
❷ They are sensitive to noise or to excitement. On the other hand, outgoing people prefer groups and social energy.

 Q1

What do outgoing people like?

a. A noisy, exciting place　　　　b. A quiet, calm place

The second aspect, energy, is about how we see the world. People can be observant or intuitive. Observant people are practical. They focus on the present. Intuitive people are curious. They like to think about future possibilities.

Nature is about how we deal with emotions. People can be thinking or feeling. ❸ Thinking people prefer logic over emotions. ❹ They tend to hide their feelings. Feeling people like to express their feelings. Social harmony is important for them.

Q2 What kind of person is realistic?

a. A feeling person   b. An observant person

❺ Tactics and identity — the last 2 aspects — are about our work style and our confidence. People can be judging or prospecting: that is, organized or flexible. People can also be assertive or turbulent. They can be confident or be sensitive to stress.

With all these aspects, there is a range. No person is only one type or another. But every person has tendencies. Understanding yourself can be helpful to your relationships with other people. Why don't you try a personality test?

 Q3

Why should you be interested in your own personality?

a. It can help you understand yourself.

b. It can help you develop a range.

1 People can be **outgoing or not outgoing**.

병렬 구조 A or B

- 등위 접속사 or로 이어지는 단어, 구, 절은 문법적으로 형태가 같아야 한다.

  ex) I would enjoy **skiing or snowboarding**.

2 They are **sensitive to** noise or to excitement.

sensitive to

- '~에 민감한'이라는 의미로 attentive to, responsive to와 유사한 표현이다.

  ex) You must be **sensitive to** your child's needs.

3 Thinking people **prefer** logic **over** emotions.

prefer A over B

- 'B보다 A를 더 좋아하다'라는 의미로, 두 개 중 하나를 명백히 더 선호할 경우 사용한다.

  ex) I **prefer** jogging **over** walking.

4 They **tend to** hide their feelings.

tend to

- '~하는 경향이 있다'라는 의미로 시간상 현재의 경향을 나타낸다. 반면, '예전에 그런 경향이나 습관이 있었다' 라고 할 때는 used to를 사용한다.

  ex) She **tends to** play with her hair when she gets nervous.

5 Tactics and identity are about **our work style and our confidence**.

병렬 구조 A and B

- 등위 접속사 and로 이어지는 단어, 구, 절은 문법적으로 형태가 같아야 한다.

  ex) I like **playing and watching** soccer.

▶ Reading Comprehension

A 질문에 알맞은 답을 고르시오.

1 이 글은 무엇에 관한 것인지 고르시오.

   a. Different kinds of characters   b. Different people we meet

   c. Different ways to make relationships

2 어떤 일을 하기 전에 계획을 세우는 사람은 어떤 유형의 사람인지 고르시오.

   a. A prospecting person   b. A judging person

   c. An intuitive person

3 다음 중 감성적인 사람이 할 수 있는 말로 알맞은 것을 고르시오.

   a. "Everyone should try to get along!"   b. "Could you please turn off the music?"

   c. "I believe in myself!"

B 주어진 단어를 활용하여 빈칸을 채우시오.

1 Mind, _____, and Nature

❍ the first 3 _____: how we interact, see the world, or deal with emotions

   Mind − _____ or not outgoing

   Energy − observant or intuitive

   _____ − thinking or feeling

2 Tactics and _____

❍ the last 2 aspects: our work style and our _____

   Tactics − judging or prospecting

   Identity − _____ or turbulent

3 Understanding your _____ can help your relationships!

Word Bank

assertive	Identity	confidence	personality
outgoing	aspects	Energy	Nature

▶ Reading Focus

Rewording (바꿔 쓰기)
어려운 말은 자신에게 익숙한 말로 바꾸어 쓴다!

때로는 독해 지문에 어려운 문장이나 문단이 포함될 수 있어요. 이런 경우, 어려운 부분을 다시 쉽게 바꾸어 쓰면 지문 이해에 도움이 되죠. Rewording이란 이처럼 어렵고 이해하기 힘든 부분을 여러분 자신의 말로 새롭게 바꿔 쓰는 거예요. 즉, 자신에게 익숙한 표현으로 바꾸는 것이지요. 이렇게 함으로써 여러분은 주제를 보다 쉽게 이해할 수 있고, 주어진 정보를 더 잘 기억할 수 있어요.

● 알아 두면 유용한 Rewording 방법들

1 어려운 단어는 유사한 의미를 가진 다른 단어로 바꾸세요.

2 길고 복잡한 표현은 간단한 표현으로 바꾸세요.

3 어순을 바꾸거나 다른 문법을 활용해 보세요.

● 전략적 읽기의 열쇠

1 지문을 읽으면서 주요 단어들을 메모하세요. 이렇게 함으로써 어려운 부분을 보다 쉽게 바꿔 쓸 수 있어요.

2 본래의 의미는 변경하지 않도록 주의하세요.

연습 다음 글을 읽고, 질문에 바르게 답하시오.

Of all the aspects, the biggest difference between styles is seen in the energy aspect. Observant and intuitive people are wildly different in how they see the world. Intuitive people are dreamers and explorers, while observant people are managers and protectors.

● 주어진 문장이 윗글의 내용에 맞게 바뀌었으면 C, 그렇지 않으면 I를 쓰시오.

1 The energy aspect has the biggest style differences. _____

2 Intuitive people are wilder than observant people. _____

3 Intuitive people are kind of idealistic. _____

4 Observant people are kind of aggressive. _____

Grammar

● 병렬 구조

● 다음 문장을 읽고, 맞으면 C, 틀리면 I를 선택하시오.

1 I like to sing and reading.   (C / I)

2 I like to sing and books.   (C / I)

3 I like to sing and to read.   (C / I)

● 병렬 구조

- 등위 접속사(and, but, or): 단어와 단어, 구와 구, 절과 절을 동등하게 연결하는 말
- 병렬 구조: 두 개 이상의 단어, 구, 절이 등위 접속사로 연결될 때 문법적으로 같은 형태로 이어지는 구조

A 다음을 읽고, 단어, 구, 절 중 알맞은 것에 동그라미 하시오.

1 cookie (단어 / 구 / 절)　　　**2** kind (단어 / 구 / 절)

3 eat (단어 / 구 / 절)　　　**4** read (단어 / 구 / 절)

5 in the afternoon (단어 / 구 / 절)　　　**6** at the park (단어 / 구 / 절)

7 I can speak English. (단어 / 구 / 절)　　　**8** I am Korean. (단어 / 구 / 절)

9 in a beautiful garden (단어 / 구 / 절)　　　**10** He can run. (단어 / 구 / 절)

구: 두 개 이상의 단어가 모여 하나의 의미를 이루는 것으로 주어와 동사가 없음

절: 두 개 이상의 단어가 모여 문장의 일부를 이루는 것으로 주어와 동사를 갖추고 있음

B 다음 문장을 읽고, 접속사에는 동그라미, 병렬 구조로 연결된 부분에는 밑줄을 그으시오.

1 I like ice cream and chocolate.　　　나는 아이스크림과 쵸콜릿을 좋아한다.

2 I drink milk in the morning and in the afternoon.　　　나는 오전과 오후에 우유를 마신다.

3 I enjoy watching TV and playing soccer.　　　나는 TV 보는 것과 축구하는 것을 즐긴다.

4 I want to travel in Europe and in Africa.　　　나는 유럽과 아프리카를 여행하고 싶다.

5 James is diligent, but Susan is lazy.　　　James는 부지런하지만, Susan은 게으르다.

6 Anthony is smart but mean.　　　Anthony는 똑똑하지만 인색하다.

7 Do you want some juice or milk?　　　너는 주스를 원하니, 우유를 원하니?

8 Clean the house or do the dishes.　　　집 청소를 하거나 설거지를 해라.

- 상관 접속사: 두 개 이상의 단어가 함께 사용되어 한 가지 의미를 나타냄

  both A and B A와 B 둘 다

  not only A but also B A뿐만 아니라 B도

  either A or B A 또는 B

  neither A nor B A도 B도 아닌

  not A but B A가 아니라 B

- 두 개 이상의 단어, 구, 절이 상관 접속사로 연결될 때 문법적으로 같은 형태여야 함

C 상관 접속사에 동그라미하고, 알맞은 뜻을 찾아 연결하시오.

1 I like (both) music (and) art. •

2 Both you and he are right. •

3 Either you or he is right. •

4 Neither you nor he is right. •

5 Not only you but also he is right. •

6 He is not a teacher but a doctor. •

• ⓐ 너도 그도 맞지 않다.

• ⓑ 너와 그 둘 다 맞다.

• ⓒ 나는 음악과 미술 둘 다 좋아한다.

• ⓓ 너뿐만 아니라 그도 맞다.

• ⓔ 너 아니면 그가 맞다.

• ⓕ 그는 교사가 아니라 의사이다.

D 다음을 읽고, 상관 접속사에는 동그라미, 병렬 구조로 연결된 부분에는 밑줄을 그으시오.

1 Daniel is (not only) kind (but also) brave.

Daniel은 친절할 뿐만 아니라 용감하기도 하다.

2 Not only Nick studies hard but also he plays sports a lot.

Nick은 공부를 열심히 할 뿐만 아니라 운동도 많이 한다.

3 Both eating and exercising are important for our health.

먹는 것과 운동하는 것은 둘 다 우리의 건강에 중요하다.

4 You can go there either by subway or by bus.

너는 거기에 지하철 혹은 버스로 갈 수 있다.

5 Either he or his brother is a police officer.

그 또는 그의 형이 경찰관이다.

6 My uncle is not a firefighter but a designer.

나의 아저씨는 소방관이 아니라 디자이너이시다.

7 You can pay either in cash or by credit card.

당신은 현금이나 신용카드로 지불할 수 있다.

8 Neither you nor he is wrong.

너도 그도 틀리다.

등위 접속사와 상관 접속사

등위 접속사	상관 접속사
and 그리고 but 그러나 or 혹은, 또는	both A and B A와 B 둘 다 either A or B A 또는 B neither A nor B A도 B도 아닌 not A but B A가 아니라 B not only A but also B A뿐만 아니라 B도

E 주어진 접속사를 사용하여 우리말과 같도록 병렬 구문을 만드시오.

1 Jim is tall. ➕ He is strong. (and)

→ _____Jim is tall and strong_____.   Jim은 키가 크고 힘이 세다.

2 Frank is short. ➕ He is strong. (but)

→ _____   Frank는 키가 작지만 힘이 세다.

3 Harry drinks water. ➕ He drinks milk. (or)

→ _____   Harry는 물이나 우유를 마신다.

4 Mark is kind. ➕ Peter is kind. (both… and ~)

→ _____   Mark와 Peter 둘 다 친절하다.

5 Mark is kind. ➕ He is honest. (not only… but also ~)

→ _____   Mark는 친절할 뿐만 아니라 정직하다.

6 Ted will help you. ➕ Sam will help you. (either… or ~)

→ _____   Ted나 Sam 둘 중 한 명이 너를 도울 것이다.

7 Ben is not American. ➕ He is Canadian. (not… but ~)

→ _____   Ben은 미국인이 아니라 캐나다인이다.

8 Steve plays soccer on Saturday. ➕ He plays basketball on Saturday. (or)

→ _____ on Saturday. Steve는 토요일에 축구를 하거나 농구를 한다.

F 다음 중 올바른 문장을 고르시오.

1 ⓐ I am hungry and thirsty. ✓

  ⓑ I am hungry and to eat.

2 ⓐ He can listen, read, speak, and a writer.

  ⓑ He can listen, read, speak, and write.

3 ⓐ She dances very well and a good singer.

  ⓑ She is a good dancer and good singer.

4 ⓐ They can play not only baseball but also playing tennis.

  ⓑ They can play not only baseball but also tennis.

● 아래의 상자에서 알맞은 내용을 골라 접속사와 병렬 구조에 대한 설명을 완성하시오.

1 _____ⓔ 등위 접속사_____ 는 단어와 단어, 구와 구, 절과 절을 동등하게 연결하는 말이에요.

2 _____ 는 두 개 이상의 단어가 함께 사용되어 한 가지 의미를 나타내요.

3 _____ 는 두 개 이상의 단어, 구, 절이 접속사 등으로 연결될 때 문법적으로 같은
  형태로 이어지는 구조를 말해요.

4 등위 접속사에는 _____ 등이 있어요.

5 상관 접속사에는 both A and B(A와 B 둘 다), _____(A뿐만 아니라 B도),
  either A or B(A 또는 B), neither A nor B(A도 B도 아닌), not A but B(A가 아니라 B) 등이 있어요.

6 병렬 구조는 단어, 구, 절이 접속사로 연결될 때 문법적으로 같은 형태로 이어지므로 단어, 구, 절을
  구별할 줄 알아야 해요. 예를 들어 math, Chinese, cake 등은 _____예요.

7 in the afternoon, at 8 o'clock, in the hospital 등과 같이 두 개 이상의 단어가 모여 하나의 의미를
  이루지만 주어와 동사가 없는 것을 _____라고 해요.

8 I got up late. I missed the bus.와 같이 두 개 이상의 단어가 모여 문장의 일부를 이루며 주어와
  동사를 갖추고 있으면 그것은 _____이라고 해요.

ⓐ not only A but also B   ⓑ and, but, or   ⓒ 병렬 구조   ⓓ 상관 접속사
ⓔ 등위 접속사   ⓕ 단어   ⓖ 구   ⓗ 절

Listening

유형 21 한 일이나 하지 않은 일 고르기   T 45

● 대화를 듣고, 남자아이가 하지 **않은** 일을 고르시오.

① 방 청소하기   ② 설거지하기   ③ 쓰레기 버리기

④ 개 산책시키기   ⑤ 화초에 물 주기

전략 · 주요 내용을 메모(note-taking)해 보세요.

전략 적용 해보기!

1 행동의 주체 확인하기

2 행동을 동사 중심으로 메모하며 확인하기

ⓐ ✓ 남자아이   ⓑ 여자

__cleaned__ the room, __watered__ the plants, __washed__ the dishes, __walked__ the dog

● 다시 한 번 잘 듣고, 빈칸을 채우시오.

A: I'm home!

B: Hi, Mom! I finished all my _____!

A: Are you sure? All of them?

B: Yup! I _____ my room, _____ the plants, _____ the dishes, and _____ the dog!

A: Well, this trash can looks awfully _____.

B: Oops! I forgot. I'll do it right now!

Key Words & Key Expressions

go를 활용한 activities:

go hiking 하이킹하러 가다, 도보 여행하러 가다   **go fishing** 낚시하러 가다

go parasailing 파라세일링하러 가다   **go snorkeling** 스노클링하러 가다

go skiing 스키 타러 가다   **go snowboarding** 스노보드 타러 가다

go horseback riding 승마하러 가다   **go bike riding** 자전거 타러 가다

go swimming 수영하러 가다   **go skating** 스케이트 타러 가다

대화를 듣고, 여자아이가 하와이에서 한 일을 고르시오.

① 낚시　　　　② 하이킹　　　　③ 윈드서핑　　　　④ 스노클링　　　　⑤ 파라세일링

| 1 행동의 주체 확인하기 | ⓐ 남자아이　　　ⓑ✓ 여자아이 |
| 2 행동을 동사 중심으로 메모하며 확인하기 | ___went___ snorkeling, go parasailing |

● 다시 한 번 잘 듣고, 빈칸을 채우시오.

A: You look tan! Where have you been?

B: We went to Hawaii for _____!

A: Oh, wow! I've always wanted to go! What did you do there?

B: We went _____. I wanted to _____ parasailing, too, but there just _____ time.

대화를 듣고, 남자가 하지 않은 일을 고르시오.

① 옷 챙기기　　　　② 티켓 인쇄하기　　　　③ 현금 준비하기
④ 쓰레기 버리기　　　⑤ 이웃에게 열쇠 전달하기

| 1 행동의 주체 확인하기 | ⓐ✓ 남자　　　ⓑ 여자 |
| 2 행동을 동사 중심으로 메모하며 확인하기 | ___packed___ the clothes, ___printed___ the tickets, ___got___ some cash, ___dropped___ the extra key off |

● 다시 한 번 잘 듣고, 빈칸을 채우시오.

A: Are you ready for our trip tomorrow?

B: I think so. I _____ my clothes, printed our tickets, _____ some cash, and _____ the extra key off with the neighbor so she can water our plants.

A: Sounds like you thought of everything.

B: Tomorrow morning, we just need to remember to double check that the windows are locked and I think that will be all.

A: We need to _____ _____ the trash before going, too!

● 다음을 듣고, 어색한 대화를 고르시오.

①　　　　　②　　　　　③　　　　　④　　　　　⑤

전략 ▶ 질문이나 진술의 의도를 파악하세요.

전략 적용 해보기!

1 질문, 진술의 의도 파악하기

2 의도에 맞게 응답하기

○ Would you ___care___ ___for___ any ___dessert___ ?

○ 원하는 디저트 말하기 → Yes, I'd like a ___cheese___ ___cake___ .

　　　　　　　　　　　　Yes, can I have ___ice___ ___cream___ ?

● 다시 한 번 잘 듣고, 빈칸을 채우시오.

① A: Anything else?

　 B: Yes, a glass of _____, please.

② A: Hello, table _____ two?

　 B: Actually, three. My friend is parking the car.

③ A: Can I _____ a seat by the window, please?

　 B: I'm sorry. All of those tables are _____.

④ A: What side dish would you like?

　 B: I'll _____ the side salad.

⑤ A: Would you _____ _____ any dessert?

　 B: I'd like it medium rare, please.

Key Words & Key Expressions

선택을 묻는 질문과 답변:

Would you care for any dessert?

/ **Would you like some dessert?** 디저트를 드시겠어요?

Yes, I'd like some cheese cake. 네, 치즈 케이크로 주세요.

I think I would like ice cream. 아이스크림으로 주세요.

Yes / No Question: yes 또는 no로 답변

Do you want to be my partner? 제 파트너가 되어 주실래요?

Yes! Let's work together. 네! 같이 해요.

WH Question: Who, When, Where, What, How, Why

의문사에 맞게 답변

Who wants to come solve this problem on the board?

누가 칠판에다 이 문제를 풀겠어요?

Me! Me! I can do it. 저요! 저요! 제가 할 수 있어요.

①   ②   ③   ④   ⑤

1 질문, 진술의 의도 파악하기

2 의도에 맞게 응답하기

○ Will you please __set__ __the__ __table__ ?

○ 수락하기 → Okay! __Yes__ , I will.

  거절하기 → I'm sorry, __but__ __I__ __can't__ .

● 다시 한 번 잘 듣고, 빈칸을 채우시오.

① A: _____ you clean your room?   B: Yes, Mom. It's all cleaned up!

② A: _____ _____ is it to take out the trash? B: I think it's mine. I'll do it.

③ A: Will you _____ set the table?   B: I love to cook, too!

④ A: _____ are you going to walk the dog?   B: As soon as I finish my homework.

⑤ A: Can I get you anything at the grocery store?   B: Those chips that I like, _____.

연습2 다음을 듣고, 어색한 대화를 고르시오.

①   ②   ③   ④   ⑤

1 질문, 진술의 의도 파악하기

2 의도에 맞게 응답하기

○ How can I __get__ to the __museum__ ?

○ 박물관까지의 교통편 알려주기

   → The red bus __goes__ to the __museum__ .

● 다시 한 번 잘 듣고, 빈칸을 채우시오.

① A: _____ right at the first corner.   B: And the museum will be on my left?

② A: Which bus should I _____ to the mall? B: This one pulling up right now.

③ A: How _____ 7:30 or 8:00?   B: 7:30 is fine.

④ A: _____ are you?   B: I'm in the donut shop beside the library.

⑤ A: How can I get to the _____?   B: The red bus goes there from the museum.

Unit 12 Your Personality

argument

envious

overthink

insecure

indicate

conversation

middle

comfortable

A 잘 듣고, 큰 소리로 따라 말하며 빈칸을 채우시오. T 47

No.	Korean	English	Collocation
1	통 (시험을) 치다, 데려가다, 받다	take	_____ a test 시험을 보다
2	통 하다	do	_____ again 다시 하다
3	통 너무 많이 생각하다	overthink	_____ the question 질문에 대해 너무 많이 생각하다
4	명 대답 통 대답하다	answer	_____ back 말대꾸하다
5	통 ~을 더 좋아하다, 선호하다	prefer	_____ another 다른 것을 더 선호하다
6	부 보통, 대개	usually	_____ late 예사로 늦는
7	통 시작하다, 출발하다	start	_____ quickly 재빨리 시작하다
8	명 대화, 회화	conversation	make _____ 잡담하다

Vocabulary

No.	Korean	English	Collocation
9	형 틀린, 잘못된, 위조된	false	a _____ alarm 거짓 경보
10	동 고려하다, 여기다, 생각하다	consider	_____ the options 선택 사항들을 고려하다
11	형 더 많은 부 더 많이 명 그 이상	more	_____ advanced 더 향상된
12	부 자주, 종종	often	meet _____ 종종 만나다
13	대 어떤 것, 무엇	something	_____ else 그 밖의 다른 것
14	명 사실, 진실	truth	to tell the _____ 사실대로 말하면
15	명 논쟁, 언쟁, 말다툼	argument	a heated _____ 열띤 논쟁
16	동 만들다, ~하게 시키다	make	_____ a noise 떠들다
17	형 편안한, 쾌적한	comfortable	a _____ sofa 편안한 소파
18	형 깨끗한, 깔끔한	clean	_____ air 맑은 공기
19	형 깔끔한, 잘 정돈된	tidy	a _____ bedroom 잘 정돈된 침실
20	형 상세한, 자세한	detailed	_____ information 상세한 정보
21	형 부러워하는, 시기하는	envious	_____ neighbors 질투심 많은 이웃들
22	형 불안정한, 자신이 없는	insecure	an _____ feeling 불안감
23	형 현실적인, 실용적인	practical	a _____ decision 현실적인 결정
24	명 사람	person	a popular _____ 인기있는 사람
25	형 논리적인, 타당한, 사리에 맞는	logical	a _____ answer 논리적인 대답
26	명 생각하는 사람, 사상가	thinker	a deep _____ 깊은 사색가
27	형 완전한 동 완성하다	complete	a _____ makeover 완벽한 변신
28	동 나타내다, 보여 주다	indicate	_____ clearly 분명히 지적하다
29	대 어떤 사람, 누구	someone	wait for _____ 누군가를 기다리다
30	명 한가운데 형 한가운데의	middle	_____ of the road 길 한가운데

B 그림을 보고, 알맞은 단어에 동그라미 하시오.

1

start
prefer

2

conversation
middle

3

logical
envious

4

complete
comfortable

C 영어는 우리말로, 우리말은 영어로 쓰시오.

1	overthink		14	(시험을) 치다, 데려가다, 받다	
2	answer		15	하다	
3	false		16	~을 더 좋아하다, 선호하다	
4	consider		17	보통, 대개	
5	something		18	더 많은 / 더 많이 / 그 이상	
6	argument		19	자주, 종종	
7	comfortable		20	사실, 진실	
8	detailed		21	만들다, ~하게 시키다	
9	insecure		22	깨끗한, 깔끔한	
10	practical		23	깔끔한, 잘 정돈된	
11	logical		24	사람	
12	indicate		25	생각하는 사람, 사상가	
13	middle		26	어떤 사람, 누구	

D 다음 중 주어진 설명과 관계있는 단어를 고르시오.

> including a lot of information

① envious   ② insecure   ③ tidy   ④ middle   ⑤ detailed

E 다음 중 알맞은 단어를 골라 문장을 완성하시오.

1 He had to (overthink / answer) the teacher quickly.

2 His room was so neat and (tidy / detailed).

3 She tried to make (conversation / thinker) with her son.

4 We need to (prefer / consider) all the options to choose the best one.

5 Mom gave him (detailed / middle) directions to get there.

6 His new car was so nice that all his neighbors were (envious / practical).

7 The new sofa was so (logical / comfortable) compared to the old one.

F 주어진 단어를 보고, 두 문장에 공통으로 들어갈 단어를 골라 써 넣으시오.

1 The train _____ arrives at the station on time.

His novels are _____ difficult for the readers to understand.

2 His writing was not _____ at all.

If we want to be good at math, we need to have _____ minds.

3 We need _____ to help us.

It seems that there's _____ behind the door.

4 The dog barked loudly in the _____ of the night.

This project should be finished by the _____ of next week.

Word Bank

someone   complete   logical   envious   usually   middle

Reading

Wondering about your personality? Take the test below to find out about yourself. When doing the test, don't overthink the questions. ❶ Choose the first answer that suits you best. ❷ Answer honestly — even if the answers are not what you prefer!

Part 1

1. You do not usually start conversations with people.
   a. True   b. False

2. You feel energetic after spending time with people.
   a. True   b. False

3. You consider yourself more practical than creative.
   a. True   b. False

Q1 How should the test questions be answered?
a. After careful thinking about each one
b. Choose the first answer that you feel is right

Part 2

4. You often do something because you are curious.

    a. True   b. False

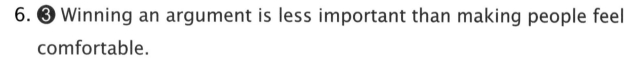

5. The truth is more important than feelings.

    a. True   b. False

6. ❸ Winning an argument is less important than making people feel comfortable.

    a. True   b. False

Part 3

7. ❹ Your room is quite clean and tidy.

    a. True   b. False

8. ❺ You rarely make detailed plans.

    a. True   b. False

9. You are often envious of others.

    a. True   b. False

10. You rarely feel insecure.

    a. True   b. False

Q2 What is the main focus of questions 7 and 8?

    a. How emotional you are   b. How organized you are

Answers:	You are:
1. a 2. b	Not an outgoing person
3. a 4. b	A practical observant person
5. a 6. b	A logical thinker
7. a 8. b	An organized person
9. a 10. b	A turbulent person

Answers:	You are:
1. b 2. a	A complete outgoing person
3. b 4. a	A creative intuitive person
5. b 6. a	A feeling person
7. b 8. a	A flexible person
9. b 10. a	An assertive person

Other answers indicate someone in the middle!

Q3   What is true about a feeling person?

a. They judge situations based on facts.

b. They judge situations based on feelings.

1 Choose the first answer **that** suits you best.

관계대명사 that

- 관계대명사 that은 선행사에 형용사의 최상급, 서수, the only, the very, all 등이 올 때 사용한다.

  ex) You can choose the first thing **that** comes to your mind.

2 Answer honestly — even if the answers are not **what** you prefer!

관계대명사 what

- 관계대명사 what은 '~한 것'이라는 의미로 그 자체에 선행사를 포함하고 있다.

  ex) This is exactly **what** I've been waiting for.

3 Winning an argument is **less important than** making people feel comfortable.

열등 비교

- 'less... than ~'은 '~보다 덜 …한'의 의미로 열등 비교를 나타낸다.

  ex) This election may be **less important than** you might think.

4 Your room is **quite clean and tidy**.

부사 quite

- quite는 '꽤, 상당히'라는 뜻의 부사로 문장에서 형용사, 명사 등과 같이 사용될 때는 'quite + 관사 + 형용사 + 명사'의 어순으로 쓴다. (quite a small house)

  ex) That movie was **quite** good.

5 You **rarely** make detailed plans.

빈도 부사 rarely

- rarely는 '드물게, 좀처럼 ~하지 않는'의 의미로 seldom과 함께 어떤 일을 거의 하지 않는 경우에 쓰는 빈도 부사이다.

  ex) She **rarely** texts me.

▶ Reading Comprehension

A 질문에 알맞은 답을 고르시오.

1 이 글의 다른 제목을 고르시오.

   a. What Kind of Person Are You?

   b. What Is Your Best Friend Like?

   c. How to Find the Best Job for You

2 깔끔하게 잘 정돈된 방은 어떤 사람의 방인지 고르시오.

   a. A logical thinker

   b. A practical observant person

   c. An organized person

3 설문지에서 성격이 유연하고 외향적인 사람이 선택할 답은 무엇인지 고르시오.

   a. [1. a 2. b 5. b 6. a]

   b. [1. b 2. a 7. b 8. a]

   c. [1. b 2. a 7. a 8. b]

B 주어진 단어를 활용하여 빈칸을 채우시오.

1 Outgoing people usually start _____.
An observant person is very _____.
An _____ person is _____ creative.

2 A turbulent person feels _____, but an _____ person is confident.

3 A thinker considers truth to be more _____ than feelings.
A _____ person thinks how people feel is the _____ important.

► Reading Focus

Using Prior Knowledge & Visualizing (사전 지식 활용하기와 시각화)

이미 알고 있는 사전 지식을 활용해 시각화한다!

시각화는 독해 지문을 이해하는 데 매우 효과적인 전략이에요. 주제의 배경을 생각해 보고, 주제를 마음속에 그림으로 그려 보는 것이지요. 자신이 이미 알고 있는 관련 단어나 주제를 생각해 보는 것, 이것은 바로 사전 지식 활용이에요. 이러한 사전 지식을 현재 읽고 있는 독해 지문에 연관시켜 그림으로 그려 보세요. 사전 지식을 활용한 시각화 전략은 글의 내용을 이해하고 예측할 수 있도록 도와줍니다.

◉ 알아 두면 유용한 주의 사항

1 제목을 보고, 주제가 무엇인지 생각한다.

2 주제와 관련해 이미 알고 있는 단어나 생각을 머릿속에 떠올려 본다.

3 관련된 단어나 생각을 마음속에 그리며 이들이 글에 있는지 찾아본다.

4 글을 계속 읽으며 새로운 주제나 생각을 찾아보고, 이를 마음속에 다시 그려 본다.

5 다음 주제나 생각을 예측하여 마음속에 그림을 그려 본다.

◉ 전략적 읽기의 열쇠

시각화는 타당하고 논리적이어야 한다. 주제와 관련해 떠올린 것들이 왜 연관이 있는지 그 이유가 분명해야 하며, 지문에서 언급된 정보와 직접적으로 관련되어야 한다.

연습 제목을 읽고, 사진을 보시오. 그런 다음, 연관된 단어들에 동그라미 하시오.

From Turbulent to Assertive

The terrible teenage years

confident	insecure	logical
sensitive	practical	stress
feeling	teen	organized

◉ 다음 지문을 읽고, 위에서 고른 단어나 아이디어에 밑줄을 그으시오.

Most teenagers could be considered turbulent. After all, almost everyone in their teens is sensitive and insecure. But there is a way to start feeling more self-confident. You too can feel less stress and become more assertive.

Grammar

관계대명사

● 다음 문장을 읽고, 맞으면 C, 틀리면 I를 선택하시오.

1 This is the boy which likes me.　　　　　　　　　　　　　(C / I)

2 This is the boy who likes me.　　　　　　　　　　　　　(C / I)

3 This is the boy whom I like.　　　　　　　　　　　　　　(C / I)

관계대명사의 종류

선행사	주격 관계대명사	목적격 관계대명사
사람	who	who(m)
사물, 동물	which	which
사람, 사물, 동물	that	that

관계대명사와 선행사

- 관계대명사: **'접속사 + 대명사'의 역할을 함**

　　　　　　　　형용사처럼 앞에 온 명사(선행사)를 수식함
- 선행사: 관계대명사 앞에 위치하면서 관계대명사절의 수식을 받는 명사

관계대명사: who　　선행사: a boy(사람)

This is a boy and he likes me.

This is a boy who likes me.　이 아이는 나를 좋아하는 소년이다.

관계대명사: which　　선행사: a dog(동물)

That is a dog and it likes me.

That is a dog which likes me.　저것은 나를 좋아하는 개이다.

주격 관계대명사 who

- 선행사가 사람일 때 사용함
- 관계대명사절에서 주어 역할을 함

A 관계대명사는 ○, 선행사는 △ 하시오.

1 There is △a boy○ (who) sings well.

2 There is a girl who dances well.

3 He is a man who teaches us.

4 She is a woman who speaks English.

B 두 문장의 의미가 같도록 빈칸에 알맞은 관계대명사를 쓰시오.

1 I know a boy and he plays soccer very well.

= I know a boy _____ plays soccer very well.

2 I know boys and they play soccer very well.

= I know boys _____ play soccer very well.

> 주격 관계대명사 뒤에 오는 동사는 선행사의 수에 일치:
> - 선행사가 단수이면 단수 동사
> - 선행사가 복수이면 복수 동사

주격 관계대명사 which

- 선행사가 사물이나 동물일 때 사용함
- 관계대명사절에서 주어 역할을 함

C 관계대명사는 ○, 선행사는 △ 하시오.

1 There is △a cat○ (which) likes milk.

2 There is a dog which likes meat.

3 There is a bird which likes to sing.

4 There is a rabbit which likes carrots.

D 두 문장의 의미가 같도록 빈칸에 알맞은 관계대명사를 쓰시오.

1 I have a dog and it likes to play with me.

= I have a dog _____ likes to play with me.

2 I have dogs and they like to play with me.

= I have dogs _____ like to play with me.

> 주격 관계대명사 뒤에 오는 동사는 선행사의 수에 일치:
> - 선행사가 단수인 a dog이므로 단수 동사 likes를 씀
> - 선행사가 복수인 dogs이므로 복수 동사 like를 씀

목적격 관계대명사 who(m)

- 선행사가 사람일 때 사용함
- 관계대명사절에서 목적어 역할을 함

E 목적격 관계대명사 whom을 사용하여 문장을 완성하시오.

1 I have a friend and I help him.

= I have a friend ___who(m)___ I help.

2 I have friends and I like them.

= I have friends _____ I like.

3 I have a sister and I like her.

= I have a sister _____ I like.

4 I have sisters and I like them.

= I have sisters _____ I like.

목적격 관계대명사 which

- 선행사가 사물이나 동물일 때 사용함
- 관계대명사절에서 목적어 역할을 함

F 목적격 관계대명사 which를 사용하여 문장을 완성하시오.

1 I have a dog and I love it.

= I have a dog ___which___ I love.

2 I have dogs and I love them.

= I have dogs _____ I love.

3 I have a cap and I bought it last year.

= I have a cap _____ I bought last year.

4 I have caps and I bought them last year.

= I have caps _____ I bought last year.

관계대명사 that

- 선행사가 사람, 사물, 동물일 때 모두 사용할 수 있음
- 관계대명사절에서 주어와 목적어 역할을 함

G 알맞은 말에 모두 동그라미 하시오.

1 I have a grandpa (who / which / that) loves me.
나는 나를 사랑해 주시는 할아버지가 계신다.

2 I have grandparents (whom / which / that) I love.
나는 사랑하는 조부모님이 계신다.

3 I have a bag (who / which / that) is old but nice.
나는 오래되었지만 멋진 가방이 있다.

4 I have shoes (who / which / that) Mom bought for me.
나는 엄마가 사 주신 신발이 있다.

주격 관계대명사와 목적격 관계대명사 구별

• 관계대명사 뒤에 오는 말에 유의하기

주격 관계대명사 + 동사   목적격 관계대명사 + 주어 + 동사

H 관계대명사를 찾아 밑줄을 긋고, 주격인지 목적격인지 골라 동그라미 하시오.

1 Ron is a man <u>who</u> has a big house.   (주격 / 목적격)

2 Anna met Bill who lives next to her.   (주격 / 목적격)

3 Jack has a horse which runs fast.   (주격 / 목적격)

4 Harry has a book which Lily gave.   (주격 / 목적격)

5 Tina is a lady that helps many people.   (주격 / 목적격)

6 Elsa is a lady that everybody likes.   (주격 / 목적격)

Post

● 아래의 상자에서 알맞은 내용을 골라 관계대명사에 대한 설명을 완성하시오.

1 관계대명사는 ___ⓐ 접속사 + 대명사___ 역할을 해요.

2 관계대명사는 형용사처럼 앞에 온 _____를 수식해요.

3 _____는 관계대명사 앞에 위치하면서 관계대명사절의 수식을 받는 명사예요.

4 선행사가 사람일 때는 관계대명사 who(m)을 쓰고, 사물이나 동물일 때는 which을 쓰며,
_____은 선행사가 사람, 사물, 동물일 때 모두 쓸 수 있어요.

5 주격 관계대명사 뒤에는 동사가 오고, 목적격 관계대명사 뒤에는 _____가 와요.

6 선행사가 사람일 때 주격 관계대명사는 _____을 사용해요.

7 선행사가 사람일 때 목적격 관계대명사는 _____을 사용해요.

8 선행사가 사물이나 동물일 때 주격 관계대명사는 _____을 사용해요.

9 선행사가 사물이나 동물일 때 _____는 which나 that을 사용해요.

ⓐ 접속사 + 대명사   ⓑ 주어 + 동사   ⓒ 명사   ⓓ 목적격 관계대명사   ⓔ that
ⓕ which나 that   ⓖ who나 whom 혹은 that   ⓗ who나 that   ⓘ 선행사

Listening

● 대화를 듣고, 상황에 어울리는 속담으로 가장 적절한 것을 고르시오.

① Better late than never.
② Never judge a book by its cover.
③ No bees, no honey.
④ Actions speak louder than words.
⑤ Bad news travels fast.

전략 ▶ 자주 인용되는 속담을 익히세요.

전략 적용 해보기!!

1 어울리는 속담 고르기
2 속담의 역할 또는 주제

◎ ⓐ 호랑이도 제 말하면 온다. ✓ 고생 끝에 낙이 온다.

◎ ✓ 인내심 ⓑ 실망감

● 다시 한 번 잘 듣고, 빈칸을 채우시오.

A: This project is so _____ to _____ on!

B: We are so close to being done. I think just one more weekend!

A: I really don't want to _____ _____ another weekend making the display.

B: Well, just think, if we concentrate and work hard on Saturday, we can _____ out and _____ on Sunday.

A: That's a good idea.

Key Words & Key Expressions

속담 표현:

A bird in the hand is worth two in the bush.
손 안에 든 새 한 마리가 숲속에 있는 두 마리보다 낫다.

A man is known by the company he keeps.
친구를 보면 그 사람을 알 수 있다.

Actions speak louder than words. 말보다 행동이 중요하다.

Bad news travels fast. 나쁜 소식은 빨리 퍼진다.

Birds of a feather flock together.
날개가 같은 새들이 함께 모인다. (유유상종)

Haste makes waste. 서두르면 일을 그르친다.

Many hands make light work. 백지장도 맞들면 낫다.

Don't count your chickens before they're hatched.
알을 까기도 전에 병아리를 셈하지 말라.

He who laughs last laughs best. 최후에 웃는 자가 진정한 승자다.

It never rains but it pours.
비가 오진 않지만 내렸다 하면 퍼붓는다. (안 좋은 일은 겹쳐서 일어나기 마련이다.)

You reap what you sow. 뿌린 대로 거둔다.

When the cat's away, the mice will play.
고양이가 없으면 쥐가 왕 노릇한다.

Better late than never. 하지 않는 것 보다는 늦더라도 하는 것이 낫다.

Blood is thicker than water. 피는 물보다 진하다.

Man doesn't live by bread alone. 사람은 빵만으로는 살 수 없다.

연습1 대화를 듣고, 상황에 어울리는 속담으로 가장 적절한 것을 고르시오.

① Man doesn't live by bread alone.   ② Blood is thicker than water.

③ There is no smoke without fire.   ④ Many hands make light work.

⑤ Better late than never.

1 어울리는 속담 고르기	ⓐ 백지장도 맞들면 낫다. ☑ 아니 땐 굴뚝에 연기 날까.
2 속담의 역할 또는 주제	☑ 원인 없는 결과 없음 ⓑ 겸손하기

● 다시 한 번 잘 듣고, 빈칸을 채우시오.

A: Did you _____ what Carol said?

B: No, what did she have to say this time?

A: She said that there is going to be a big surprise _____ this week.

B: _____ we should review our lessons just in _____.

A: I guess so.

연습2 대화를 듣고, 상황에 어울리는 속담으로 가장 적절한 것을 고르시오.

① It never rains but it pours.   ② A friend in need is a friend indeed.

③ Haste makes waste.   ④ You reap what you sow.

⑤ Actions speak louder than words.

1 어울리는 속담 고르기	ⓐ 서두르면 일을 그르친다. ☑ 필요할 때 친구가 진정한 친구다.
2 속담의 역할 또는 주제	ⓐ 조급함 ☑ 진정한 친구

● 다시 한 번 잘 듣고, 빈칸을 채우시오.

A: I just don't know _____ I can get all of this _____.

B: Well, let's look at the list. Maybe I can _____ you.

A: Would you really be _____ to?

B: Sure. What are friends for?

A: You're a true friend!

● 대화를 듣고, 남자의 마지막 말에 이어질 여자의 말로 적절한 것을 고르시오.

① Come to my house.　② It's Saturday, June 7th.　③ You can take the subway.

④ Let's have some popcorn.　⑤ I am really excited to go with you.

전략 · 표현의 기능(Function)을 파악하세요.

전략 적용 해보기!

1 표현의 기능 파악하기

2 적절한 응답 고르기

◎ When is ~? ⓐ✓ 날짜 묻기　ⓑ 장소 묻기

◎ ⓐ✓ It's Saturday, June 7th.　ⓑ Come to my house.

● 다시 한 번 잘 듣고, 빈칸을 채우시오.

A: Would you _____ to come to my birthday party?

B: That sounds like fun!

A: We're going to have lunch out at a restaurant and then go to the movies.

B: Isn't your birthday _____ a weekday this year?

A: Yes, but we'll _____ the party on the weekend.

B: So, _____ is the party?

A: _____

Key Words & Key Expressions

질문에 적절한 응답하기(Proper Response):

A: **What** fell off the wall? 벽에서 무엇이 떨어졌나요?

B: **A clock** fell off the wall. 시계가 벽에서 떨어졌어요.

A: **Who** should pay for dinner? 누가 저녁 식사 비용을 내나요?

B: I believe **I** should do it today. 오늘은 제가 내야 해요.

A: **Whose phone** rang? 누구의 전화기가 울리는 거죠?

B: **Mine** rang. 제 전화기가 울리네요.

A: **Why** do we wear sunglasses? 선글라스를 왜 쓰나요?

B: **To keep us safe** from the sun's damaging rays.
햇빛의 해로운 광선으로부터 우리를 보호하기 위해서요.

A: **How many** apples did you bring? 사과를 몇 개 가져왔나요?

B: I brought **ten**. 열 개를 가져왔어요.

A: **Where** do you exercise? 어디서 운동을 하세요?

B: I work out **in a gym**. 체육관에서 해요.

A: **When** are we meeting up? 우리는 언제 만나죠?

B: We are meeting up **tonight**. 오늘 밤에 만날 거예요.

연습1 대화를 듣고, 여자아이의 마지막 말에 이어질 남자아이의 말로 적절한 것을 고르시오.

① I will go this Saturday.　②I wish I could go there.　③ Sounds like fun.

④ I go twice a week.　⑤I usually go there by bus.

| 1 표현의 기능 파악하기 | ◌ How often ~?　☑ 빈도 묻기　ⓑ 방법 묻기 |
| 2 적절한 응답 고르기 | ◌ ⓐ I will go this Saturday.　☑ I go twice a week. |

● 다시 한 번 잘 듣고, 빈칸을 채우시오.

A: Where are you _____ to this early?

B: Oh, hi, Margaret. I'm going to the animal _____ to volunteer.

A: That's a really cool thing to do. _____ _____ do you go there?

B: _____

연습2 대화를 듣고, 여자의 마지막 말에 이어질 남자의 말로 적절한 것을 고르시오.

① Sounds great.　② I'm afraid it might rain.　③ Let's meet in front of the gate 3.

④ I'm really busy on Friday.　⑤ You can get some help from him.

| 1 표현의 기능 파악하기 | ◌ How about ~?　☑ 제안하기　ⓑ 방법 묻기 |
| 2 적절한 응답 고르기 | ◌ ☑ Sounds great.　ⓑ You can get some help from him. |

● 다시 한 번 잘 듣고, 빈칸을 채우시오.

A: Do you want to go to the movies this week?

B: That _____ like fun. You want to see that new sci-fi film too, right?

A: Oh, definitely! I was thinking about _____.

B: I'm really busy _____ Wednesday this week, and _____ night, I have plans.

A: How about _____ on Thursday?

B: _____

Test 3

1번부터 6번까지는 듣고 답하는 문제입니다. T51

01 대화를 듣고, 남자가 여자에게 요청한 것을 고르시오.

① 펜 빌려주기　　② 그림 그려 주기
③ 펜 사 주기　　④ 펜 골라 주기
⑤ 숙제 도와주기

02 대화를 듣고, 남자가 여자에게 제안한 것을 고르시오.

① 함께 여행 가기　　② 함께 운동하기
③ 책 읽기　　④ 함께 공부하기
⑤ 도서관 가기

03 대화를 듣고, 여자가 지불해야 할 금액을 고르시오.

① $40.00　　② $50.00
③ $60.00　　④ $70.00
⑤ $80.00

04 대화를 듣고, 남자가 휴가 동안 하지 않은 일을 고르시오.

① 바닷가 가기　　② Sea World 방문
③ 새 관찰　　④ 등산하기
⑤ 동물원 가기

05 대화를 듣고, 남자아이가 하지 않은 일을 고르시오.

① 방 청소　　② 개 산책
③ 쓰레기 버리기　　④ 설거지
⑤ 화초에 물 주기

06 대화를 듣고, 남자의 마지막 말에 이어질 여자의 말로 적절한 것을 고르시오.

① I will meet you this Saturday.
② I don't think so.
③ Sure. Let's do it together.
④ Let's meet every day.
⑤ Let's meet at the gym.

여기서부터는 읽고 답하는 문제입니다.

07 빈칸 (A), (B), (C)에 들어갈 말로 바르게 짝지어진 것을 고르시오.

- Why don't you write a letter _____(A)_____ your mom?
- May I ask a favor _____(B)_____ you?
- We made cards _____(C)_____ our parents in class.

① to - for - of　　② for - to - of
③ to - of - for　　④ of - for - to
⑤ of - to - for

Dear Advice Annie,

I know I have to go to school, but I don't want to go to school. Nobody is nice to me. I eat alone. Yesterday, we did activities in pairs. I <u>could not</u> find a partner for me. I don't know 무엇을 해야 할지. Should I transfer to another school? Please give me some good advice!

Thank you,
Confused Jane

08 윗글의 밑줄 친 could not과 바꾸어 쓸 수 있는 것을 고르시오.

① be able to   ② am able to

③ was able to   ④ am not able to

⑤ was not able to

09 윗글의 밑줄 친 우리말과 일치하는 것을 고르시오.

① what to do   ② when to do

③ how to do   ④ where to go

⑤ what to be

10 윗글의 내용과 일치하지 <u>않는</u> 것을 고르시오.

① 학교에 다녀야 한다는 사실은 알고 있다.

② 친절한 친구가 하나도 없다.

③ 점심 식사를 함께 할 친구가 없다.

④ 짝과 함께 하는 활동에서 짝을 찾을 수 없었다.

⑤ 학교 생활이 너무 힘들어 전학을 결정했다.

11 다음 글의 내용과 같도록 바르게 바꾸어 쓴 것을 고르시오.

Let the situation cool off a little bit. It's better if no one is angry or upset when talking. That way, you will not say anything that you regret.

① Don't wait to let the situation cool off. You should communicate even when you are angry or upset. Otherwise, you will regret.

② Please wait to let the situation cool off. You should keep talking even when you are angry or upset.

③ You need to wait to let the situation cool off. If you talk when you are angry or upset, you may say things that you regret later.

④ You don't need to let the situation cool off. If you don't say anything, no one is angry or upset.

⑤ It doesn't matter whether you let the situation cool off a little bit. Just don't say anything all the time.

12 밑줄 친 단어들과 같은 의미를 가진 단어들로 바르게 짝지어진 것을 고르시오.

> • You will be more ___(A) objective___ about the situation.
> • I am not surprised that you are ___(B) confused___.
> • People can be organized or ___(C) flexible___.

	(A)	(B)	(C)
①	subjective	puzzled	fixed
②	unbiased	puzzled	soft
③	unbiased	sad	tight
④	subjective	organized	elastic
⑤	disinterested	clear	bending

13 밑줄 친 관계대명사의 쓰임이 옳지 않은 것을 고르시오.

① You need to choose the first thing that comes to your mind.
② This is what I want.
③ All that glitters is not gold.
④ This is the best film that I've ever seen.
⑤ This is exactly that I've been waiting for.

14 밑줄 친 부분 중 어법상 틀린 것을 고르시오.

① She usually drinks milk.
② She is never late for the meeting.
③ I always do homework before dinner.
④ He sometimes is sleepy after lunch.
⑤ He never tells a lie.

[15-17] 다음 글을 읽고, 물음에 답하시오.

> There are many different ways to describe personality. You can compare two groups of people. Some people are just more (A) thought than others. They do or make decisions after ___(B)___ thinking. They also show concern for the needs or feelings of other people. On the other hand, some people are (C) thought. They do not think enough, and they are ___(D)___. They simply lack concern for others.

15 윗글의 밑줄 친 (A), (C) thought를 바르게 고쳐 쓴 것을 고르시오.

① (A) thoughtless − (C) thoughtful
② (A) thoughtful − (C) thoughtless
③ (A) thoughtful − (C) thoughtful
④ (A) thoughtless − (C) thoughtless
⑤ (A) thinking − (C) thoughtful

16 윗글의 빈칸 (B), (D)에 들어갈 말로 바르게 짝지어진 것을 고르시오.

① careful – careless ② caring – careful

③ careless – careful ④ caring – careless

⑤ cared – caring

17 윗글의 내용을 가장 잘 요약한 것을 고르시오.

① 사람들의 성격을 설명할 때는 항상 두 그룹으로 나누어서 비교해야 한다.

② 상대방에 대한 배려는 생각을 많이 하는 것과는 상관이 없다.

③ 다른 이들을 충분히 생각하는 사려 깊은 사람들이 있는 반면 그렇지 않은 사람들도 있다.

④ 사람들의 성격을 바르게 설명하는 것은 매우 중요하며 대조적인 성격에 대해서도 잘 이해해야 한다.

⑤ 배려심이 없는 사람들은 훈련을 통해 다른 사람들을 충분히 생각하고 행동하도록 해야 한다.

18 밑줄 친 부분의 뜻이 옳지 않은 것을 고르시오.

① The first aspect, mind, is about how we interact. (소통하다)

② People can be observant or intuitive.
(주의 깊게 관찰하는)

③ Thinking people prefer logic over emotions. (논리)

④ People can also be assertive or turbulent.
(소극적인)

⑤ They can be confident or be sensitive to stress. (자신감에 찬)

19 주어진 어구들을 사용하여 우리말에 맞게 문장을 완성하시오.

| less important | from the experience. |
| Winning is | than learning a message |

→ _____

_____

승리하는 것은 그 경험에서 어떤 메시지를 배우는 것 보다는 덜 중요하다.

20 주어진 우리말을 영어로 옮기시오.

(1) Jane은 Sally에게 매우 중요한 메시지를 보냈다.

→ _____

(2) 네가 맞다고 처음에 느낀 답을 골라라.

→ _____

Listening Test

 T52

01 대화를 듣고, 여자가 바라는 오늘의 날씨를 고르시오.

①
②
③
④
⑤

02 대화를 듣고, 여자가 원하는 가방을 고르시오.

①
②
③
④
⑤

03 대화를 듣고, 남자의 심정으로 알맞은 것을 고르시오.

① 지루한   ② 기쁜
③ 실망한   ④ 짜증이 난
⑤ 신이 난

04 대화를 듣고, 여자아이가 방과 후에 할 일을 고르시오.

① 쇼핑하러 가기   ② 수영하러 가기
③ 영화 보러 가기   ④ 할머니 댁 방문
⑤ 친구네 집 방문

05 대화를 듣고, 두 사람이 대화하는 장소로 가장 적절한 곳을 고르시오.

① 병원   ② 도서관
③ 식당   ④ 은행
⑤ 옷 가게

06 대화를 듣고, 남자아이의 마지막 말의 의도를 고르시오.

① 거절하기 ② 응원하기

③ 사과하기 ④ 감사하기

⑤ 충고하기

07 대화를 듣고, 남자가 주문한 음식을 고르시오.

① 피자 ② 으깬 감자

③ 스테이크 ④ 치킨 샌드위치

⑤ 브로콜리 수프

08 대화를 듣고, 여자가 전화한 이유를 고르시오.

① 공연을 예약하기 위해

② 식당을 예약하기 위해

③ 음식을 주문하기 위해

④ 식당 예약을 취소하기 위해

⑤ 음식에 대한 불만을 표하기 위해

09 대화를 듣고, 무엇에 관한 내용인지 가장 적절한 것을 고르시오.

① 날씨 ② 환경 오염

③ 장래 희망 ④ 비만의 원인

⑤ 건강을 위한 비결

10 대화를 듣고, 들려주는 내용과 일치하지 <u>않는</u> 것을 고르시오.

① 한 번에 10권까지 대출할 수 있다.

② 안내 책자에 도서관 규정이 나와 있다.

③ 안내 책자에 도서관 개관 시간이 나와 있다.

④ 책을 대출하기 위해서는 아무것도 필요하지 않다.

⑤ 도서관에서 책을 대출하려면 도서관 카드가 있어야 한다.

11 대화를 듣고, 두 사람의 관계로 가장 적절한 것을 고르시오.

① 점원과 손님 ② 의사와 환자

③ 약사와 환자 ④ 사장과 점원

⑤ 교사와 학생

12 대화를 듣고, 여자가 이용할 교통수단으로 가장 적절한 것을 고르시오.

① 택시　　　　② 기차

③ 지하철　　　④ 자동차

⑤ 고속 버스

13 대화를 듣고, 여자의 마지막 말의 의도를 고르시오.

① 격려하기　　② 설득하기

③ 충고하기　　④ 설명하기

⑤ 비판하기

14 대화를 듣고, 남자아이가 선택한 직업을 고르시오.

① 의사　　　　② 약사

③ 변호사　　　④ 건축가

⑤ 비행기 조종사

15 대화를 듣고, 여자가 남자에게 요청한 것을 고르시오.

① 영화 보러 가기　　② 동물원 가기

③ 숙제 도와주기　　④ 애완동물 사 주기

⑤ 자원봉사 활동 같이하기

16 대화를 듣고, 여자아이가 남자아이에게 제안한 것을 고르시오.

① 책 읽기　　　② 도서관 가기

③ 함께 공부하기　④ 함께 운동하기

⑤ 취미 활동하기

17 대화를 듣고, 여자가 지불해야 할 금액을 고르시오.

① $6.00　　　② $10.00

③ $12.00　　　④ $20.00

⑤ $24.00

18 대화를 듣고, 생일 파티에서 하지 <u>않을</u> 일을 고르시오.

① 야구하기   ② 수영하기

③ 영화 보기   ④ 케이크 먹기

⑤ 마술 쇼 관람하기

19 다음을 듣고, 지도에 대한 설명으로 알맞지 <u>않은</u> 것
을 고르시오.

①   ②   ③   ④   ⑤

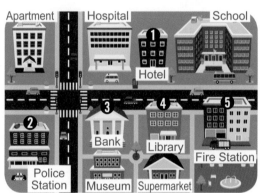

20 대화를 듣고, 남자의 마지막 말에 이어질 여자의
말로 적절한 것을 고르시오.

① No, I am busy.

② It's 3:50 now.

③ Let's meet at 3:00.

④ I want to buy a watch.

⑤ Time is more precious than money.

문장의 구성 요소

● **주어** '은, 는, 이, 가'

문장의 주인이 되는 말로
주로 문장 맨 앞에 와요.

I	like	candy.
주어		

● **동사** '~하다, ~이다'

동작이나 상태를 나타내는 말로
주로 주어 다음에 와요.

I	**like**	candy.
	동사	

● **목적어** '을, 를'

동작의 대상이 되는 말로
주로 동사 다음에 와요.

I	like	**candy.**
		목적어

● **보어**

주어를 보충 설명해 주는 말로
주로 be, become, look, hear, smell,
taste, feel과 같은 동사 다음에 와요.

I	am	**happy.**
		보어

문장의 5형식

1형식: 주어 + 동사

The sun rises. 해가 뜬다.

2형식: 주어 + 동사 + 보어

I am hungry. 나는 배가 고프다.

3형식: 주어 + 동사 + 목적어

I want a hamburger. 나는 햄버거를 원한다.

4형식: 주어 + 동사 + 간접 목적어 + 직접 목적어

Santa gives children gifts. 산타는 어린이들에게 선물을 준다.

5형식: 주어 + 동사 + 목적어 + 목적격 보어

I call him Santa. 나는 그를 산타라고 부른다.

Appendix 2

영어의 8품사

 명사   사람, 사물, 동물, 장소, 가치나 생각을 나타내는 말
student   bag   dog   school   friendship

 대명사   명사를 대신하는 말
he   she   it   they

 동사   주어의 동작이나 상태를 나타내는 말
run   sleep

 형용사   명사를 꾸미거나 주어를 보충 설명해 주는 말
kind   tall

 부사   형용사, 동사, 다른 부사, 문장 전체를 꾸미는 말
slowly   loudly

 전치사   명사 앞에서 장소, 시간 등을 나타내는 말
at   on   in

 접속사   단어와 단어, 구와 구, 절과 절을 연결하는 말
and   but   or   because

 감탄사   기쁨, 슬픔, 놀람, 실망, 분노 등을 나타내는 말
Wow!   Oh!

문장의 종류

	어순	예문
평서문	주어 + 동사 ~.	I am happy.
의문문	Be동사 + 주어 ~?	Are you happy?
	Do/Does/Did + 주어 ~?	Do you like apples?
명령문	동사 ~. (주어 you를 생략하고 동사원형으로 문장 시작)	Be happy.
감탄문	What + (a/an) + 형용사 + 명사 + 주어 + 동사! How + 형용사/부사 + 주어 + 동사!	What a happy boy he is! How happy he is!

12시제

기본 시제	진행 시제	완료 시제	완료진행 시제
현재	현재진행	현재완료	현재완료진행
과거	과거진행	과거완료	과거완료진행
미래	미래진행	미래완료	미래완료진행

1 현재: I **play** soccer every day. 나는 매일 축구를 한다.

2 과거: I **played** soccer yesterday. 나는 어제 축구를 했다.

3 미래: I **will play** soccer tomorrow. 나는 내일 축구를 할 것이다.

4 현재진행: I **am playing** soccer now. 나는 지금 축구를 하고 있다.

5 과거진행: I **was playing** soccer when he arrived. 나는 그가 도착했을 때 축구를 하고 있었다.

6 미래진행: I **will be playing** soccer when he arrives. 나는 그가 도착할 때 축구를 하고 있을 것이다.

7 현재완료: I **have finished** my homework. 나는 숙제를 끝마쳤다.

8 과거완료: I **had finished** my homework when he arrived. 그가 도착했을 때 나는 숙제를 끝마쳤다.

9 미래완료: I **will have finished** my homework tomorrow. 나는 내일 숙제를 끝마칠 것이다.

10 현재완료진행: I **have been playing** soccer for an hour. 나는 1시간 동안 축구를 하고 있는 중이다.

11 과거완료진행: I **had been playing** soccer for an hour before he came.

그가 오기 전에 나는 1시간 동안 축구를 하고 있었다.

12 미래완료진행: I **will have been playing** soccer for an hour when he comes.

그가 올 때 나는 1시간 동안 축구를 하고 있을 것이다.

EBS 초목달

예비 중학 영어

2
Universe

Unit 1 Extreme Sports

Vocabulary

B   p. 8~9

1. excitement   **2**. competition

3. safety   **4**. injury

C

1. 극도의, 극심한   **2**. 위험한   **3**. 발전하다, 개발하다

4. 반대, 저항, 반란   **5**. 불가능한, 난감한   **6**. 위험한

7. 죽음, 사망   **8**. (사상, 견해 등의) 주류, 대세

9. 규정, 규제, 단속   **10**. (운동)선수, 육상 경기 선수

11. ~이 되다   **12**. 전 세계적인, 일반적인   **13**. 원래, 본래

14. sport   **15**. invent   **16**. thrill

17. thing   **18**. past   **19**. gear

20. chance   **21**. better   **22**. less

23. surfing   **24**. children   **25**. list

26. need

D

② gear

E

1. excitement   **2**. thrill   **3**. mainstream

4. extreme   **5**. regulations **6**. universal

7. competition

---

1. 그는 신나서 펄쩍 뛰었다.

2. 그 롤러코스터를 인기 있게 만든 것은 스릴이었다.

3. 이 신문은 주류 언론에 속한다.

4. 스카이다이빙은 익스트림 스포츠이다.

5. 그 학교는 매우 엄격한 규칙과 규정을 가지고 있다.

6. 그 플러그 어댑터는 일반적이기 때문에, 그녀는 전화기를 충전할 수 있었다.

7. 누구나 그 노래 경연 대회에 참가할 수 있다.

F

1. originally   **2**. dangerous   **3**. gear   **4**. develop

---

1. 그 상품들은 원래 할인 중이었으나, 쿠폰이 있어서 그녀는 훨씬 더 돈을 절약했다.

그들은 원래 토요일에 하이킹을 갈 계획이었으나, 비 때문에 갈 수 없었다.

2. 큰 지진은 우리에게 위험하다.

그는 암벽 등반과 스쿠버 다이빙 같은 위험한 스포츠는 좋아하지 않는다.

---

3. 그 사이클리스트는 자신의 자전거를 높은 기어에 두었다.

그의 모든 장비가 없었다면, 그 등반가는 산의 정상에 도달할 수 없었다.

4. 그는 음악에 대한 자신의 재능을 개발시켰다.

그들은 그 앱을 개발하는데 정말 긴 시간을 보냈다.

Reading   p. 10~12

많은 사람들이 스포츠를 즐겨요. 그들은 운동과 건강상의 이로움을 즐겨요. 그들은 또한 신남과 경쟁을 즐겨요. 하지만 어떤 사람들에게는, 일반적인 스포츠가 충분히 신나지 않아요. 이들은 익스트림 스포츠를 하는 사람들이에요.

익스트림 스포츠는 신나지만 위험한 스포츠예요. 이들은 대체로 전통적인 스포츠는 아니에요. 많은 익스트림 스포츠는 일반적인 스포츠에 대한 반격으로 개발되었어요. 익스트림 스포츠를 발명한 사람들은 전율을 원했어요. 그들은 불가능하다고 여겨진 것들을 하고 싶었어요.

과거에, 익스트림 스포츠는 극도로 위험했어요. 익스트림 스포츠를 하는 사람들은 어떠한 안전 장비도 하지 않았어요. 익스트림 스포츠를 하다가 부상을 당하거나 심지어 사망하는 경우도 많이 있었어요. 다행히, 익스트림 스포츠는 대세가 되면서, 더 안전해졌어요.

안전 장비와 보다 적절한 규정들이 자리잡으면서, 익스트림 스포츠는 더 안전해졌어요. 위험은 줄었으나, 신남은 유지하고 있지요. 운동선수들 뿐만 아니라, 일반인들도 익스트림 스포츠를 해 볼 수 있었어요. 더 많은 사람들이 익스트림 스포츠에 흥미를 갖기 시작했어요.

오늘날, 일반적인 스포츠가 된 익스트림 스포츠가 있어요. 스케이트보드 타기, 스노우보드 타기, 그리고 파도타기는 처음에는 익스트림 스포츠였어요. 과거에 비해, 지금은 이 스포츠 종목들은 위험이 많지 않아요. 모든 연령대의 남자, 여자, 그리고 아이들이 이 스포츠를 즐겨요.

물론, 여전히 위험한 익스트림 스포츠도 있어요. 스카이다이빙, 윙슈트 입고 날기, 그리고 모터크로스는 아주 많은 익스트림 스포츠 목록 중 딱 세 가지예요. 그리고 사람들은 늘 더 많은 익스트림 스포츠를 발명하고 있어요. 전율의 욕구를 느끼는 사람들은 언제나 있을 거예요.

Q1 사람들은 왜 익스트림 스포츠를 발명했나요?

　　a. 그들은 건강상의 이로움을 더 많이 원했다.

　　ⓑ 그들은 더 많이 신나기를 원했다.

Q2 3단락의 주제문은 무엇인가요?

　　ⓐ 과거에, 익스트림 스포츠는 극도로 위험했다.

　　b. 익스트림 스포츠를 하는 사람들은 어떠한 안전 장비도 하지 않았다.

Q3 오늘날 세 가지 위험한 스포츠는 무엇인가요?

　　a. 스케이트보드 타기, 스노우보드 타기, 그리고 파도타기

　　ⓑ 스카이다이빙, 윙슈트 입고 날기, 그리고 모터크로스

A
p. 14

1. c. Sports that are exciting but dangerous

(신나지만 위험한 스포츠)

2. b. There was safety gear and better regulations.

(안전 장비와 더 나은 규정들이 있었다.)

3. a. Today, there are extreme sports that have become

universal sports.

(오늘날, 일반적인 스포츠가 된 익스트림 스포츠들이 있다.)

B

1. exciting, rebellion, injury

2. safety gear, mainstream, regular

3. dangerous, invented

---

1. 익스트림 스포츠 – 과거

→ 신나지만 극도로 위험했음

→ 일반적인 스포츠에 대한 반격으로 개발되었음

→ 부상을 당하거나 죽을 가능성이 많았음

2. 익스트림 스포츠 – 변화

→ 안전 장비와 더 나은 규정들을 사용하기 시작했음

→ 대세가 되었음

→ 일반인들도 익스트림 스포츠를 해 볼 수 있었음

3. 익스트림 스포츠 – 오늘날

→ 어떤 것은 일반적인 것이 되어, 지금은 그다지 위험하지 않음

→ 어떤 것은 여전히 위험함

→ 더 많은 익스트림 스포츠가 발명되고 있음

연습
p. 15

b.

파쿠르는 대세가 되고 있는 또 하나의 익스트림 스포츠이다. 파쿠르는 원래 프랑스 병사들을 훈련시키기 위해 사용되었다. 나중에, 프랑스 사람들은 그들 스스로 파쿠르를 연습했다. 그러고 나서, 그것은 영화에 나왔다. 온 사방의 사람들이 관심을 갖게 되었다. 오늘날에는, 전 세계적으로 파쿠르 동아리들이 있다.

a. 파쿠르는 원래 프랑스 병사들을 훈련시키기 위해 사용되었다.

b. 파쿠르는 대세가 되고 있는 또 하나의 익스트림 스포츠이다.

c. 오늘날, 전 세계적으로 파쿠르 동아리들이 있다!

Grammar
p. 16~19

Pre

1. I   **2.** I   **3.** C

---

1. Many men enjoy sports.

2. There are some mice at the church.

3. Those children are so cute.

1. 많은 남자들이 스포츠를 즐긴다.

2. 교회에 쥐가 몇 마리 있다.

3. 그 아이들은 아주 귀엽다.

A

1. boy, child, man

2. bike, bag, dish

3. cat, horse, mouse

4. park, house, school

5. honor, peace, love

B

1. 주어	**2.** 목적어	**3.** 목적어	**4.** 보어
5. 주어	**6.** 목적어	**7.** 보어	**8.** 주어

---

1. 그 여자는 교사이다.

2. 그녀는 꽃을 좋아한다.

3. 아빠는 새로운 자동차를 갖고 계신다.

4. 저것은 그의 자동차이다.

5. 그 차는 새 것이다.

6. 그는 새로운 컴퓨터를 갖고 있다.

7. 이것은 나의 새로운 컴퓨터이다.

8. 저 컴퓨터는 오래된 것이다.

C

1. ⑨ Bill	ⓗ China	① New York	⑤ Sarah
2. ① love	ⓚ peace	ⓟ work	① happiness
3. ⓒ salt	ⓓ milk	ⓔ bread	ⓝ cheese
4. ⓐ bear	ⓑ doctor	① chair	ⓕ library
5. ① family	ⓜ fruit	ⓞ class	⑨ team

D

1. sing   **2.** eat   **3.** see

E

1. teacher   **2.** teachers   **3.** English teacher

4. music teachers   **5.** apples   **6.** balls

F

1. cars	**2.** boxes	**3.** babies	**4.** leaf
5. woman	**6.** children	**7.** sheep	**8.** teeth

G

1. child   **2.** men   **3.** women   **4.** woman   **5.** feet

6. foot   **7.** mice   **8.** mouse   **9.** people   **10.** people

1. 그 아이는 노래 부르는 것을 좋아한다.
2. 많은 남자들이 스포츠를 즐긴다.
3. 이 여자들은 친절하고 똑똑하다.
4. 이 여자는 정직하고 현명하다.
5. 그의 발은 크다.
6. 그의 왼발은 더럽다.
7. 농장에 쥐가 몇 마리 있다.
8. 그의 농장에 쥐가 한 마리 있다.
9. 거리에 많은 사람들이 있다.
10. 어떤 사람들은 여름을 좋아한다.

Post

1. ⓗ   **2.** ⓒ   **3.** ⓖ   **4.** ⓓ   **5.** ⓐ   **6.** ⓔ   **7.** ⓕ   **8.** ⓑ

Listening
p. **20~23**

유형 1 날씨 고르기

③

London, how, foggy, typical, bright, sunny
(call)
A: 안녕.
B: 안녕, Linda. 런던에 안전하게 잘 도착했다고 막 전화하려던 중이었어.
A: 비행은 어땠니? 좀 잤어?
B: 괜찮았어. 잘 잤어.
A: 거기 날씨는 어때?
B: 여기 안개가 낀 것 때문에 놀랐어.
A: 그게 영국의 전형적인 날씨 아니야? 여기는 밝고 화창해.
B: 이게 여기의 보통 날씨라고 생각하지만, 조금 따뜻해지면 좋겠어.

연습 1   ④

Hawaii, perfect, breeze, overcast, rainy, season
A: 어떻게 지냈니? 네가 정말 보고 싶어.
B: 하와이에 있는 동안 어떻게 우릴 그리워할 수 있어? 날씨는 어때?
A: 완벽해! 매일 화창하고 해변에는 기분 좋은 바람이 불어.
B: 우와. 나도 거기에 있었더라면 좋았을 텐데. 여기는 최근 3일 동안 구름이 끼고 비가 왔어.
A: 장마철 같아! 정말 여름이네.

연습 2   ④, ⑤

relax, beach, sunscreen, sunglasses, outside, clouds
A: 내일 우리 뭘 할까? 내가 특별히 사야 하는 게 있어?
B: 하루 종일 해변에서 그냥 쉴 것 같은데, 그치?
A: 우리 자외선 차단제를 조금 더 사야 할 것 같아. 그리고 나는 새 선글라스를 사고 싶어.
B: 넌 새 선글라스가 필요해. 밖에 구름이 별로 없어서 아주 눈부셔.
A: 여기 상점이 있어. 찾을 수 있는지 보자.

유형 2 설명하는 것 고르기

③

Why, don't, wear, glasses, burgundy, suit, flowered, scarf
A: 저것은 누구 사진이야, Mark?
B: 봐, 어머니가 여기 계셔.
A: 어느 분인데?
B: 누군지 알아맞혀 보지 않을래?
A: 너희 어머니께서 안경을 쓰셨니?
B: 아니, 쓰지 않으셨어. 어머니는 적색 정장에 꽃무늬 스카프를 하셨어.
A: 꽃무늬 스카프? 그러면 이 여자분이 너희 어머니임에 틀림없어.
B: 그래, 맞아.

연습 1   ⑤

stripes, polka, dots, striped, better
A: 정말 멋진 가방이다!
B: 오, 맞아. 난 줄무늬가 정말 좋아.
A: 줄무늬? 난 물방울무늬 가방을 말하는 거야.
    저기 딱 가운데에 빨간 가방 옆에 있어.
B: 아! 지금 봤어. 괜찮네, 그런데 나는 줄무늬가 더 좋아.

연습 2   ②

with, curly, get, permed, long, straight, bangs
A: 저 완전 곱슬머리인 여자애 봐.
B: 어머! 저건 나야! 내가 어렸을 때 어머니께서 내 머리를 파마해 주시곤 했어.
A: 어느 분이 너희 어머니시니?
B: 그녀는 내 옆에 긴 생머리에 앞머리가 있는 분이야.
A: 너와 너희 어머니는 닮았어.

Unit 2 Skydiving

Vocabulary

B p. 26~27

1. skydiving   **2.** parachute

3. tunnel   **4.** lift

C

1. (특정한 활동을 위한) 시간   **2.** 비행기

3. 떨어지다, 넘어지다, 넘어짐, 가을, 폭포

4. 동의하다, 의견이 일치하다   **5.** 사용하다, 사용, 이용

6. 느끼다   **7.** 지배, 조절, 지배하다, 조절하다

8. 움직임, 이동   **9.** 충돌하다, (충돌, 추락) 사고

10. 기술, 기법   **11.** 연습하다, 실행하다, 연습, 실행

12. (특정한 활동 때 입는) 옷, 정장, (~에게) 맞다, 어울리다

13. 초조한, 신경의   **14.** try   **15.** wear   **16.** ground

17. crazy   **18.** indoors   **19.** wind   **20.** tube

21. fan   **22.** body   **23.** train   **24.** ready

25. helmet   **26.** both

D

session

E

1. skydiving   **2.** agree   **3.** helmet

4. technique   **5.** ground   **6.** tube

7. try

---

1. 나의 이모는 마흔 번째 생일 기념으로 스카이다이빙을 하러 가고 싶어하셨다.

2. 그는 나의 계획에 동의하지 않았다.

3. 그녀의 부모님은 그녀에게 새 헬멧을 사 주셨다.

4. 그 화가는 독특한 회화 기법을 가지고 있다.

5. 컵이 땅에 떨어졌다.

6. 그 사이클리스트는 타이어가 펑크 나서 멈춰서 튜브를 교체해야만 했다.

7. 모든 사람들이 새 샴푸를 써보고 싶어했다.

F

1. session   **2.** movement   **3.** fall   **4.** indoors

---

1. 그 훈련 프로그램은 6개의 강좌로 구성되어 있다.

그는 겨울 방학 동안 수업을 들을 예정이다.

2. 그녀는 어둠 속에서 갑작스런 움직임을 느꼈다.

그 무용가는 우리에게 아름다운 동작들을 보여주었다.

---

3. 나뭇잎들이 땅에 떨어진다.

사람들이 얼어붙은 인도에서 미끄러져 넘어진다.

4. 비가 오자 우리는 실내로 들어갔다.

심한 폭풍으로, 그들은 실내에서 할 수 있는 뭔가 재미있는 것이 필요하다.

Reading

p. 28~30

오늘의 일기,

오늘은 멋진 하루였어. 너는 내가 무얼 했는지 믿지 못 할 거야. 내가 정말로 스카이다이빙을 하러 갔어! 아빠가 내 생일 선물로 스카이다이빙 수업을 등록해 주셨어. 오늘, 우리는 시내의 스카이다이빙 센터에 갔어. 정말 신났었어!

너는 스카이다이빙이 위험하다고 생각할지도 몰라. 공중 높이 비행기에서 뛰어내리기! 낙하산을 타고 땅으로 떨어지기! 내가 생각해도, 미친 것 같이 들리기는 해. 하지만 나는 스카이다이빙 센터에서 스카이다이빙을 했어. 나는 실내에서 스카이다이빙을 했어.

실내 스카이다이빙은 달라. 바람 터널을 이용해. 바람 터널은 밑에 거대한 팬이 달린 커다란 튜브야. 팬이 켜지면, 튜브 안에 매우 빠른 바람이 불어. 튜브 안에 들어가서 스카이다이빙을 해.

네가 바람 터널 안에 있으면, 바람이 너를 위로 들어 올려. 너는 네가 날고 있는 것처럼 느껴. 하지만 너는 몸의 움직임을 조절할 필요가 있어. 잘 조절하지 않으면, 한쪽으로 휙 쏠릴 수 있어. 심지어 땅으로 추락할 수도 있어!

내 스카이다이빙 수업은 12시 30분이었어. 하지만 나는 수업 전에 훈련을 받아야 했어. 그래서 아빠와 나는 오전에 그곳에 갔어. 나는 교관이신, Bill 선생님을 만났고, 그는 나에게 기술을 가르쳐 주셨어. 그러고 나서, 나는 혼자서 신체 조절 연습을 해야 했어.

마침내, Bill 선생님은 내가 준비됐다고 말씀하셨어. 나는 헬멧을 쓰고 스카이다이빙복을 입었어. 그러고 나서, 우리 두 사람은 바람 터널 안으로 들어갔어. 나는 처음에는 '나는 것'이 두려웠어. 하지만 몇 초 후에는, 기분이 아주 좋았어. 정말 놀라운 경험이야! 고마워요, 아빠!

Q1 여자아이가 스카이다이빙을 하러 간 곳은?

     a. 비행기 밖, 공중 높이

     ⓑ 스카이다이빙 센터 안

Q2 This가 가리키는 것은?

     a. 매우 빠른 바람

     ⓑ 바람 터널

Q3 여자아이는 언제 센터에 도착했나요?

     a. 오후에

     ⓑ 오전에

A p. 32

1. b. A Great Present

(멋진 선물)

2. c. The skydiving center

(스카이다이빙 센터)

3. b. To lift the body into the air

(공중으로 몸을 들어올리기 위해)

B

1. plane, parachute, outside

2. ① tunnel,   ② lift

3. control, train, helmet

---

1. 실내 스카이다이빙은 어떻게 다른가?

→ 공중 높이 비행기에서 하지 않음

→ 지상 낙하 시 낙하산을 가지고 하지 않음

→ 밖에서 하지 않음

2. 실내 스카이다이빙은 어떻게 하는가?

① 스카이다이빙을 하기 위해 바람 터널 안으로 들어간다.

② 바람이 몸을 들어올리면 날게 된다.

3. 실내 스카이다이빙을 할 때 무엇이 중요한가?

→ 몸의 움직임을 조절할 필요가 있음; 그렇지 않으면, 구석이나 땅으로 추락할 수 있음

→ 수업 전에 훈련을 할 필요가 있음

→ 헬멧을 쓰고 스카이다이빙복을 입을 필요가 있음

연습   p. **33**

a. this sport ── 지칭하는 대상 뒤

b. This activity ── 알 것으로 추측

c. jumps ── 지칭하는 대상 앞

사람들은 이 스포츠가 위험하다고 생각한다. 하지만 실제로는, 운전보다 덜 위험하다! 네가 말하고 있는 이 스포츠는 무엇일까? 스카이다이빙이다! 이 스포츠를 하다가 죽는 사람은 일년에 고작 21명이다. 150,000번의 점프당 그저 1명이 죽는 셈이다! 운전으로 죽는 사람은 연간 30,000명이 넘는다!

Grammar   p. **34~37**
Pre

1. I **2.** C **3.** C

---

1. Jake usually plays soccer in the afternoon.

2. Bill lives in America with his family.

3. The book is on the desk.

1. Jake는 보통 오후에 축구를 한다.

2. Bill은 미국에서 그의 가족과 함께 산다.

3. 그 책은 책상 위에 있다.

A

1. ⓐ   **2.** ⓐ   **3.** ⓐ   **4.** ⓐ

---

1. 그 책은 책상 위에 있다.

2. 그 가방은 탁자 아래에 있다.

3. 나는 7시에 일어난다.

4. 나는 아침에 우유를 마신다.

B

1. ⓒ   **2.** ⓑ   **3.** ⓐ   **4.** ⓔ   **5.** ⓕ   **6.** ⓓ

C

1. up   **2.** behind   **3.** in   **4.** next to[by]

5. in front of **6.** on   **7.** under   **8.** between, and

D

1. in   **2.** in front of   **3.** on   **4.** next to[by]   **5.** on

---

1. 방 안에 소파가 있다.

2. 소파 앞에 탁자가 있다.

3. 탁자 위에 꽃병이 있다.

4. 소파 옆에 식물이 있다.

5. 마루 위에 깔개가 있다.

E

1. for   **2.** during   **3.** during   **4.** for   **5.** for   **6.** during

---

1. 그는 30분 동안 수학을 공부했다.

2. 그는 방학 동안 과학을 공부했다.

3. 그는 휴일 동안 축구를 했다.

4. 그는 한 시간 동안 농구를 했다.

5. 그는 40분 동안 책을 읽었다.

6. 그는 밤새 책을 읽었다.

F

1. by   **2.** until   **3.** by   **4.** until   **5.** until   **6.** by

---

1. 나는 그 일을 6시까지 끝내야만 한다.

2. 너는 6시까지 집에 머물러야 한다.

3. 나는 학교에 8시 30분까지 가야만 한다.

4. 나는 3시까지 수업이 있다.

5. 오늘 밤까지 비가 내릴 것이다.

6. 내일쯤 비가 그칠 것이다.

G

1. at **2.** in **3.** in **4.** on **5.** at **6.** on

1. ⓐ 5시에   ⓑ 정오에   ⓒ 자정에
2. ⓐ 3월에   ⓑ 저녁에   ⓒ 겨울에
3. ⓐ 2025년에   ⓑ 가을에   ⓒ 오후에
4. ⓐ 크리스마스에   ⓑ 토요일에   ⓒ 내 생일에
5. ⓐ 밤에   ⓑ 8시 15분에   ⓒ 점심시간에
6. ⓐ 금요일에   ⓑ 목요일에   ⓒ 12월 25일에

Post

1. ⓚ   2. ⓔ   3. ⓘ   4. ⓑ
5. ⓓ, ⓒ   6. ⓙ   7. ⓕ, ⓐ   8. ⓖ, ⓗ

Listening   p. 38~41

유형 3 알맞은 그림 고르기

⑤

> **usually, do, practice, hobby, cooking**
> A: 나는 이번 다가오는 주말이 너무 기대돼.
> B: 나도 마찬가지야! 너는 보통 주말에 뭐 하니?
> A: 나는 내 취미인 요리를 연습하는 것을 좋아해.
> B: 재미있겠다! 나는 새로운 취미를 만들어야겠어.

연습 1   ②

> **pets, have, one, if, dog, would, be**
> A: 귀여운 동물들을 봐! 너는 애완동물을 키우니?
> B: 아니, 하지만 내가 애완동물을 키울 수 있으면 좋겠어!
> A: 키울 수 있다면 너는 무엇을 키우고 싶니?
> B: 내 생각에는 강아지가 애완동물로는 제일 좋을 것 같아. 강아지
> 들은 재주를 배울 수 있어.

연습 2   ③

> **seen, bakery, try, favorite, dessert, slice**
> A: 인근에 새로운 빵집 본 적 있어?
> B: 응! 진열대가 정말 대단해. 모두 다 먹어보고 싶어.
> A: 내가 가장 좋아하는 디저트는 초콜릿 케이크야. 우리 방과 후에
> 가서 한 조각 먹어 보자.
> B: 정말 좋은 생각이야.

유형 4 감정 고르기

⑤

> **sound, happy, call, announced, winner, great, Congratulations**
> A: 안녕하세요? 엄마! 잘 계셨어요?
> B: 좋아. 너 기분이 좋은 것 같구나.

A: 맞아요, 저 방금 저희 반 친구에게 전화를 받았어요.
B: 그래서?
A: 우리 과학 프로젝트가 우승작품이라고 막 발표되었어요!
B: 정말 잘 되었구나! 축하한다!

연습 1   ⑤

> **I, did, okay, worried, be, satisfied, keep, crossed**
> A: 너 벌써 수학 시험지 돌려 받았니?
> B: 우리는 내일 받게 될 거야. 내 생각엔 난 잘 본 것 같아.
> A: 네가 그것에 대해 걱정하지 않는다니 기분이 좋네. 네 점수는 어
> 떨 것 같아?
> B: 최소한 85%정도 맞는다면 난 그 결과에 만족할 거야.
> A: 음, 그럼 내일까지 우리 잘 되길 빌어 보자.

연습 2   ②, ④

> **surprised, Thanks, for, happy, to, see**
> A: 생일 축하해!
> B: 왜! 모두 여기서 뭐해? 난 너희들 모두를 보고 너무 놀랐어!
> A: 네 생일 파티야! 서프라이즈!
> B: 모두들 와 줘서 고마워. 내 친구들을 많이 보게 되어 너무 행복해.
> A: 이쪽으로 오면, 우리가 노래를 불러 줄게. 그리고 케이크를 먹자!

Vocabulary

B

p. **44~45**

1. forget **2.** western **3.** detective **4.** hero

C

1. 아주 좋아하는, 좋아하는 물건 **2.** 많은, 많이

3. 낭만적인, 연애의, 아름다운 **4.** 불경기, 우울함

5. 곤란, 괴롭히다 **6.** 처리하다, 다루다, 거래

7. 기억(력), 추억 **8.** 스릴러물 **9.** 측면, 양상, 면

10. 다른, 그 밖의, 다른 사람 **11.** 문제

12. 나타내다, 비추다, 반사하다 **13.** 현재의, 통용되는, 흐름

14. comedy **15.** action **16.** horror **17.** people

18. money **19.** fear **20.** type **21.** city

22. urban **23.** society **24.** lifestyle **25.** cause

26. trend

D

urban

E

1. trouble **2.** society **3.** lifestyle **4.** favorite

5. trend **6.** detective **7.** memory

---

1. 그는 친구들과 문제가 좀 있었다.

2. 우리는 사회에 대해 관심을 가질 필요가 있다.

3. 그는 건강하지 못한 생활 방식을 바꾸어야 한다.

4. 체육은 내가 좋아하는 과목이다.

5. 나이 든 사람들은 패션에 있어 그 새로운 유행을 좋아하지 않는다.

6. 그녀는 그 작가의 탐정 소설을 좋아한다.

7. 그는 그 장소들에 대한 좋은 기억을 가지고 있다.

F

1. reflect **2.** depression **3.** aspect **4.** romantic

---

1. 물에 네 얼굴이 비친다.

그녀는 자신의 기사에 그들의 의견을 반영하려고 노력했다.

2. 불경기는 1929년에 시작되었다.

경제 불황으로 인해, 많은 사람들이 직업을 잃었다.

3. 그녀는 그의 성격 중 유머러스한 면을 좋아한다.

나는 그의 제안의 모든 면을 고려했다.

4. 그녀는 그가 매우 낭만적이라는 것을 알게 되었다.

그 기타리스트는 낭만적인 음악을 연주했다.

Reading

p. **46~48**

당신은 좋아하는 영화 장르가 있나요? 요즘에는, 선택할 수 있는 장르가 많아요. 세 가지 인기 있는 장르가 로맨틱 코미디, 액션, 그리고 공포물이긴 하지만요. 당신은 이런 장르들이 처음에 왜 인기를 얻게 되었는지 알고 있나요?

로맨틱 코미디는 오래된 장르에요. 1920년대에 처음 만들어져서, 1930년대에 엄청나게 인기를 끌었어요. 왜 그때였을까요? 그것은 대공황 때문이었어요. 로맨틱 코미디는 사람들을 웃게 만들었어요. 로맨틱 코미디는 사람들에게 희망을 주었어요. 사람들은 돈 걱정을 잊을 수 있었어요.

공포 영화는 로맨틱 코미디보다 더 오래 되었어요. 1900년대 초에 처음 만들어져서, 1920년대에 인기를 끌었어요. 때는 제1차 세계대전 이후였어요. 사람들은 공포와 죽음을 경험했어요. 이 영화들은 그들의 기억을 어떻게 이겨내야 하는지를 도와주었어요.

서부극, 탐정 영화, 그리고 스릴러물들은 모두 액션 영화 이전에 나왔어요. 하지만, 이런 유형의 영화들의 모든 측면은 액션 영화 장르 안에서 발견될 수 있어요. 그런데 이 장르는 왜 인기를 얻게 되었을까요?

액션 영화는 1970년대에 처음 인기를 끌었어요. 많은 사람들이 도시에서 살았어요. 범죄와 다른 도시 문제들이 뉴스에 나왔어요. 사람들은 도시에서 그 문제들과 싸우는 영웅이 보고 싶었어요. 액션 영화들은 사람들이 이러한 문제들을 해결하는 힘을 느낄 수 있도록 해주었지요.

영화 장르들은 사회를 반영한다는 것이 드러났어요. 때로는 생활 양식의 변화 때문이기도하고요. 또한 때로는 시사 문제 때문이기도 하지요. 사회의 변화는 영화 트렌드에 변화를 가져와요. 지금 사회에서는 무슨 일이 일어나고 있나요? 당신은 그 일들이 영화에 반영된 것을 보나요?

Q1 로맨틱 코미디는 왜 인기를 끌었나요?

a. 사람들은 사랑으로 그들의 문제를 잊고 싶어했다.

(b) 사람들은 끔찍한 시기에 희망을 느끼고 싶어했다.

Q2 공포 영화는 왜 인기를 끌었나요?

a. 사람들은 공포 영화를 볼 때 덜 슬펐다.

(b) 공포 영화는 사람들이 나쁜 기억을 이겨내는데 도움을 주었다.

Q3 액션 영화를 좋아하는 사람들에 대해 바르게 말한 것은 어느 것인가요?

a. 그들 중 많은 사람들이 도시를 싫어했다.

(b) 그들 중 많은 사람들이 도시에 살았다.

A

p. **50**

1. b. The history of movie genres

(영화 장르의 역사)

2. c. After cities had developed more

(도시가 더 발전한 이후)

3. c. Movie genres will continue to change.

(영화 장르는 계속 변화할 것이다.)

B

1. genre, Great, forget

2. rom-coms, memories

3. recent, cities, power

---

1. 로맨틱 코미디
- → 오래된 장르
- → 대공황 시기에 인기를 끌게 되었음
- → 사람들이 돈 걱정을 잊도록 도와주었고 희망을 주었음

2. 공포 영화
- → 로맨틱 코미디보다 오래됨
- → 제1차 세계 대전 이후에 인기를 끌게 되었음
- → 사람들이 기억을 이겨내도록 도와주었음

3. 액션 영화
- → 최근의 장르
- → 도시가 발전했을 때 인기를 끌게 되었음
- → 사람들이 문제들을 해결하는 힘을 느낄 수 있도록 함

연습 p. **51**

b.

인기를 끈 또 다른 영화 장르는 공상 과학 영화이다. 최초의 공상 과학 영화는 1900년대 중반에 만들어졌다. 공상 과학 영화는 사회가 더욱 복잡해짐에 따라 더 많은 인기를 끌게 되었다. 영화들은 종종 미래에 대한 사람들의 불안을 반영했다. 또한 현재 사회가 안고 있는 문제점들을 반영했다.

a. 공상 과학 영화들은 사람들에게 미래에 대한 희망을 주었다.

b. 공상 과학 영화들은 어떤 미래 문제가 생길지 보여 주었다.

c. 공상 과학 영화들은 사람들이 미래 문제를 해결하는 것을 도왔다.

Grammar

p. **52~55**

Pre

1. l **2.** l **3.** C

---

1. Let it go.

2. I heard him practice the piano.

3. My friend makes me laugh.

1. 그냥 놔 두자.

2. 나는 그가 피아노를 연습하는 것을 들었다.

3. 나의 친구는 나를 웃게 만든다.

A

1. ⓐ, ⓑ, ⓒ **2.** ⓐ, ⓒ, ⓓ **3.** ⓐ, ⓑ, ⓒ **4.** ⓐ, ⓒ, ⓓ

B

1. ⓐ **2.** ⓑ **3.** ⓑ **4.** ⓐ

---

1. 나는 노래하고 싶다.

2. 그는 축구를 하고 싶어한다.

3. 나는 피자를 먹는 것을 좋아한다.

4. 그는 우유를 마시는 것을 좋아한다.

C

1. ⓐ **2.** ⓑ **3.** ⓒ **4.** ⓑ

D

1. makes **2.** lets **3.** has **4.** makes **5.** lets

E

1. John lets his sister do the job.

2. Mary makes her brother go there.

3. Karen lets them help her.

4. Robin makes people laugh.

5. I will let it go.

6. Carol has him finish the work.

---

1. John은 누나가[여동생이] 그 일을 하게 한다.

2. Mary는 오빠가[남동생이] 거기에 가도록 한다.

3. Karen은 그들이 그녀를 돕게 한다.

4. Robin은 사람들을 웃게 만든다.

5. 나는 그것을 그냥 두겠어.

6. Carol은 그가 그 일을 끝내게 한다.

F

1. ⓑ **2.** ⓒ **3.** ⓓ **4.** ⓐ

G

1. cook. **2.** sing. **3.** read. **4.** dance.

5. exercise. **6.** clean.

H

1. ⓑ **2.** ⓑ **3.** ⓐ **4.** ⓑ **5.** ⓑ **6.** ⓑ

I

1. ⓐ **2.** ⓐ **3.** ⓑ **4.** ⓑ **5.** ⓐ **6.** ⓐ

---

1. 그는 내가 거기에 가길 원한다.

2. 그녀는 내가 그들에게 전화하게 한다.

3. 그는 우리가 그녀를 돕게 만든다.

4. 그녀는 그가 노래 부르길 원한다.

5. 그는 그들이 노래하는 것을 듣는다.

6. 그녀는 그들이 춤추는 것을 본다.

J

1. I (heard) him sing beautifully.
2. I (saw) her dance wonderfully.
3. I (felt) him touch my shoulder.
4. He (made) me study harder.
5. He (let) them cook dinner.
6. He (had) her do the dishes.

Post

1. ⓓ 2. ⓑ 3. ⓕ 4. ⓗ 5. ⓐ 6. ⓔ 7. ⓒ 8. ⓖ

Listening

p. 56~59

유형 5 할 일 고르기

③

pick, up, are, going, to, going, see, movie

A: 이제 마지막 기간이다! 너무 흥분돼.
B: 너 오늘 정말 들뜬 것처럼 보인다. 무슨 특별한 일이라도 있어?
A: 방과 후에 바로 엄마가 나를 데리러 오셔서 영화를 보러 가거든.
B: 재미있겠다. 뭘 보러 가니?
A: 지난 주말에 나온 새로운 코미디 영화야.
B: 좋은데. 내일 어땠는지 말해 줘!

연습 1　③

we, will, go, must, have, enjoyed, are, going, to

A: 난 이미 여름방학 준비를 했어!
B: 작년에 너희 가족은 바다에 가서 심해 낚시를 보트에서 한 걸로 기억해.
A: 맞아! 정말 재미있었어. 내 생각엔 올해에도 같은 장소에 갈 거야.
B: 너는 정말 재미있었구나. 우리는 숲 속의 오두막에 머물 거야.
A: 그곳은 틀림없이 아주 조용하고 평화로울 거야.
B: 그 곳은 산 위에 있고, 사방이 자연으로 둘러싸여 있어.

연습 2　④

seemed, stop, by, am, going, to, will

A: 나 점심시간에 운동장에서 Alice를 봤어. 평소의 그녀같아 보이지 않았어.
B: 맞아. 좀 슬퍼 보이긴 했어.
A: 뭐가 그녀를 힘들게 하는 지 궁금하네.
B: 우리가 그녀의 집에 잠깐 들러 볼까?
A: 그것이 그녀를 기운 내게 할 수도 있어. 그녀에게 가 볼래.
B: 같이 가자.

유형 6 장소 파악하기

④

make, cash, check, deposit, slip, receipt

A: 좋은 오후입니다. 어떻게 도와드릴까요?
B: 입금을 해야 합니다.
A: 예, 알겠습니다. 현금으로 입금하십니까, 아니면 수표로 입금하십니까?
B: 둘 다입니다. 여기 제 입금표와 함께 드리겠습니다.
A: 네, 그럼… 모두 다 해서 $570입니다, 맞으십니까?
B: 네, 정확합니다.
A: 알겠습니다. 입금은 모두 완료되었습니다. 여기 영수증입니다.

연습 1　②

hearing, checked, x-ray, physical, results, ready

A: 우리는 x-ray과에 갔다가 당신의 청력을 검사할 거예요.
B: 제가 어떤 종류의 x-ray검사가 필요한가요?
A: 대부분의 사람들은 매년 건강 검진에서 흉부 x-ray를 찍어요.
B: 청력검사 후에는 모두 끝난 거예요?
A: 네, 그게 오늘의 마지막 검사가 될 거예요! 그러면 결과가 약 3일 후에 나올 거예요.
B: 알겠습니다! 감사합니다!

연습 2　⑤

get, to, bus, wrong, side, across, stops, away

A: 실례합니다. 제가 시청에 가려고 합니다. 어떤 버스가 거기에 가는지 아십니까?
B: 안타깝게도 반대 방향에 계십니다. 길을 건너가시는 게 좋겠습니다.
A: 오, 알겠습니다! 몇 번 버스를 타는지 아십니까?
B: 사실 건너편 정류장에 오는 모든 버스가 그 곳에 갑니다. 3정거장에서 4정거장 거리입니다.
A: 오, 잘됐습니다. 정말 고맙습니다.

Vocabulary

B   p. 62~63

1. villain   **2**. target   **3**. unrealistic   **4**. actor

C

1. 되돌아가다, 돌려주다   **2**. 은퇴하다   **3**. 기막히게 좋은

4. (연인, 집단 사이의) 관계   **5**. 파, 파벌, 패거리

6. 상황, 처지, 환경   **7**. 선진의, 고급의

8. (과학) 기술   **9**. 갑자기   **10**. 날씨   **11**. 대단히, 매우

12. 추천하다, 권하다   **13**. 다음의, 바로 옆의, 다음에

14. latest   **15**. evil   **16**. star   **17**. leading lady

18. former   **19**. hate   **20**. dialog   **21**. foolish

22. science   **23**. fiction   **24**. distant   **25**. force

26. ending

D

weather

E

1. return   **2**. villain   **3**. clique   **4**. recommend

5. unrealistic   **6**. dialog   **7**. ending

---

1. 그는 일찍 책들을 반납하기로 결정했다.
2. 그 배우는 영화에서 악당을 연기하는데 어려움이 없었다.
3. 그들은 그가 자신들의 그룹에 참여하는 것을 허락하지 않았다.
4. 나는 네가 그 식당을 왜 추천하는지 이유를 알고 싶다.
5. 나는 그녀의 꿈이 너무 비현실적이라고 생각한다.
6. 영어 선생님은 나에게 책에 있는 대화를 읽으라고 하셨다.
7. 마지막 결말 장면은 모두에게 너무 놀라웠다.

F

1. target   **2**. fiction   **3**. distant   **4**. star

---

1. 그 양궁 선수는 과녁을 맞추었다.
   그 제품의 대상은 젊은 쇼핑객들이다.
2. 그는 주로 소설을 쓴다.
   그녀는 공상 과학 영화 보는 것을 좋아한다.
3. 그녀는 나의 먼 친척 중 한 명이다.
   먼 미래에, 우리는 로봇 친구들을 가지게 될 것이다.
4. 그 떠오르는 스타는 십대들에게 아주 인기가 많다.
   그들은 밤하늘에 있는 많은 별들을 볼 수 있었다.

Reading   p. 64~66

돌아온 007(액션물)

*돌아온 007*은 제임스 본드 시리즈 중 최신 영화예요. James Bond에게 새로운 변화가 있지요. 그는 스파이 일을 그만두고 은퇴했습니다. 그러나 그때, 악당이 그를 공격 목표로 삼게 되지요. 무슨 일이 일어나나요? 영화를 보고 알아내세요!

이 영화에서 액션은 화려했어요! 새 제임스 본드가 이 영화에서 주연을 맡았고, 그는 기막히게 잘했어요. 한 가지 문제는 여자 주인공이었어요. 아름답기는 했지만, 이 전직 모델은 연기를 그다지 잘하지 못했어요.

저는 *돌아온 007*에 4점을 주겠어요.

양지의 사랑(로맨틱 코미디)

이 로맨틱 코미디는 한 연인들의 관계에 대해 이야기하고 있어요. 이들 두 사람은 중학교에서 처음 만나요. 당시는 80년대이고, 그들은 매우 다른 그룹이었어요. 물론, 그들은 서로를 아주 싫어했고요. 나이가 들어가면서, 상황은 변해 가지요.

이 영화는 내가 기대했던 것만큼 재미있지는 않았어요. 많은 상황들이 비현실적이었어요. 또한, 일부 대사들은 상당히 바보 같았어요. 하지만 두 배우의 연기는 좋았어요. 앞으로 다른 영화에서 그들을 보고 싶어요.

저는 *양지의 사랑*에 2.5점을 주겠어요.

디 아더 원(공상 과학/공포)

*디 아더 원*은 먼 미래에 일어나요. 첨단 기술의 시대지요. 모든 것이 기술을 통해 통제돼요. 갑자기, 사악한 힘이 날씨 시스템을 장악해요. 비가 내리기 시작하더니 멈추질 않아요!

저는 이 영화를 적극 추천해요. 특수 효과들이 뛰어났고, 연기도 훌륭했어요. 그 영화는 무서웠어요! 다음에 무슨 일이 일어날지 알 수 없었어요. 결말 역시 완전히 뜻밖이었어요! 만약 당신이 공포물을 좋아한다면, 이 영화를 보세요.

저는 *디 아더 원*에 4.5점을 주겠어요.

Q1 *돌아온 007*에 대한 글쓴이의 의견은 무엇인가요?
   a. 새로운 종류의 제임스 본드 영화이다.
   (b) 주인공 여배우가 연기를 잘하지 못했다.

Q2 "rom-com"은 무엇을 가리키나요?
   (a) 로맨틱하지만 재미있는 어떤 것
   b. 비현실적이고 우스꽝스러운 상황

Q3 *디 아더 원*의 시대에 대해 바르게 말한 것은?
   (a) 기술이 모든 곳에 사용된다.
   b. 그것은 우리의 현재와 가깝다.

A   p. 68

1. a. To give opinions about three movies
   (세 영화들에 대한 의견을 말하려고)

2. b. The acting was good, but the other things were bad.

(연기는 훌륭했지만, 다른 것들이 나빴다.)

3. b. The story could not be predicted.

(이야기를 예측할 수 없었다.)

B

1. action, leading lady

2. romantic, unrealistic, funny

3. horror, special effects, unexpected

---

1. *돌아온 007* (4점)
→ 액션 영화
→ 액션은 훌륭했지만 여주인공의 연기는 미흡
→ 새 James Bond는 훌륭했음
2. *양지의 사랑* (2.5점)
→ 로맨틱 코미디
→ 상황이 비현실적이고 대사가 바보 같았음
→ 썩 재미있지는 않음
3. *디 아더 원* (4.5점)
→ 공상 과학/공포물
→ 특수 효과와 연기 모두 훌륭함
→ 예상 밖의 결말

연습   p. **69**

a. Fact   b. Opinion   c. Opinion

---

*무사의 길*은 아시아의 액션 영화이다. 그것은 고대의 한 젊은이에 관한 이야기이다. 그의 부모가 재산을 잃게 되자, 그는 싸움을 배운다. 그는 범죄와 싸우면서 여행을 한다. 이 영화는 훌륭한 액션이 많다. 하지만, 스토리가 독창적이지 않고 조금 지루하다.
a. *무사의 길*은 한 젊은이에 관한 이야기이다.
b. 액션이 훌륭하다.
c. 스토리가 조금 지루하다.

Grammar   p. **70~73**

Pre

1. I   **2.** C   **3.** C

---

1. It is 6 o'clock.
2. It is summer in Australia.
3. What day is it today?
1. 6시다.
2. 호주는 여름이다.
3. 오늘이 무슨 요일이니?

A

1. ⓑ, ③   **2.** ⓓ, ⑥   **3.** ⓐ, ⑤   **4.** ⓔ, ④

5. ⓕ, ②   **6.** ⓒ, ①

B

1. 요일   **2.** 계절   **3.** 날씨   **4.** 시간   **5.** 명암   **6.** 날짜

| **1.** 일요일이다. | **2.** 겨울이다. | **3.** 춥다. |
| **4.** 9시다. | **5.** 어둡다. | **6.** 9월 8일이다. |

C

1. ⓒ, ④   **2.** ⓐ, ③   **3.** ⓑ, ①   **4.** ⓓ, ②

---

1. 무슨 요일이니?
2. 몇 시니?
3. 이것은 누구 가방이니?
4. 저것은 무엇이니?

D

1. It is hot in summer.

2. It is on the table.

3. It takes one hour.

4. It is Wednesday.

5. It is Bill's book.

6. It is getting dark.

E

1. 그것   **2.** 그것   **3.** 해석 안 함   **4.** 해석 안 함

5. 그것   **6.** 해석 안 함

---

1. A: 너의 재킷은 어디에 있니?
    B: 그것은 내 방 안에 있어.
2. A: 이것이 Mike의 펜이니?
    B: 응. 그것은 그의 펜이야.
3. A: 너의 생일이 언제니?
    B: 10월 22일이야.
4. A: 날씨가 어떠니?
    B: 바람이 불고 구름이 꼈어.
5. A: 저것이 Sarah의 집이니?
    B: 아니. 그것은 아니야.
6. A: 얼마나 걸리니?
    B: 15분이 걸려.

F

1. d, e   **2.** u, s   **3.** a, u   **4.** b, u   **5.** u, u   **6.** c, m

---

| **1.** 수요일이다. | **2.** 화요일이다. | **3.** 토요일이다. |
| **4.** 2월이다. | **5.** 8월이다. | **6.** 12월이다. |

G

1. ⓒ sunny　　**2.** ⓑ warm　　**3.** ⓐ spring　　**4.** ⓓ winter

H

1. January 1st　　**2.** May 5th　　**3.** December 25th

I

1. 9 o'clock　　　　　**2.** It

3. is 2:40　　　　　　**4.** It is 6 o'clock.

Post

1. ⓗ　**2.** ⓓ　**3.** ⓐ　**4.** ⓖ　**5.** ⓕ　**6.** ⓔ　**7.** ⓑ　**8.** ⓒ

Listening

p. 74~77

유형 7 의도 파악하기

④

---

down, wrong, having, hard, time, focus, on, make, handle

A: 안녕, John! 너 약간 기분이 좋지 않아 보여.

B: 안녕, Julie!

A: 무슨 일 있어?

B: 나는 지금 학교에서 좀 힘든 시간을 보내는 중이야.

A: 너무 할 게 많아?

B: 응, 내가 따라잡는다고 생각이 들자마자 더 많은 숙제를 또 받는 것 같아.

A: 음, 너의 일에 우선 집중을 하고 그리고 계획을 짜봐. 나는 네가 모두 해낼 수 있다는 걸 알아.

연습 1　④

---

take, how, to, can, help, appreciative

A: 내가 어떻게 이 수학 문제를 모두 풀 수 있을 지 모르겠어. 너무 어려워.

B: 내가 한번 볼게. 내가 수학을 좀 잘하거든.

A: 난 문제를 어떻게 풀지 전혀 이해가 되지 않아.

B: 오, 그건 내가 도와줄 수 있어!

A: 네가? 정말 잘 되었다. 정말 고마울 거야.

연습 2　⑤

---

left, on, could, help, sorry, own

A: 이 프로젝트에 해야 할 일이 너무 많이 남았어.

B: 너 아직도 그 일하고 있어?

A: 응, 그리고 과학 박람회가 다음 주야. 나는 제 시간에 끝내고 싶어.

B: 해야 할 일이 많이 남은 것 같아.

A: 네가 나를 조금 도와줄 방법이 있을까?

B: 오, 미안해. 나는 내 일을 먼저 끝내야 해.

유형 8 시각 또는 날짜 고르기

①

---

today, weekend, tonight, come, over, at, 2:00, until, 3:00, 4:00

A: 안녕, Jane. 오늘은 어떠니?

B: 난 좋아. 무슨 일이니?

A: 나는 이번 주말에 연주회를 대비한 피아노곡을 연습해야만 했어.

B: 나도 마찬가지야. 나는 저녁 식사 후 오늘 밤에 연습을 하려고 했어. 아마도 내일은 우리집에서 같이 연습할 수 있을 것 같아.

A: 같이 연습하는 것은 정말 도움이 되고 재미있을 것 같다. 몇 시가 괜찮아?

B: 학교 끝나고 2시에 올래? 그렇게 하면, 우리는 3시나 4시까지 연습할 수 있어.

A: 그래, 좋아. 내일 학교 운동장에서 만나서 함께 너희 집에 가자. 내 악보를 가져올게.

B: 내일 보자!

연습 1　③

---

today, tonight, time, 8:00 p.m., 7:45

A: 안녕, Sue! 오늘 기분이 어떠니?

B: 나는 좋아. 역사 수업에서 해왔던 프로젝트를 막 끝냈어.

A: 잘했네. 오늘 밤에 영화 보러 갈래?

B: 좋아. 대학 극장에서 새로운 액션 영화가 상영 중이야.

A: 몇 시에 시작하는데?

B: 오후 8시에 시작해.

A: 정말 좋다. 우리 7시 45분에 극장 로비에서 만나서 먼저 간식을 조금 먹자.

B: 훌륭해. 7시 45분에 보자.

연습 2　②

Saturday, May, 12th, birthday, May, 13th

A: 우리가 언제 Billy를 만나기로 한 건지 기억나니?

B: 내 기억으론 파티가 5월 13일 토요일이야.

A: 음, 확실하게 하자. 놓치기는 싫잖아. 그의 12번째 생일이야!

B: 여기 초대장이 있어. 어, 5월 13일 토요일이네.

A: 그에게 어떤 선물을 사줘야 할까?

B: 그에게 줄 특별한 선물을 고르러 쇼핑 센터에 가자.

Test 1

p. 78~81

01 ②   02 ③   03 ④   04 ⑤   05 ④

06 ①   07 ③   08 ②   09 ④   10 ③

11 ②   12 ②   13 ③   14 ④   15 ③

16 ④   17 ⑤   18 ③

19 We have many volunteers, but we don't have much time to do it.

20 (1) It takes about two hours to get there.

(2) Romantic comedies make people laugh, and horror movies make people scream.

01

A: Welcome back! When did you come back?

B: I came back yesterday.

A: How was the weather there?

B: It was sunny, but very windy.

A: Really? I didn't know that it was windy there. Tell me more about your trip.

A: 돌아온 것을 환영해! 언제 왔어?

B: 어제 돌아왔어.

A: 그곳의 날씨는 어땠어?

B: 해가 나고 맑았지만, 바람이 많이 불었어.

A: 정말? 그곳이 바람 부는 곳 인줄은 몰랐네. 여행이 어땠는지 더 이야기 해줘.

① 안개 낀   ② 바람이 부는

③ 눈이 내리는   ④ 흐린

⑤ 비가 오는

→ 해가 나고 맑았지만 바람이 많이 불었다고 했으므로 windy가 답이다.

02

A: Sam, I need to buy a new bag! Can you come with me?

B: Sure, let's go. Do you have any particular style in mind?

A: Well, I've always wanted to have one with polka dots.

B: Okay. Then, let's find one with polka dots.

A: Sam, 나 새 가방을 사야 해! 함께 가줄래?

B: 그렇게, 같이 가자. 생각하고 있는 특별한 스타일이 있니?

A: 글쎄, 항상 물방울 무늬 가방을 갖고 싶다고 생각해왔어.

B: 그래. 그럼, 물방울 무늬 가방을 찾아 보자.

→ polka dots는 '물방울 무늬'라는 뜻이다.

03

A: What do you want for your birthday?

B: I really wish I could have my own pet.

A: What would you want if you could get one?

B: I think a cat would be perfect. Cats don't need to be walked.

A: 생일 선물로 무엇을 원하니?

B: 제 애완동물이 있으면 정말 좋겠어요.

A: 만일 가질 수 있다면 무엇을 갖고 싶어?

B: 고양이가 최고예요. 고양이는 산책을 따로 시킬 필요도 없잖아요.

① 새   ② 강아지

③ 물고기   ④ 고양이

⑤ 토끼

→ 남자아이는 애완동물로 산책을 따로 시킬 필요없는 고양이를 원한다.

04

A: I can't believe this. Did you hear the news?

B: What news?

A: Justin Tyler is coming to our town.

B: Really? Are you going to his concert then?

A: Of course, I will. He is my favorite singer as you know. Will you come with me?

A: 도무지 믿을 수 없어. 너 그 소식 들었니?

B: 무슨 소식?

A: Justin Tyler가 우리 동네에 온대.

B: 정말? 그럼 너 그 콘서트 가려고?

A: 물론, 갈 거지. 너도 알다시피 내가 제일 좋아하는 가수잖아. 너도 나랑 같이 갈래?

→ 가장 좋아하는 가수가 본인의 마을에서 콘서트를 한다는 소식을 들었으므로 매우 신나있다.

05

A: How have you been?

B: I've been extremely busy for the past couple of weeks.

A: What for?

B: I am in charge of the welcoming party for the newcomers.

A: Is there anything I can do for you?

B: It would be a huge help if you could play the music that day.

A: Sure, I will do that for you!

A: 어떻게 지냈어?

B: 지난 2주간 정신없이 바빴어.

A: 뭐 하느라고?

B: 신입 회원 축하 파티를 내가 담당하잖아.

A: 내가 도와 줄 게 있을까?

B: 그날 네가 음악을 틀어줄 수 있다면 큰 도움이 될 거야.

A: 그래, 그럼 그렇게 할게!

→ 음악을 틀어주면 큰 도움이 되겠다고 했고 남자는 그러겠다고 약속했다.

06

A: Good afternoon! Where are you flying today?

B: San Francisco.

A: May I have your passport, please?

B: Here you go.

A: Are you checking any bags?

B: These two bags, please.

A: Okay, please place your bags on the scale.

B: I have a stopover in Los Angeles — do I need to pick up my luggage there?

A: 안녕하세요! 오늘 어디로 가시나요?

B: San Francisco에 갑니다.

A: 여권을 주시겠어요?

B: 여기 있습니다.

A: 가방을 부치시나요?

B: 네, 이 가방 두 개 부쳐주세요.

A: 알겠습니다. 저울에 가방을 올려주세요.

B: Los Angeles를 경유하는데요, 그곳에서 짐을 찾아야 하나요?

→ 공항 티켓 카운터에서 탑승권 발권에 앞서 짐을 부치는 대화이므로 대화 장소는 공항이다.

07

어떤 이들은 다양한 종류의 스포츠를 즐길 시간이 (A) 많지 않다고들 한다. 과거에는, 익스트림 스포츠는 매우 위험했다. 하지만, 익스

트림 스포츠는 보다 안전해졌고 더 많은 사람들이 관심을 갖게 되었다. (B) 많은 익스트림 스포츠들이 점점 더 인기를 끌게 되었고, 서구 사회의 일반인들에게도 받아들여지고 있다.

→ (A)에는 time이 셀 수 없는 불가산 명사이므로 much가 와야 하고, (B)에는 extreme sports가 셀 수 있는 가산 명사이므로 many가 와야 한다.

[8-10]

실내 스카이다이빙을 들어본 적 있니? 나 자신이 오늘 이것을 경험했어. 나는 스카이다이빙 센터 (A) 에서 실제로 스카이다이빙을 했어. 내가 한 신나는 경험에 대해 말해 줄게. 실내 스카이다이빙은 달라. 바람 터널을 이용하지. 내가 바람 터널 (B) 안에 있을 때, 바람이 나를 위로 들어 올렸어. 나는 마치 날고 있는 것처럼 느꼈어. 정말 놀라운 경험이야!

08

→ 지시어 this는 앞 문장에서 언급한 skydiving indoors, 즉 실내 스카이다이빙을 가리킨다.

09

→ city, country 등과 같이 비교적 넓은 장소 앞에는 전치사 in을 쓰고, bank, school, center 등과 같이 좁은 장소 앞에는 전치사 at을 사용한다. 따라서 (A)에 알맞은 전치사는 at이고, (B)에는 '안에'에 해당하는 전치사 inside가 적절하다.

10

→ 하늘에서 하는 스카이다이빙과 바람 터널을 이용해 실내에서 하는 실내 스카이다이빙은 매우 다르므로 차이점이 거의 없다는 ③번이 주어진 내용과 일치하지 않는다.

11

추리 영화는 범죄나 수수께끼 사건을 해결하는데 주력한다. 긴장감은 대개 추리 영화의 중요한 구성 요소이다. Agatha Christie는 살인 추리 소설을 쓴 가장 인기 있는 작가 중 한 명이다. 많은 추리 영화들이 그녀의 소설에서 영감을 받고 만들어졌다.

① 모든 추리 영화는 같은 줄거리를 갖고 있다.
② 추리 영화는 대개 해결되지 않은 살인 사건이나 수수께끼 사건에 관한 것이다.
③ Agatha Christie는 인기 있는 추리 영화의 유일한 작가이다.
④ 모든 추리 영화는 범죄에 초점을 맞추고 있다.
⑤ 추리 영화는 최근에는 널리 인기를 끌지 못한다.

→ 주어진 글에서 추론할 수 있는 내용은 추리 영화가 대개 해결되지 않은 살인 사건이나 수수께끼 사건을 둘러싸고 그 해결책을 찾는다는 것이다.

12

• 돌아온 007은 제임스 본드 시리즈 중 (A) 최신 영화예요.
• 새 주인공이 (B) 기막히게 훌륭한 연기를 했어요.
• 일부 대사들은 (C) 상당히 바보 같았어요.

→ latest(최신의)는, most recent, current와 같은 동의어, fabulous(기막히게 멋진)는 fantastic, marvelous, remarkable 등과 같은 동의어, 그리고 quite(꽤, 상당히)는 really, truly, actually와 동의어로 쓰인다.

13

> ① 나는 파리에서 5년간 살았다.
> ② 나는 한 시간 동안 운동했다.
> ③ 나는 대개 저녁에 산책한다.
> ④ 나는 대개 7시에 일어난다.
> ⑤ 그 가방은 탁자 위에 있다.

→ 하루 중 시각을 나타내는 관용구를 살펴보면 in the morning, at noon, in the afternoon, in the evening, at night과 같이 사용한다. 따라서 ③번은 at the evening이 아니라 in the evening이 되어야 한다.

14

> ① 그는 내가 하루 종일 연습하도록 시켰다.
> ② 그는 내가 더 오래 머물도록 허락했다.
> ③ 그녀는 나를 울게 만들었다.
> ④ 그는 내가 가는 것을 허락하지 않는다.
> ⑤ 그는 나에게 그의 의자를 가져오도록 했다.

→ make, let, have 등의 사역동사는 목적격 보어로 to가 없는 원형부정사를 사용한다.

[15-17]

> 스포츠를 (B) 즐기는 (A) 많은 사람들이 있다. 그들은 신남과 경쟁을 즐긴다. 어떤 사람들은 일반적인 스포츠는 충분히 신나지 않아서 익스트림 스포츠를 한다. 익스트림 스포츠는 (C) 신나지만 위험한 스포츠이다. 이들은 대체로 전통적인 스포츠는 아니다. (D) 많은 익스트림 스포츠는 일반적인 스포츠에 대한 반격으로 개발되었다.

15

→ people, extreme sports는 모두 셀 수 있는 명사이므로, (A)와 (D) 모두 셀 수 있는 명사 앞에 오는 '많은'이라는 의미의 수량 형용사 many가 온다.

16

→ (B)에는 선행사가 people이므로 관계 대명사 who를 사용하고, (C)에는 선행사가 sports이므로 관계 대명사 that을 사용한다.

17

→ 익스트림 스포츠가 개발된 이유에 관하여 설명하는 글로, 내용과 일치하는 것은 ⑤번이 답이다.

18

> ① 심지어 땅으로 추락할 수도 있어.
> ② 나는 교관인, Bill 선생님을 만났어.
> ③ 이것은 밑에 거대한 팬이 달린 커다란 튜브야.
> ④ 너는 몸의 움직임을 조절할 필요가 있어.
> ⑤ 만약 그렇게 하지 않으면, 한쪽으로 휙 쏠릴 수 있어.

→ huge는 '거대한'의 의미로 enormous, extremely large의 뜻이다.

19

→ 가산 명사인 자원봉사자들 앞에는 many, 불가산 명사인 시간 앞에는 much를 사용한다. 따라서 We have many volunteers, but we don't have much time to do it.이 된다.

20

→ (1) 소요 시간을 나타내는 비인칭 주어 관련 구문이다. '시간이 걸리다'는 take, '약 두 시간'은 about two hours, '그곳에 가다'는 get there이다. 따라서 It takes about two hours to get there.가 된다.

→ (2) 사역 동사를 활용하는 구문이다. '로맨틱 코미디'는 romantic comedy, '공포 영화'는 horror movies, 그리고 '웃다'는 laugh, '소리지르다'는 scream을 사용한다. 따라서 Romantic comedies make people laugh, and horror movies make people scream.이 된다.

Unit 5 Too Good to Be True

Vocabulary

B p. 84~85

1. advertisement   2. complaint   3. protect   4. refund

C

1. 주름, 주름이 지다   2. 믿다   3. 정부, 행정, 체제
4. 개입, 조정, 중재, 간섭   5. 약, 의학   6. 유효성, 효과적임
7. 규제하다, 통제하다, 단속하다 8. 회사, 단체, 친구 9. 이점, 장점
10. 터무니없는, 너무나 충격적인
11. 조사하다, 살피다, 연구하다 12. 조사, 연구, 조사하다, 연구하다
13. 복습, 검토, 복습하다, 검토하다   14. loss
15. remove   16. tone   17. product   18. untrue
19. poor   20. lack   21. new   22. test
23. prove   24. allow   25. proof   26. involve

D

advertisement

E

1. test   2. involve   3. advantage   4. remove
5. allow   6. advertisement   7. complaint

---

1. 모든 학생은 시험에서 좋은 점수를 받기를 원한다.
2. 그는 그녀를 자신의 프로젝트에 개입시키기를 원한다.
3. 너는 이 기회를 이용해야 한다.
4. 내 책상에서 너의 책들을 좀 치워줘.
5. 그 학교는 학생들이 구내 식당에서 콜라를 마시는 것을 허용하지 않았다.
6. 당신은 TV에서 새 세탁기에 대한 광고를 볼 수 있다.
7. 그 학생은 숙제에 대해 불평했다.

F

1. wrinkle   2. proof   3. untrue   4. lack

---

1. 그녀는 셔츠에 있는 주름을 다림질했다.
   이마의 주름은 사람을 늙어 보이게 만든다.
2. 아무런 증거가 없어, 경찰관들은 그 남자를 가두도록 해야만 했다.
   그가 증거를 갖고 있지 않았기 때문에 그를 믿기는 어려웠다.
3. 그 보고서는 사실이 아니었다.
   인터넷에 있는 대부분의 소문은 사실이 아닌 것으로 밝혀졌다.
4. 그는 쓰기 능력이 부족하다.
   많은 가난한 사람들은 음식과 물이 부족하다.

Reading p. 86~88

당신은 체중 감소를 불러오는 음료에 대해 들어본 적이 있나요? 혹은 주름살을 제거하는 크림은요? 아니면 심지어 다리를 탄력 있게 만드는 신발에 대해서는요? 이러한 제품들은 놀라운 소리죠! 그들의 주장을 믿어야 할까요? 유감스럽게도, 대다수의 주장들이 사실이 아니에요.

이런 일이 어떻게 일어날 수 있을까요? 우리는 이런 유형의 광고를 모두 보아 왔어요. 만약 사실이 아니라면 이 제품들은 어떻게 이러한 주장들을 할 수 있을까요? 이 문제는 두 가지 원인이 있어요. 그것은 부실한 제품 규제와 정부 개입의 부족에서 나왔어요.

새 약품은 그것의 효과를 증명하기 위해 테스트를 거쳐야 해요. 정부는 그것이 증명된 이후에만 판매를 허용해요. 하지만, 건강 제품들은 같은 방식으로 규제되지 않아요. 그들은 판매 개시를 위해 효과를 증명할 필요가 없어요.

회사들은 광고에서 이 점을 이용해요. 그들은 제품에 대해 터무니없는 주장을 해요. 불행히도, 정부는 개입할 수가 없어요. 규제 기관들은 제품에 대한 불만을 접수 받을 때까지 개입해서는 안돼요. 그 다음에, 그들은 최종적으로 제품에 대해 조사를 시작할 수 있어요.

당신이 스스로를 보호하려면 무엇을 할 수 있을까요? 조사를 하세요! 제품의 성분을 확인하세요. 이 성분들이 제품이 주장하는 효과를 낼 수 있을까요? 사용 후기들을 살펴보세요. 다른 사람들은 그것에 만족하나요? 이 두 가지 사항들을 확인하기 전에는 사지 마세요.

다행히, 정부는 이 문제의 해결을 돕기 위해 규제할 계획이에요. 불행히도, 시간이 걸릴 거에요. 그런데 만약 당신이 지금 나쁜 제품을 산다면 어떻게 될까요? 두려워하지 마시고 정부 규제 기관에 불평하세요. 아니면 회사와 접촉해서 환불을 요구하세요.

Q1 놀라운 제품들에 관한 내용 중 옳은 것은 무엇인가요?
　 a. 그 제품들은 놀라운 효과가 있다.
　 ⓑ 그들의 주장은 흔히 사실이 아니다.

Q2 정부 규제 기관들은 언제 개입할 수 있나요?
　 a. 터무니없는 주장들을 볼 때
　 ⓑ 불만을 접수 받을 때

Q3 만약 당신이 건강 제품을 사고 싶다면 무엇을 해야 할까요?
　 a. 정부 규제 기관과 접촉하기
　 ⓑ 건강 제품에 대해 조사하기

A p. 90

1. c. Beware of Ads
   (광고를 조심하세요)

2. c. Because these products don't need to prove their claims
   (이 제품들이 자신들의 주장을 증명할 필요가 없기 때문에)

3. a. Do research on the company and leave a bad review.
   (그 회사에 대해 조사하고 나쁜 후기 남기기)

B

1. claims, testing, without proof, complaints

2. protect, ingredients, regulators, a refund

> **1.** 건강 상품들은 왜 놀라운 주장을 할 수 있나요?
> → 효과를 증명할 실험을 진행할 필요가 없음
> → 증거 없이 판매를 시작할 수 있음
> → 정부는 고객의 항의 없이는 개입할 수 없음
> **2.** 어떻게 당신 스스로를 보호할 수 있나요?
> 구매 전
> → 상품 성분을 조사해보고 후기 확인하기
> 구매 후
> → 정부 규제 기관에 항의하기
> → 회사와 접촉하여 환불 요청하기

연습　　　　　　　　　　　　　　　p. **91**

Problem : a, b, d

Solution : c, e, f

> 좋지 않은 피부에 대해 걱정하시나요? 여드름이나 점을 없애고 싶은가요? 그 해결책은 피부를 부드럽게 다루라는 것입니다. 너무 세게 문지르지 마세요. 그러면 더 심한 피부 문제를 만들어내요. 그저 손으로만 세안하고 — 천조차도 사용하지 말고 — 부드러운 세안용 비누를 사용하세요. 당신의 피부를 곱게 대하세요.

Grammar　　　　　　　　　p. **92~95**
Pre

1. l　**2.** l　**3.** C

> **1.** He can play soccer.
> **2.** He must not make a noise.
> **3.** He should call the doctor now.
> **1.** 그는 축구를 할 수 있다.
> **2.** 그는 시끄럽게 해서는 안 된다.
> **3.** 그는 지금 의사를 불러야 한다.

A

1. ⓑ　**2.** ⓐ　**3.** ⓑ　**4.** ⓑ

> **1.** 그는 기타를 연주할 수 있다.
> **2.** 나는 영어를 말할 수 있다.
> **3.** 그는 엄마를 불러야 한다.
> **4.** 그는 지금 가야만 한다.

B

1. must　**2.** should　**3.** should　**4.** may

C

1. ⓑ　**2.** ⓐ　**3.** ⓑ　**4.** ⓑ　**5.** ⓑ　**6.** ⓑ

> **1.** 아빠는 일본어를 말할 수 있다.
> **2.** 삼촌은 중국어를 말할 수 있다.
> **3.** 너는 여기에 주차를 해야 한다.
> **4.** 그들은 수업에 늦은 게 틀림없다.
> **5.** 그는 지금 그녀를 불러야 한다.
> **6.** 그녀는 바쁠지도 모른다.

D

1. Should, he, ?　　　　**2.** Must, he, ?

3. Can, you, ?　　　　**4.** May, she, ?

> **1.** 그는 더 열심히 일해야 한다.
> → 그는 더 열심히 일해야 하나요?
> **2.** 그는 방을 청소해야만 한다.
> → 그는 방을 청소해야만 하나요?
> **3.** 너는 바이올린을 연주할 수 있다.
> → 너는 바이올린을 연주할 수 있니?
> **4.** 그녀가 그를 도와도 된다.
> → 그녀가 그를 도와도 될까요?

E

1. ⓐ should buy a new umbrella

2. ⓓ should eat something

3. ⓒ should leave now

4. ⓔ should go to bed early

5. ⓑ should see a doctor

> **1.** A: 저는 우산을 잃어 버렸어요.
> 　　B: 당신은 우산을 새로 사야 해요.
> **2.** A: 배가 고파요, 점심을 안 먹었어요.
> 　　B: 뭘 좀 먹는 게 좋겠어요.
> **3.** A: Kevin은 8시 30분에 기차를 타야 해요.
> 　　B: 그는 지금 출발해야 해요.
> **4.** A: Emily는 지금 매우 피곤해 해요.
> 　　B: 그녀는 일찍 자야 해요.
> **5.** A: 오늘 아침에 나는 속이 울렁거려요.
> 　　B: 당신는 의사에게 진찰을 받아야 해요.

F

1. ⓑ　**2.** ⓒ　**3.** ⓔ　**4.** ⓐ　**5.** ⓓ

1. A: 밖에 비가 오고 있어요.

   B: 당신은 우산을 가져가는 게 좋겠어요.

2. A: 오늘 아침 나는 학교에 지각했어요.

   B: 학교에 또 다시 지각해서는 안 되요.

3. A: 당신의 휴대폰을 사용해도 될까요?

   B: 그럼요. 쓰세요.

4. A: Peter는 피아노를 칠 수 있어요?

   B: 아니요. 그는 피아노를 칠 수 없어요.

5 A: 신호등이 빨간 불이에요.

   B: 우리는 빨간 불이 켜지면 멈춰야만 해요.

G

1. ⓑ **2.** ⓑ **3.** ⓐ **4.** ⓑ **5.** ⓐ

1. 모든 학생들이 공부를 열심히 해야만 한다.

2. 나의 이모는 테니스를 칠 수 있다.

3. 어린이는 성냥을 가지고 놀면 안 된다.

4. Steve는 조용히 해야 한다.

5. 당신의 펜을 사용해도 될까요?

Post

1. ⓖ **2.** ⓒ **3.** ⓓ **4.** ⓗ **5.** ⓐ **6.** ⓑ **7.** ⓕ **8.** ⓔ

Listening
p. 96~99
유형 9 음식 주문하기

②, ⑤

Would, specials, for, with, cream, sauce, broiled, look, over

A: Chez Rouge에 오신 것을 환영합니다. 저는 Carl이고, 오늘 저녁 여러분의 서빙을 맡게 되었습니다.

B: 안녕하세요.

A: 오늘 밤의 특선 메뉴를 들어보시겠습니까?

B: 네.

A: 오늘 밤에는 크림 소스를 곁들인 라비올리와 농어 구이가 준비되어 있습니다.

B: 고맙습니다, Carl. 메뉴를 보고 나서 결정하겠습니다.

A: 좋습니다. 조금 있다가 다시 오겠습니다.

연습 1   ③

what, had, chicken, sandwich, I'll, go, with, that

A: 이 메뉴는 정말 크다.

B: 맞아! 난 무엇을 먹을 지 모르겠어.

A: 지난번에 여기 왔을 때, 나는 아주 맛있는 치킨 샌드위치를 먹었어.

B: 그거 좋겠다. 나는 그것으로 할래.

연습 2   ③

meal, delicious, stuffed, try, desserts, cake, Share

A: 정말 맛있는 식사였어.

B: 맞아, 모든 것이 정말 맛있었어.

A: 난 배가 가득 찼어!

B: 나도 그래. 그런데, 디저트 하나는 정말 먹어 보고 싶어.

A: 더 먹을 수 있겠어?

B: 여기 초콜릿 케이크는 유명해! 나랑 한 조각 나눠 먹자!

유형 10 주제 찾기

②

issue, air, getting, industrial

A: 오늘은 환경 문제에 대해서 의논해 보겠습니다. 새로운 보고서는 우리 도시의 대기 오염 문제가 점점 심각해지고 있다고 보여주고 있습니다. 공기의 질은 지난 2년 동안 더 나빠졌습니다. 그 보고서는 산업 배기가스를 이 급격한 변화의 주요 원인으로 지목하고 있습니다. 또한 건강문제를 야기할 정도로 오염된 공기로 사람들이 호흡을 한다고 나타냅니다.

연습 1   ②

checked, weather, forecast, put, off, raining, morning

A: 내일 우리가 동물원에 가는 게 기대되니?

B: 음, 날씨를 확인하기 전까지는 그랬어.

A: 오, 안돼! 그런 말 하지 마! 일기 예보가 어때?

B: 비가 계속 오고 나서도 또 더 비가 내려.

A: 우리가 가는 것을 연기해야 할까?

B: 아침에 비가 온다면, 아마도 그래야 할 거야.

연습 2   ④

doing, talent, show, practiced, hours, announcing

A: 우리가 충분히 준비되었다고 생각하니?

B: 그래, 우리는 잘 할 거야. 너무 걱정하지 마!

A: 그냥 이게 나의 첫 번째 탤런트 쇼라서 그래.

B: 우리는 몇 시간이나 연습했잖아. 잘 할 거야.

A: 그들이 우리를 소개하고 있어! 자 가자!

Unit 6 A Fantastic Drink

Vocabulary

B   p. 102~103

1. discount   2. positive   3. energetic   4. helpful

C

1. 매력적이지 못한   2. (정신을) 집중하다, 전념하다
3. 생산하다, 만들어 내다   4. 밝게 하다, 밝히다
5. 자연의, 천연의   6. 환상적인, 멋진   7. 행복, 기쁨, 만족
8. 보장하다, 품질을 보증하다, 보장, 품질   9. 만족, 충족
10. 반대, 반대의, 뒤바꾸다, 역전시키다   11. 최소로, 가장 적게
12. 구입, 구입하다 13. 촉진하다, 홍보하다   14. energy
15. fat   16. fight   17. fiber   18. skin
19. order   20. vary   21. drink   22. month
23. change   24. result   25. truly   26. extra

D

② positive

E

1. fantastic   2. produce   3. promote   4. happiness
5. vary   6. guarantee   7. concentrate

---

1. 그 가족은 멋진 행사에 매우 기뻤다.
2. 그 공장들은 매년 수천 대의 자동차를 생산한다.
3. 그들은 웹 사이트와 그 웹 사이트의 서비스를 향상시키기 위해
   노력했다.
4. 누군가의 행복을 판단하기는 어렵다.
5. 그 신발은 크기와 색이 다양하다.
6. 그들은 그 다이아몬드들이 최상품이라는 것을 보증한다.
7. 학생들은 시험에 집중해야만 한다.

F

1. energetic   2. order   3. fat   4. result

---

1. 그는 일에 매우 열정적이다.
   휴식을 취한 뒤, 그녀는 더욱 활기차게 되었다.
2. 그는 햄버거와 콜라를 주문했다.
   그 책들은 알파벳 순으로 정리되어 있다.
3. 그의 지갑은 항상 많은 현금으로 두툼했다.
   그 음식에는 지방이 많다.
4. 그 사고의 결과로, 그는 직업을 잃었다.
   그의 부모님은 그의 시험 결과에 기뻐하지 않으셨다.

Reading

p. 104~106

피로감이 지겹다고요? 매력적이지 않은 것 같다고요? 집중하고 싶지만, 할 수 없다고요? 이제 최상의 기분을 느끼실 시간입니다! Fantastic Fruit는 당신 몸에 필요한 도움을 드립니다.

Fantastic Fruit (등록 상표)
성분

• 에너지 생산 비타민   • 지방 분해 섬유소
• 피부 미백 미네랄   • 모든 천연 원료

더 많은 에너지와 더 화사한 피부를 원하세요? 더 멋진 몸도 원하세요? 최상의 건강함을 느끼게 해 줄 Fantastic Fruit를 마시세요! 더 나은 건강과 행복을 즐기세요.* 오늘 주문하시면 할인 받을 수 있습니다!

* 결과는 다를 수 있으며, Fantastic Fruit는 고객 만족을 보증하지 않습니다.

Fantastic Fruit 관계자 분께,

저는 지난 달에 귀사의 건강 음료 한 상자를 주문했습니다. 저는 그때부터 매일 한 병씩 Fantastic Fruit를 마셨습니다. 당신들의 광고에 의하면, 저는 더 많은 에너지를 느껴야 합니다. 체중도 줄어야 하고 피부도 더 화사해져야 합니다.

하지만, 저는 어떠한 긍정적인 변화도 볼 수 없습니다. 사실, 그 반대입니다! 저는 지금까지 살아오면서 살이 가장 많이 쪘습니다. 조금도 활기차지 않습니다. 저는 90달러에 더 나은 결과를 기대했습니다!

제 돈을 환불해 주세요!

Susan Smith

Susan Smith양에게,

Fantastic Fruit를 구입해 주셔서 감사합니다. Fantastic Fruit 가족이 되신 걸 환영합니다! 저희 비타민, 미네랄, 섬유소 혼합 제품은 정말로 건강을 증진시킵니다. 저희는 수천 명의 고객을 만족시켰습니다. 전 세계 고객들이 Fantastic Fruit를 마십니다.

저희는 고객님의 결과를 들으니 유감스럽습니다. 어떤 고객님들에게는, 한 달 이상이 걸릴 수 있습니다. 한 달 추가 주문하시면 도움이 되지 않을까요? 저희 웹 사이트에서 이 달의 할인을 확인하세요! Fantastic Fruit와 함께 환상적인 기분을 느끼세요!

대표 이사, Tony Tayor

Q1 광고에 의하면, Fantastic Fruit는 무엇을 하나요?
   a. 고객들이 스트레스를 줄이는데 도움을 줌
   ⓑ 고객들에게 전보다 더 많은 에너지를 줌
Q2 Susan Smith는 왜 이 편지를 썼나요?
   ⓐ 결과에 대해 항의하기 위해
   b. 만족감을 표현하기 위해

Q3 Tony Taylor는 Susan Smith를 위해 무엇을 했나요?

(a.) 그녀에게 더 사라고 요청했음

b. 그녀에게 환불해 주었음

A p. 108

1. a. A disappointing drink

(실망스러운 음료)

2. c. She saw negative changes.

(그녀는 부정적인 변화를 보았다.)

3. b. Results are not guaranteed.

(결과는 보장되지 않는다.)

B

1. drink, fiber, healthiest

2. a case, results, refund

3. thousands, buy more

1. Fantastic Fruit

→ 건강음료

→ 비타민, 미네랄, 식이 섬유를 함유함

→ 광고에서는 당신이 최상의 컨디션을 느낄 것이라고 말함

2. Susan Smith

→ Fantastic Fruit 한 상자를 구매했음

→ 부정적인 결과를 얻었음

→ 환불을 원함

3. Tony Taylor

→ Fantastic Fruit 최고 경영자

→ 수 천명의 만족하는 고객이 있다고 말함

→ Susan에게 Fantastic Fruit를 더 구매할 것을 요청함

연습 p. 109

1. Vitamin C only

2. Vitamin D only

3. Both vitamin C and D

help your skin.

give you more energy.

makes bones stronger.

helps blood flow.

비타민D와 C는 둘 다 매우 좋아요. 피부에 도움이 되며, 더 많은 에너지를 줘요. 비타민 D는 또한 뼈를 더 튼튼하게 만들어 줄 수 있어요. 비타민 C는 이와 같은 효능을 갖고 있지는 않지만, 혈액 순환을 도와요. 이 두 가지의 비타민들을 매일 섭취하세요. 더 좋아지는 것을 느끼게 될 거예요.

Grammar p. 110~113

Pre

1. I **2.** I **3.** C

1. Mt. Everest is the highest mountain in the world.

2. That is the oldest palace in Korea.

3. Science is the most interesting subject of all.

1. 에베레스트는 세계에서 가장 높은 산이다.

2. 저것은 한국에서 가장 오래된 궁이다.

3. 과학은 모든 과목 중에서 가장 재미있는 과목이다.

A

1. ⓑ **2.** ⓑ **3.** ⓐ

B

1. tallest **2.** easier **3.** best

C

1. happiest, ⓑ **2.** biggest, ⓒ **3.** smartest, ⓐ

4. heaviest, ⓑ **5.** hottest, ⓒ

D

1. most beautiful **2.** most important

3. most difficult **4.** most famous

E

1. best **2.** best **3.** worst **4.** most

F

1. ⓑ **2.** ⓑ **3.** ⓐ **4.** ⓑ **5.** ⓑ **6.** ⓐ

1. ⓑ 할아버지께서는 우리 가족 중에서 가장 나이가 많으시다.

2. ⓑ 내 남동생은 우리 가족 중에서 가장 나이가 적다.

3. ⓐ Brown여사는 그녀의 가족 중에서 가장 바쁘다.

4. ⓑ Jobs씨는 회사에서 가장 유명하다.

5. ⓑ Mike는 모든 학생들 중에서 가장 빠르다.

6. ⓐ 과학은 모든 과목 중에서 가장 재미있는 과목이다.

G

1. the, youngest **2.** the, oldest **3.** the, tallest

4. the, shortest **5.** older[shorter] **6.** younger[taller]

7. younger[taller] **8.** older[shorter]

1. Ben은 모든 아이들 중에서 가장 나이가 적다.

2. Anna는 모든 아이들 중에서 가장 나이가 많다.

3. Peter는 모든 아이들 중에서 가장 키가 크다.

4. Stella는 모든 아이들 중에서 가장 키가 작다.

5. Stella는 Ben보다 나이가 많다. [Stella는 Ben보다 키가 작다.]

6. Peter는 Anna보다 나이가 적다.

[Peter는 Anna보다 키가 크다.]

7. Ben은 Stella보다 나이가 적다

[Ben은 Stella보다 키가 크다.]

8. Anna는 Peter보다 나이가 많다.

[Anna는 Peter보다 키가 작다.]

H

1. the heaviest　　**2.** smarter　　**3.** younger

4. the best　　**5.** the worst　　**6.** the most beautiful

1. Ted는 모든 아이들 중에서 가장 무겁다.

2. Andy는 그의 남동생보다 똑똑하다.

3. Harry는 그의 누나보다 나이가 적다.

4. Mark는 그의 반에서 가장 노래를 잘한다.

5. 나는 노래를 잘하지 못한다. 나는 우리 반에서 가장 노래를 못한다.

6. 나의 이모는 아름다우시다. 그녀는 우리 가족 중에서 가장 아름다운 사람이다.

Post

1. ⓑ　**2.** ⓕ　**3.** ⓐ　**4.** ⓔ　**5.** ⓖ　**6.** ⓒ　**7.** ⓗ　**8.** ⓓ

Listening

p. **114~117**

유형 **11** 이유 알아보기

②

up, to, say, goodbye, have, time, give, regards

A: 여보세요.

B: 안녕! 나 Karen이야. 성배니?

A: 안녕, Karen. 무슨 일이야?

B: 음, 작별 인사하려고 전화했어. 나 일주일 뒤에 한국을 떠나. 캐나다의 토론토에서 아버지의 사업을 도울 거야.

A: 정말? 떠나기 전에 작별 저녁 식사를 할 시간이 있니?

B: 고마워. 그런데, 내가 너무 바빠. 아마 시간이 없을 것 같아.

A: 슬프구나. 몸 건강히 잘 지내고, 너희 어머니와 아버지께도 안부 전해드려.

B: 그래, 고마워. 그렇게 할게.

연습 **1**　①

What's, up, to, invite, you, party, on

A: 여보세요, Peter있어요?

B: 안녕, Theresa, 나 Peter야. 무슨 일이야?

A: 오, 안녕! 내 생일 파티에 초대하려고 전화했어.

B: 좋아! 재미있겠다. 언제니?

A: 2주 뒤에 14일이야.

B: 내가 꼭 갈게!

연습 **2**　④

What, are, doing, stopped, by, to, give, couldn't, make, it

A: 오, 안녕, Mark. 여기서 뭐 하고 있니?

B: 안녕, Sharon. 그냥 너한테 이것 주려고 들렀어.

A: 그게 뭐니?

B: 너의 생일 선물이야. 생일 파티에 가지 못해서 미안해.

A: 오! 넌 정말 친절하구나. 고마워!

B: 천만에 그리고 생일 축하해!

유형 **12** 일치와 불일치 파악하기

④

missed, scheduled, be, here, timetable

A: 다음 열차는 몇 시에 오니?

B: 어디 보자. 우리가 방금 한 대 놓친 것 같아.

A: 오, 안 돼. 다음 열차는 언제 오니?

B: 음, 다음 열차는 5분 정도 뒤에 오는 것으로 되어 있어.

A: 그러면 여기에 2시 35분에 오겠구나?

B: 시간표에 그렇게 되어 있어.

연습 **1**　⑤

order, see, only, appetizer

A: 이 광고에는 우리의 주문에 75% 할인을 받을 수 있다고 되어 있어.

B: 내가 한번 볼게.

A: 맞지? 바로 거기에 있어.

B: 음, 아니야. 이것은 전채 요리만 **75%** 할인이야.

A: 오, 내가 자세하게 읽지 않은 것 같구나.

연습 **2**　④

look, second, floor, move, on

A: 모두 이디에 있니?

B: 오, 이 표시를 봐. 오늘 우리의 수업이 2층에서 한다고 되어 있어.

A: 왜 그런지 모르겠네.

B: 나도 모르지만, 우리 빨리 가는 게 좋겠어. 우린 이미 늦었어.

Unit 7 A Great Athlete

Vocabulary

B p. 120~121

1. win 2. prize 3. end 4. map

C

1. 성공한, 성공적인
2. 연속적인, 연이은, 잇따른
3. 토너먼트, 선수권 쟁탈전
4. 프로 선수로, 직업적으로, 전문적으로
5. 최고의, 제1의
6. 압도적으로 우세하다, 지배하다
7. 대변혁[혁신]을 일으키다
8. 전략, 계획
9. 신체의, 물리적인, 물질의
10. 특정한, 특별한, 자세한 사항
11. 약점, 힘이 없음, 나약함
12. 기준, 척도, 측정하다
13. 결정, 판단 14. player 15. real-time 16. resource
17. destroy 18. require 19. daily 20. member
21. genius 22. compete 23. improve 24. skill
25. keyboard 26. input

D

decision

E

1. win 2. revolutionize 3. successful 4. decision
5. strategy 6. end 7. successive

> 1. 그 팀은 토너먼트에서 이겨서 매우 흥분되었다.
> 2. 이 새로운 기계는 사람들의 생활 방식에 큰 변혁을 일으킬지도 모른다.
> 3. 그는 상당히 성공한 사업가이다.
> 4. 그들은 이번 주말에 어디로 갈 것인지에 대해 결정했다.
> 5. 그 새로운 전략은 학습에 있어 덜 효과적이었다.
> 6. 게임이 끝나감에 따라, 우승자는 아주 분명해졌다.
> 7. 그들은 한 달 동안 연이은 승리를 거두었다.

F

1. measure 2. skill 3. premier 4. resource

> 1. 킬로그램은 무게를 재는 단위이다.
>   재단사는 조심스럽게 나의 새로운 정장을 위해 내 치수를 재었다.
> 2. 운전은 유용한 기술이다.
>   그는 뛰어난 말하기 능력을 가지고 있다.
> 3. 그들은 최고급 제품을 생산한다.
>   마침내 그 팀은 제1리그에서 챔피언이 되었다.
> 4. 석유는 천연 자원이다.
>   천연 가스는 지구상에서 한정된 자원이다.

Reading p. 122~124

> 비록 스물 여섯 살 밖에 되지 않았지만, 이 선수는 세계적으로 유명해요. 그는 자신이 하고 있는 스포츠에서 가장 성공한 선수들 중 한 명이에요. 그는 상금으로 미화 500,000달러 이상을 받았어요. 게다가 그는 연이은 토너먼트 우승으로도 상을 받았어요.
>
> 그는 16살이던, 2006년에 처음 프로 선수로 뛰기 시작했어요. 2년이 채 안 되어, 첫 프리미어 토너먼트 우승도 이루어냈어요. 그는 그 스포츠에서 압도적으로 우세하기 시작했어요. 그 짧은 기간에, 그는 결국 전략의 대변혁을 이루어 냈어요.
>
> 이 선수는 누구일까요? 그의 이름은 이제동이고, 그는 e 스포츠를 해요. e 스포츠는 일반적인 신체 운동이 아니에요. 그것은 스포츠로 하는 컴퓨터 혹은 비디오 게임이에요. 제동은 프로 선수로 컴퓨터 게임인 스타크래프트 Ⅱ를 해요.
>
> 스타크래프트 Ⅱ는 실시간 전략 게임이에요. 선수들로 이루어진 팀들은 게임 맵에서 서로 싸워요. 그들은 게임 리소스를 통제해서, 화력을 구축해야만 해요. 게임에서 이기려면, 한 팀의 세력이 다른 팀의 세력을 무너뜨려야 해요.
>
> 다른 선수들처럼, 제동은 매일 훈련이 필요해요. 그는 소속 팀인, Evil Geniuses의 다른 선수들과 함께 매일 몇 시간씩 훈련을 해요. 그들은 서로 함께 그리고 맞서서 경쟁하는 훈련을 해요. 그들은 자신들의 특별히 약한 부분을 개선하는데 집중해요.
>
> e 스포츠 선수에게 중요한 한 가지 특별한 기술은 APM이에요. 이것은 '분당 (손의) 움직임'을 의미해요. 그것은 얼마나 빨리 키보드를 사용하고, 결정한 걸 입력하느냐를 측정하는 것이에요. 제동은 얼마나 빠를까요? 그는 분당 400번 이상을 움직여요!
>
> **Q1** 글쓴이는 다음에 무엇에 관해 이야기할까요?
>   ⓐ 이 프로 선수는 누구인가
>   b. 프로 선수는 어떻게 되는가
>
> **Q2** 제동은 그가 하는 스포츠에서 무엇을 할 필요가 있나요?
>   ⓐ 다른 팀의 세력을 무너뜨려야 한다.
>   b. 다른 팀보다 더 많은 점수를 기록해야 한다.
>
> **Q3** 제동은 누구 편에서 게임을 하나요?
>   a. APM
>   ⓑ The Evil Geniuses

A p. 126

1. c. A world-famous athlete
   (세계적으로 유명한 운동선수)

2. c. He can do physical exercise well.
   (그는 신체적 운동 또한 잘 할 수 있다.)

3. a. Why Jaedong has such high APM
   (왜 제동은 그렇게 높은 APM을 갖는가)

B

1. at 16, prize, for hours, actions

2. physical, Starcraft II, strategy, resources

> **1.** Jaedong Lee
> → 16살에 e 스포츠를 시작했음
> → 상금으로 미화 50만 달러를 탔음
> → 매일 몇 시간씩 훈련함
> → 분당 400번 이상 움직일 수 있음
> **2.** e-Sports
> → 신체적 운동이 아님
> → Starcraft II처럼 스포츠로 하는 컴퓨터나 비디오 게임
> → 실시간 전략 게임
> → 리소스를 통제하는 것과 부대를 격멸하는 것이 필요함

연습   p. 127

b.

> APM은 e 스포츠 선수들에게 중요해요. 선수권 대회에서 이기기 위해서는 적어도 300 초반의 APM이 필요해요. 그래서 선수들이 훈련으로 자신들의 APM을 향상시키려고 노력하는 것은 놀라운 일이아니지요. 이를 위한 한 가지 방법은 손가락 운동이에요.
> a. 대부분의 게이머들은 몇 살에 e 스포츠 선수가 되는가
> b. e 스포츠 선수들은 어떤 종류의 운동을 하는가
> c. e 스포츠 선수들은 얼마나 많은 돈을 버는가

Grammar   p. **128~131**

Pre

1. C   **2.** C   **3.** I

> **1.** I enjoy playing computer games.
> **2.** Watching TV is fun.
> **3.** Would you mind opening the window?
> **1.** 나는 컴퓨터 게임을 하는 것을 즐긴다.
> **2.** TV를 보는 것은 즐겁다.
> **3.** 창문 좀 닫아 주시겠어요?

A

1. Playing soccer is fun.

2. I like playing basketball.

3. My hobby is dancing.

> **1.** 축구를 하는 것은 즐겁다.
> **2.** 나는 농구를 하는 것을 좋아한다.
> **3.** 내 취미는 춤추는 것이다.

B

1. ⓑ **2.** ⓑ **3.** ⓑ **4.** ⓐ **5.** ⓑ **6.** ⓐ **7.** ⓐ **8.** ⓑ **9.** ⓑ

C

1. singing, 목적어   **2.** Singing, 주어

3. singing, 보어   **4.** cleaning, 목적어

5. Cleaning, 주어   **6.** smoking, 목적어

7. Smoking, 주어   **8.** raining, 목적어

D

1. ⓑ **2.** ⓐ **3.** ⓑ **4.** ⓐ **5.** ⓑ **6.** ⓐ

E

1. Dad enjoys cooking.

2. Mom finished eating dinner.

3. Would you mind helping me?

4. Don't give up doing your best.

> **1.** 아빠께서는 요리하는 것을 즐기신다.
> **2.** 엄마께서는 저녁식사를 다 하셨어요.
> **3.** 저를 좀 도와 주시겠어요?
> **4.** 최선을 다하는 것을 그만두지 마.

F

1. crying   **2.** to close the door

3. opening the window   **4.** playing the piano

5. passing the salt   **6.** to call   **7.** snowing

8. talking   **9.** doing the dishes

G

1. writing   **2.** smiling   **3.** swimming

4. cutting   **5.** stopping   **6.** running

7. drinking   **8.** learning   **9.** driving

10. studying   **11.** singing   **12.** dancing

13. sitting   **14.** walking   **15.** getting

16. giving

Post

1. ⓑ **2.** ⓐ **3.** ⓒ **4.** ⓖ **5.** ⓗ **6.** ⓔ **7.** ⓕ **8.** ⓓ

Listening   p. **132~135**
· 유형 **13** 관계 파악하기

③

> **check, in, reservation, nights, rooms, included, rate**
> A: 안녕하세요. 무엇을 도와드릴까요?
> B: 네, 체크인 하러 왔습니다. 여기 예약 확인서입니다.

A: 좋습니다. 바다 전망 객실에서 3박을 원하신다고 되어 있습니다. 맞습니까?
B: 가능하다면, 하룻밤 더 머무르고 싶습니다.
A: 네, 물론입니다. 저희와 1박을 더 하시게 되어 저희도 기쁩니다.
B: 아침 식사는 가능합니까?
A: 네. 이미 객실 요금에 포함되어 있습니다. 여기 열쇠 있습니다. 손님 방은 1509호 입니다.

연습 1   ①

Would, plastic, total, credit, card
A: 비닐 봉지에 담아 드릴까요?
B: 고맙지만 괜찮습니다. 집에서 하나 가져 왔습니다.
A: 모두 합해서 **87**달러입니다.
B: 여기 제 신용 카드와 회원 카드가 있습니다.
A: 감사합니다. 여기 영수증이 있습니다.

연습 2   ③

counter, tablets, persist, see, take, after
A: 제가 여기 처방전 없이 살 수 있는 감기약을 드릴 수 있습니다.
B: 그래 주시면 좋을 것 같습니다. 괴롭습니다.
A: 증상이 계속되시면, 진짜 병원에 가셔야 합니다.
B: 고맙습니다, 그렇게 하겠습니다.
A: 꼭 식사 후에 복용하세요.
B: 네, 그러겠습니다. 다시 한 번 더 감사합니다. 당신은 제 은인입니다.

유형 **14** 직업 고르기

④

athletes, in, sprinter, won
A: Usain Bolt라고 들어봤니?
B: 물론 들어봤지. 그는 우리 시대에 가장 뛰어난 운동 선수 중 한 명이지.
A: 그는 어떤 종목에 참가하니?
B: 진심이야? 그에 대해 들어본 적이 없니? 그는 세계에서 가장 빠른 단거리 선수야.
A: 아, 번갯불. 우사인 볼트!
B: 그래. 그는 베이징, 런던 그리고 리우에서 금메달을 땄어. 그는 무적이지.

연습 1   ④

in, want, to, be, vet, stethoscope
A: 직업 체험의 날이 곧 다가오고 있지 않니?
B: 2주 후인 것 같아.

A: 너는 무엇이 되고 싶니? 네가 의사가 되고 싶어하는 것은 알고 있어.
B: 음, 나는 정말로 수의사가 되고 싶어. 그래서 내 강아지를 데려가고 싶었어.
A: 너의 강아지? 안돼. 강아지를 학교에 데려올 순 없어.
B: 내 생각엔 아마도 동물 인형과 내 청진기를 가져갈 것 같아.

연습 2   ④

bread, sick, medicine, over, planes, protect, crimes, books
① 나는 빵과 케이크를 좋아해요. 나는 온종일 그것들을 만들어요.
② 사람들이 아플 때 약을 받기 위해 나에게 와요. 나는 그들을 도울 수 있어 기뻐요.
③ 나는 전 세계 곳곳을 다녔어요. 나는 비행기 조종하는 것을 좋아해요.
④ 나의 일은 가끔 위험해요. 나는 시민들을 보호하고 범죄를 막는 일을 도와요.
⑤ 나는 단어들을 가장 좋아해요. 나는 그것들을 조합하고 책을 만들어요.

Unit 8 Hello Who

Vocabulary

B   p. 138~139

1. twins **2.** purse **3.** stationery **4.** jewelry

C

1. 성격, 등장인물, 글자   **2.** 창조하다   **3.** 부모

4. 디자이너   **5.** ~에 따라서   **6.** 증명서, 자격증, 면허증

7. 영국의, 영국인   **8.** 일본의, 일본인, 일본어

9. 작가, 저자, 쓰다, 저술하다   **10.** 자신의, 자신의 것, 소유하다

11. 빨리, 곧 **12.** 지체없이, 즉시 **13.** 인기   **14.** most

15. bear   **16.** birth   **17.** real   **18.** call

19. firm   **20.** fact   **21.** name   **22.** show

23. coin   **24.** even   **25.** bank   **26.** airline

D

④ stationery

E

1. name   **2.** coin   **3.** popularity   **4.** character

5. bank   **6.** certificate   **7.** airline

---

1. 그녀는 명단에서 자신의 이름을 찾을 수 없었다.
2. 동전을 던지자.
3. 명성으로 그의 성공을 판단하기는 어렵다.
4. 말하는 코끼리 캐릭터는 그 책에서 그가 가장 좋아하는 캐릭터였다.
5. 그녀는 돼지 저금통에 잔돈을 저금한다.
6. 그는 자신의 외국어 자격증을 아주 자랑스러워했다.
7. 그 항공사는 훌륭한 서비스로 유명하다.

F

1. purse   **2.** quickly   **3.** stationery   **4.** create

---

1. 그녀의 지갑에는 많은 동전이 들어 있었다.
   그녀는 시장에 가려고 지갑을 챙겼다.
2. 그 표는 재빨리 매진되었다.
   가능하면 빨리 그 일을 끝내주세요.
3. 그 문방구에는 예쁜 펜과 공책들로 가득했다.
   그녀는 문방구에서 풀과 몇 가지 종류의 종이를 샀다.
4. 그 감독은 자신의 영화에서 새로운 캐릭터를 창조했다.
   무에서 유를 창조하는 것은 정말 어려웠다.

Reading

p. 140~142

저는 세상에서 가장 유명한 캐릭터들 중의 하나예요. 저는 1970년에 태어났어요. 일본에서 만들어졌지만, 저는 영국 여자아이예요. 부모님 외에, 쌍둥이 자매도 있어요. 제가 누구인지 아시겠어요?

이 유명한 캐릭터는 Hello Kitty예요! 그녀는 Sanrio사의 디자이너인, Ikuko Shimizu에 의해 만들어졌어요. 그녀의 Sanrio사 '출생증명서'에 따르면, 그녀의 진짜 이름은 Kitty White예요. 런던에서 태어났어요. 영국인이지, 일본인이 아니에요!

그녀는 왜 영국인으로 만들어졌을까요? 1970년대에, 일본 사람들은 영국의 것이라면 뭐든 좋아했어요. Beatrix Potter와 Lewis Carroll, 두 사람 모두 영국 작가인데 아이들에게 굉장히 인기가 많았어요. Sanrio사는 이런 추세를 이용하고 싶었어요.

그리고 비록 고양이처럼 생겼지만, Hello Kitty를 절대로 고양이라고 부르지 않아요! 이에 대해 Sanrio사의 입장은 아주 단호해요. Sanrio사에 따르면, 그녀는 '작은 여자아이'로 만들어졌대요. 사실, 그녀는 본인 소유의 고양이도 있어요! 이 고양이의 이름은 Charmmy Kitty예요.

Hello Kitty는 1970년 동전 지갑에 처음 등장했어요. 이 캐릭터는 금방 인기를 끌었어요. Sanrio사는 재빨리 다른 상품들에도 그녀를 넣기 시작했어요. 그녀의 인기가 계속되자, Hello Kitty는 점점 더 많은 상품들에 들어갔어요.

오늘날, Hello Kitty는 세계에서 가장 유명한 캐릭터들 중의 하나예요. 그녀는 문구류, 보석, 그리고 음식에도 있어요. 그녀는 심지어 와인 병과, 은행 카드, 그리고 제트 여객기 위에도 있어요! 다음에는 어디에서 Hello Kitty를 볼 수 있을까요?

Q1 Kitty White는 누구인가요?
   ⓐ Ikuko Shimizu에 의해 만들어진 캐릭터
   b. 영국에서 태어난 작은 여자아이
Q2 Hello Kitty는 왜 영국인으로 만들어졌나요?
   ⓐ 일본 사람들이 영국의 깃이라면 뭐든 좋아해서
   b. 그녀의 부모가 영국인이어서
Q3 Hello Kitty 상품 중 어떤 종류기 언급되지 않았나요?
   ⓐ Hello Kitty TV쇼
   b. Hello Kitty 목걸이

A   p. 144

1. b. A famous character
   (유명한 캐릭터)

2. a. Hello Kitty

3. a. She was designed as a little cat.
   (그녀는 작은 고양이로 디자인되었다.)

B

1. in Japan, Kitty White, twin sister, products

2. designed, coin purse, Japanese, a cat

---

1. Hello Kitty
- → 나는 일본에서 만들어졌지만, 영국 소녀예요.
- → 나의 진짜 이름은 Kitty White예요.
- → 나는 1970년에 태어났어요.
- → 나는 쌍둥이 자매와 고양이가 있어요.
- → 오늘날, 나는 모든 종류의 상품에 다 들어가 있어요.

2. Sanrio사
- → Hello Kitty를 디자인했음
- → 그녀를 동전 지갑에 처음 넣음
- → 일본 사람들이 영국의 것들을 좋아해서 Hello Kitty를 영국인으로 만들었음
- → Hello Kitty는 고양이가 아니라, 여자아이라고 말함

연습   p. **145**
a, b, c

Sanrio사의 또 다른 유명 캐릭터는 Mimmy예요. 그녀는 Hello Kitty의 쌍둥이 자매예요. 그들은 거의 꼭 닮아 보여요. 누가 누구인지 어떻게 구별할까요? Mimmy는 노란 리본을 달고 있어요. 그녀의 자매처럼 빨간색이 아니고요. 제 생각에 저는 Hello Kitty보다 Mimmy를 훨씬 더 좋아하는 것 같아요!

Grammar   p. **146~149**
Pre

1. I   **2.** C   **3.** C

1. The window was[is] broken by her.
2. The book was written by him.
3. The door is opened by me.
1. 창문이 그녀에 의해서 깨졌다.
2. 책은 그에 의해서 쓰여졌다.
3. 문은 나에 의해서 열렸다.

A

1. King Sejong made the Korean Alphabet., 능동태
2. Many books were written by Shakespeare., 수동태
3. Shakespeare wrote many books., 능동태
4. Harry Potter was written by J. K. Rowling., 수동태
5. Picasso painted amazing pictures., 능동태
6. Amazing pictures were painted by Picasso., 수동태
7. Ben broke the window., 능동태
8. The window was broken by Ben., 수동태

1. 세종대왕은 한글을 만들었다.
2. 많은 책이 Shakespeare에 의해 쓰여졌다.
3. Shakespeare는 많은 책을 썼다.
4. Harry Potter는 J. K. Rowling에 의해 쓰여졌다.
5. Picasso는 놀라운 그림을 그렸다.
6. 놀라운 그림은 Picasso에 의해 그려졌다.
7. Ben은 창문을 깼다.
8. 창문은 Ben에 의해 깨졌다.

B

1. are written   **2.** He, is taught
3. is cleaned, by him

C

1. done   **2.** made   **3.** taken   **4.** taught
5. read   **6.** spoken   **7.** written   **8.** broken
9. eaten   **10.** given   **11.** surprised   **12.** invented
13. asked   **14.** painted   **15.** cleaned   **16.** helped
17. called   **18.** visited   **19.** finished   **20.** played

D

1. ⓑ   **2.** ⓐ   **3.** ⓒ   **4.** ⓓ   **5.** ⓕ   **6.** ⓔ

1. 그는 우리를 가르친다.
2. 그는 우리를 가르쳤다.
3. 그녀는 이메일을 쓴다.
4. 그녀는 이메일을 썼다.
5. 그들은 선물을 많이 준다.
6. 그들은 선물을 많이 줬다.

E

1. ⓑ   **2.** ⓒ   **3.** ⓐ   **4.** ⓒ   **5.** ⓒ   **6.** ⓑ   **7.** ⓑ   **8.** ⓑ

1. 그는 어제 창문을 깼다.
2. 그 창문은 어제 그에 의해 깨졌다.
3. 산타는 많은 선물을 주신다.
4. 많은 선물은 산타에 의해 받는다.
5. 어젯밤 그 소식은 나를 놀라게 했다.
6. 어젯밤 나는 그 소식에 의해 놀랐다.
7. 그녀는 가난한 어린이들을 돕는다.
8. 가난한 어린이들이 그녀에 의해 도움을 받는다.

Post

1. ⓖ   **2.** ⓕ   **3.** ⓐ   **4.** ⓗ   **5.** ⓑ   **6.** ⓔ   **7.** ⓒ   **8.** ⓓ

Listening

p. 150~153

유형 15 지도 보고 길 찾기

②

---

may, museum, past, take, pass, in, front, of

A: 여보세요. 도시 박물관입니다. 무엇을 도와드릴까요?

B: 네, 안녕하세요. 제가 박물관을 찾기가 어려워요. 도와주실 수 있으세요?

A: 물론이죠. 지금 어디에 계신가요?

B: 저는 막 학교를 지나가고 있어요.

A: 두 번째 길에서 왼쪽으로 돌아 주세요. 아파트와 공원을 지나게 될 거예요.

B: 그게 다인가요?

A: 네, 도로 끝에 다다르면 박물관은 당신 바로 앞에 있을 거예요.

B: 좋아요! 정말 감사해요!

연습 1　③

---

get, to, head, out, take, left, Maybe, going

A: 여기에서 농구 경기장까지 어떻게 가는지 알고 있니?

B: 응, 물론이지. 그냥 여기에서 나가서 첫 번째 왼쪽 길로 돌면 돼.

A: 그곳은 가까워?

B: 아주 가까워. 아마 5분 정도?

A: 알겠어, 자 이제 가자. Carl의 경기를 놓치고 싶지 않아.

연습 2　④

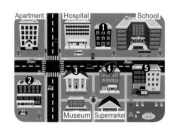

---

between, on, behind

① 호텔은 병원과 학교 사이에 있다.

② 경찰서는 박물관 건너편에 있다.

③ 은행은 모퉁이에 있다. 그것은 병원 건너편에 있다.

④ 도서관은 슈퍼마켓 앞에 있고, 공원 옆에 있다.

⑤ 소방서는 공원 뒤에 있다.

유형 16 교통수단

④

---

how, to, go, by, bus, suggest, the, nearest, station

A: 도와드릴까요?

B: 네, 3rd Street역에서 친구를 만나기로 했어요. 그런데 어떻게 가야 할지 모르겠어요.

A: 음, 몇 가지 방법이 있어요. 버스를 타실 건가요, 지하철을 타실 건가요, 아니면 택시를 타고 가실 건가요?

B: 택시요. 그게 가장 빠른 방법이에요, 맞죠?

A: 음, 이 시간 때는 지하철을 권하고 싶어요.

B: 아, 알겠어요. 가장 가까운 역이 어디에 있어요?

A: 호텔에서 나와서 오른쪽으로 돌아 가세요. 당신 바로 앞에 있을 거예요.

연습 1　⑤

Where, off, taking, flying, plane

A: 어머, Carl. 어디 가니?

B: 나는 가족과 함께 바닷가로 가는 중이야.

A: 와, 재밌겠다! 기차를 타니?

B: 보통 그렇게 가는데, 올해는 비행기를 타!

A: 멋지구나! 나는 비행기 타는 것을 좋아해.

연습 2　①

---

take, cab, due, to, traffic, rush, subway

A: 난 너무 피곤해. 택시를 타도 될까?

B: 교통 체증 때문에 그게 더 오래 걸릴 거야.

A: 나는 급하지 않아. 너는?

B: 나도 그래.

A: 난 오늘 붐비는 지하철과 긴 환승을 감당할 수 없을 것 같아.

Test 2
p. 154~157

01 ②	02 ④	03 ⑤	04 ③	05 ⑤
06 ①	07 ③	08 ③	09 ①	10 ③
11 ③	12 ⑤	13 ④	14 ③	15 ⑤
16 ③	17 ②	18 ④		

19 Regulators must not get involved until they receive the complaints.

20 (1) Would you mind passing me the pen, please?

(2) The famous character was created in France.

01

A: Welcome, what can I get for you?
B: May I have a double cheeseburger?
A: Would you like everything on it?
B: Yes, please.
A: Anything to drink?
B: Yes, let me have milk.
A: Your total comes to $4.30.
A: 어서 오세요. 주문하시겠어요?
B: 더블 치즈 버거 주세요.
A: 모두 넣어 드릴까요?
B: 네, 그렇게 해주세요.
A: 음료는요?
B: 우유 주세요.
A: 모두 $4.30 입니다.

→ 더블 치즈 버거와 우유를 주문했다.

02

A: What are we discussing today?
B: We will discuss environmental issues.
A: How can I reduce air pollution?
B: You should try to use public transportation.
A: 오늘 우리는 어떤 문제를 논의하니?
B: 우리는 환경 문제를 논의할 거야.
A: 어떻게 대기 오염을 줄일 수 있을까?
B: 대중 교통을 이용하려고 노력해야 해.

→ 대기 오염을 줄이기 위한 방안 등 환경 문제에 관해 대화하고 있다.

03

A: Good morning, can I help you?
B: I bought this television a week ago, but there is an annoying hissing sound.
A: I'll get our engineers to have a look at it.
B: How soon can you send them?
A: 좋은 아침입니다. 무엇을 도와드릴까요?
B: 일주일 전에 귀사의 TV를 샀는데, 성가신 소리가 납니다.
A: 저희 엔지니어를 보내 문제를 살펴보게 하겠습니다.
B: 얼마나 빨리 보내주실 수 있나요?

→ 여성은 구입한 TV에서 성가신 소리가 나서 불만을 표하기 위해 전화했다.

04

A: This ad says that we can get 25% off our order!
B: Let me see that.
A: See? The sale ends this Saturday, though.
B: We need to hurry, then.
A: Why don't we go to the restaurant this evening?
B: Okay. I will meet you there at 7:00.
A: 이 광고에 의하면 주문 가격의 25%를 할인 받을 수 있대!
B: 어디 보자.
A: 여기 봐 그렇지? 하지만 세일이 이번 토요일까지야.
B: 그럼, 서둘러야겠네.
A: 오늘 저녁에 그 식당에 가면 어때?
B: 좋아. 거기서 7시에 만나자.

→ 세일은 이번 주 토요일까지라고 했으므로 ③번이 내용과 일치하지 않는다.

05

A: What brings you here today?
B: I have pain all over my head.
A: When did you first notice it?
B: Since last night, I've had this terrible headache.
A: Have you taken any medicine for it?
A: 어디가 불편해서 오셨나요?
B: 머리 전체가 아파요.
A: 언제부터 그러셨어요?
B: 어제 밤부터 이 지독한 두통이 있었어요.
A: 약은 드셨나요?

→ 두통을 호소하는 환자와 진단하는 의사와의 대화이다.

06

A: Does this bus go to the museum?
B: Yes, it goes all the way there.
A: How long does it take for the bus to get there?
B: The ride is only twenty minutes or so.
A: That's perfect. Thank you!
A: 이 버스가 박물관에 가나요?
B: 맞아요, 박물관까지 갑니다.
A: 그곳에 도착하려면 버스로 얼마나 걸리나요?
B: 버스 탑승 시간 자체는 20분 정도예요.
A: 잘됐네요. 감사합니다.

→ 이 버스가 박물관까지 가는 지와 가는데 걸리는 시간을 묻고 있으므로 이용할 교통 수단은 버스이다.

07

① 너는 이것을 온라인상으로 제출해도 된다. → 너는 이것을 온라인상으로 제출할 수 없다.
② 너는 이것을 사야 한다. → 너는 이것을 사지 말아야 한다.
③ 너는 ID를 제공해야만 한다. → 너는 ID를 제공할 필요가 없다.
④ 이 컴퓨터를 사용해도 좋다. → 이 컴퓨터를 사용할 수 없다.
⑤ 너는 이 프로젝트에 관여해야 한다. → 너는 이 프로젝트에 관여해서는 안 된다.

→ have to의 부정문은 have not to가 아니라 don't have to를 사용해야 한다.

[8–10]

(A) e 스포츠 라고 들어본 적이 있는가? 그것은 전자 기기에 의해 운용되는 경쟁 형태의 스포츠이다. e 스포츠는 일반적인 신체 운동이 아니다. 그것은 스포츠로 하는 컴퓨터 혹은 비디오 게임이다. 예를 들어, 스타크래프트 II는 실시간 전략 게임이다. 선수들로 이루어진 팀들은 게임 맵에서 (B) 서로 싸운다. 게임에서 이기려면, 한 팀의 세력이 다른 팀의 세력을 무너뜨려야 한다.

08

→ 뒤에 오는 단어의 첫 소리가 모음이면 부정관사 an을 사용한다. 따라서 e-sport 앞에는 부정관사 a가 아닌 an이 와야 하고, '~와 시합하다'라고 할 때는 play 다음에 against를 사용한다.

09

→ facilitate와 play는 문맥상 수동형인 facilitated, played가 와야 하고, destroy는 조동사 must 다음에 오므로 동사원형 destroy가 와야 한다.

10

→ 'e 스포츠는 일반적인 신체 운동이 아니다.'라고 했으므로 ③번이 e 스포츠에 대한 설명으로 옳지 않다.

11

하이디는 고아 소녀다. 그녀의 부모님은 그녀가 어렸을 때 돌아가셨다. 그녀는 다섯 살이 될 때까지 스위스에서, Dete 이모와 함께 산다. 그리고 나서, Dete 이모는 하이디를 그녀의 할아버지에게 데려다 준다. 하이디의 할아버지는 알프스의 작은 오두막에 살고 있다. 그는 매우 조용한 성격이다. 그는 다른 사람들과 말도 잘 하지 않는다.

→ 이 글은 나의 이야기가 아니고(1인칭), 독자에 대해 직접 이야기 하는 것도 아니며(2인칭), 작가가 3인칭 관점에서 Heidi라는 인물에 대해 말해 주고 있다.

12

• 그들은 판매 개시를 위해 효과를 (A) 증명할 필요가 없어요.
• 저는 어떠한 (B) 긍정적인 변화도 볼 수 없었습니다.
• 그는 (C) 연이은 토너먼트 우승으로 상을 받았어요.

→ proof(증거)는 clue, cue, evidence와 같은 동의어, positive(긍정적인) 는 affirmative, useful과 같은 동의어, 그리고 successive(연속적인)는 consecutive, serial 등과 동의어로 쓰인다.

13

① 그는 사상 최고의 시인이다.
② 이것은 한국에서 가장 오래된 궁이다.
③ 그는 시내 최고의 요리사이다.
④ 저는 지금까지 살아오면서 살이 가장 많이 쪘다.
⑤ 당신은 내가 본 가장 아름다운 여인이다.

→ 자음 + y로 끝난 형용사나 부사는 최상급으로 만들 때 y를 i로 고치고 est를 더한다. 따라서 heavyest가 아니라 heaviest가 되어야 한다.

14

① 그는 내게 전화했던 것을 잊었다.
② 나는 숙제하는 것을 끝냈다.
③ 나는 노래하고 춤추는 것을 즐긴다.
④ 그는 내게 전화를 걸기 위해 멈추었다.
⑤ 저를 위해 문 좀 열어주시겠어요?

→ 동명사를 목적어로 하는 동사들의 활용을 묻는 문제이다. mind, finish, enjoy는 목적어로 동명사만을 취한다. 따라서 enjoy 다음에는 singing과 dancing이 와야 한다.

[15–17]

Julie는 애완동물을 갖고 싶어해요. 그녀는 고양이를 갖고 싶어요. 그녀의 친구가 기르는 고양이가 새끼 고양이 두 마리를 낳았어요. Julie는 부모님에게 자기가 한 마리 키워도 되느냐고 물었어요. 어머니가 말씀하시길, "미안하지만, 안 된다. 너희 아빠와 나 모두 너를 도울 수 없어. 우리 둘 다 너무 바빠. 너 혼자 고양이를 돌볼 수 없다고 생각해." 문제는 Julie 부모님이 그녀가 고양이를 갖도록 허락하지 않는다는 것이다.

15

> ① Julie는 고양이를 좋아해요.
> ② 그녀 친구의 고양이가 새끼 고양이 두 마리를 낳았어요.
> ③ Julie가 부모님께 고양이를 가져도 되는지 물어요.
> ④ 부모님들은 Julie를 도와 주실 수 있어요.
> ⑤ Julie 부모님은 그녀가 고양이 갖는 것을 허락하지 않아요.

→ 부모님 두 분 모두 바빠서 Julie를 도와 줄 수 없기 때문에, 부모님은 Julie가 새끼 고양이를 기르도록 허락하지 않는다는 것이 Julie의 문제이다.

16

→ love 동사는 목적어로 to 부정사와 동명사를 모두 쓸 수 있고, want 동사는 목적어로 to 부정사를 취한다. 그리고 문맥상 I'm sorry, but 다음에는 can의 부정문 형태인 can't가 와야 한다.

17

→ 주어진 지문의 내용을 가장 잘 요약한 것은 ②번이 답이다.

18

> ① 그는 그 스포츠에서 압도적으로 우세하기 시작했어요.
> ② 그는 2006년에 처음 프로 선수로 뛰기 시작했어요.
> ③ 스타크래프트 II는 실시간 전략 게임이에요.
> ④ 그들은 서로 함께 그리고 맞서서 경쟁하는 훈련을 해요.
> ⑤ 그들은 자신들의 특별히 약한 부분을 개선하는데 집중해요.

→ compete는 이 문장에서 '함께하다'가 아니라 '경쟁하다'의 의미이다.

19

→ '규제 기관들'은 regulators, '개입하다'는 get involved, 그리고 '~해서는 안 된다'는 조동사 must의 부정형인 must not으로 표현한다. 따라서 Regulators must not get involved until they receive the complaints.가 된다.

20

→ (1) 동명사를 목적어로 하는 동사를 연습하는 문제이다. '~해 주시겠어요?'는 mind를 사용하므로 mind passing으로 표현한다. 따라서 Would you mind passing me the pen, please?가 된다.

→ (2) 수동태를 연습하는 문제이다. '등장인물'은 character, 어떠한 character를 '만들다'는 동사 create을 사용한다. '만들어졌다'는 create의 수동형인 was created로 표현한다. 따라서 The famous character was created in France.가 된다.

Unit 9 Handling Conflict

Vocabulary
p. 160~161

B

1. conflict   2. upset   3. kindly   4. resolve

C

1. 다루다, 만지다, 손잡이   2. 다르게, 별도로
3. 의사소통, 연락, 통신   4. 후회하다, 유감, 애석
5. 불편한, 불쾌한   6. 무엇이든, 아무것
7. 질문, 문제   8. 솔직히, 정말로   9. 객관적인, 목적, 목표
10. 중요한   11. ~을 탓하다, 책임, 탓   12. 잘못, 결점
13. 생각, 사고   14. hurt   15. feeling
16. wrong   17. cool   18. issue
19. write   20. line   21. open
22. anyone   23. care   24. gift
25. funny   26. count

D

kindly

E

1. conflict   2. upset   3. funny   4. write
5. issue   6. important   7. blame

---

1. 두 나라는 심각한 갈등을 겪고 있다.
2. 소풍이 취소되자 그 반 학생들은 매우 화가 났다.
3. 그 책에는 재미있는 이야기가 많이 있다.
4. 나는 필기 도구가 아무 것도 없다.
5. 그는 부모님과 그 문제를 의논했다.
6. 독서는 모든 학생에게 아주 중요하다.
7. 나는 이 문제에 대해 너를 비난하고 싶지 않다.

F

1. handle   2. thought   3. gift   4. differently

---

1. 우리는 스트레스를 어떻게 해소해야 하는지에 대해 배울 필요가 있다.
   그 문의 손잡이는 부러졌다.
2. 그녀는 시험에 생각을 집중할 수가 없었다.
   그들은 그 사고 이전에는 안전에 대해 생각해본 적이 없었다.
3. 그는 어머니 생신을 위해 조그마한 선물을 준비했다.
   산타로부터의 선물은 아이들을 행복하게 만들었다.
4. 각각의 학생은 같은 수학 문제를 다르게 풀었다.
   새 휴대폰은 옛날 것과는 다르게 디자인되었다.

Reading
p. 162~164

친구들과의 갈등을 해결하는 것은 어려워요. 때로는 친구가 당신의 감정을 상하게 하는 일을 하기도 해요. 혹은 당신의 친구가 예전과 다르게 행동하는 것 때문에 당신이 뭔가 잘못했다고 생각할지도 몰라요. 이런 상황을 해결하는 가장 좋은 방법은 무엇일까요?

의사소통이 열쇠예요. 하지만 바로 이야기를 나누는 게 최선은 아니에요. 상황이 조금 진정되도록 내버려 두세요. 대화를 나누는 사람 모두 화가 나거나 속상하지 않은 상태에서 이야기를 하는 편이 나아요. 그렇게 하면, 당신은 후회할 어떤 말도 하지 않게 될 거예요.

그 문제에 대해 친구와 얼굴을 맞대고 이야기할 수도 있었어요. 하지만 어떤 사람들은 그렇게 하는 것이 어렵다는 것을 알아요. 만약 그것이 불편하게 느껴진다면, 대신 친구에게 편지를 써 보세요. 대화의 창구를 다시 열어줄 수 있는 어떠한 것이라도 시도해 보세요!

하지만 친구와 대화를 나누기 전에, 당신 자신에게 질문해 보세요: '내가 한 일 중에 이러한 일이 일어나도록 한 어떤 것이 있는가?' 솔직하게 이것에 대해 생각해보는 것은 당신이 의사소통하는 데 도움이 될 거예요. 당신은 그 상황에 대해 더 객관적일 수 있을 거예요.

정직하고 친절하게 의사소통을 하는 것은 중요해요. 누군가를 비난하거나 잘못을 찾으려고 하지 마세요. 대신, 당신의 감정에 대해 이야기 하거나, 친구의 감정에 대해 친구에게 물어보세요. 서로 이야기를 나눈 후, 왜 이런 상황이 발생했는지에 대해 여러분은 둘 다 이해하게 될 거예요.

그 갈등을 해결한 후, 친구에게 당신이 관심을 가지고 있다는 것을 보여주는 것은 어떨까요? 친구에게 조그만 선물을 줄 수도 있답니다. 아니면 친구를 위한 재미있는 카드를 만들 수도 있어요. 그런 생각을 했다는 것이 중요해요!

Q1 친구와의 갈등을 어떻게 해결해야 하나요?
   a. 그 상황에 대해 이야기하지 않기
   ⓑ 친구와 이야기하기
Q2 의사소통을 위한 가장 좋은 방법은 무엇인가요?
   a. 얼굴을 맞대고 이야기하기
   ⓑ 의사소통을 도울 수 있는 것이라면 어떤 것이든
Q3 이야기를 할 때 하지 말아야 하는 것은 무엇인가요?
   ⓐ 문제에 대해 누군가를 비난하는 것
   b. 정직하고 친절하게 말하는 것

A
p. 166

1. c. Solving relationship problems
   (관계의 문제 해결하기)

2. c. Letting the situation cool off
   (상황 진정 시키기)

3. a. Both people understand their feelings and the situation.
   (둘 다 자신의 감정과 상황을 이해하기)

B

1. Conflict, hurt, wrong

2. Key, ① cool off, ③ kindly

3. Show, counts

---
1. 친구와의 갈등
- → 친구가 당신의 감정을 상하게 할 수 있음
- → 혹은 당신이 뭔가를 잘못 했을 수도 있음
- → 상황이 해결하기 어렵게 됨

2. 의사소통이 열쇠
- ① 상황 진정시키기
- ② 당신이 한 일에 대해 생각해보기
- ③ 정직하고 친절하게 이야기 나누기

3. 관심 보여주기
- → 작은 선물을 주거나 카드 만들기
- → 그런 생각을 했다는 것이 중요함

연습   p. **167**

1. c   **2.** a   **3.** b

오늘의 일기,
오늘은 정말 최악이었어. 오늘, 나의 가장 친한 친구인, Arlene이 반 애들 앞에서 나를 완전히 무시했어. 나에게 벌의 무릎이래(구어: 최적임자를 뜻함)! 징그러워! 걔는 정말 멋없는 애야! 영국 애라는 것은 알지만, 그래도 그게 변명이 되지는 못해!

Grammar   p. **168~171**

Pre

1. C   **2.** C   **3.** C

---
1. He gives her many flowers.
2. He teaches us math.
3. He wrote her an e-mail.
1. 그는 그녀에게 많은 꽃을 준다.
2. 그는 우리에게 수학을 가르친다.
3. 그는 그녀에게 이메일을 썼다.

A

1. 1   **2.** 2   **3.** 3   **4.** 4   **5.** 5

B

1. ⓑ, 3형식   **2.** ⓐ, 4형식   **3.** ⓒ, 4형식   **4.** ⓓ, 3형식

C

1. Ms. Han teaches me English., ⓓ

2. Jim showed us the picture., ⓒ

3. Eve gave Adam an apple., ⓐ

4. Bella sent Chris a message., ⓑ

5. Sam buys Lily flowers., ⓔ

6. Ellen lent Oscar $100., ⓕ

D

1. me, cookies

2. my sister, stories

3. his uncle, a message

4. us, presents

5. them, the book

6. her brother, the notebook

E

1. a present, to, me   **2.** a letter, to, her   **3.** stories, to, us

4. the pictures, to, them **5.** math, to, me   **6.** his car, to, her

---
1. 그는 나에게 선물을 줬다.
2. 그는 그녀에게 편지를 썼다.
3. 그는 우리에게 이야기를 해준다.
4. 그는 그들에게 그 사진들을 보여 줬다.
5. 그는 나에게 수학을 가르친다.
6. 그는 그녀에게 그의 차를 빌려줬다.

F

1. breakfast, for, us   **2.** a coat, for, me

---
1. 아빠께서 우리에게 아침을 만들어 주셨다.
2. 엄마께서 나에게 코트를 사 주셨다.

G

1. for **2.** for **3.** to **4.** to **5.** for **6.** to **7.** to **8.** to

---
1. Hannah는 그녀의 가족을 위해 저녁 식사를 준비해요.
2. Grace는 엄마를 위해 꽃을 사요.
3. Rose는 여동생에게 선물을 줘요.
4. Becky는 그녀의 수업에서 역사를 가르쳐요.
5. Alice는 그들에게 마실 것을 갖다 줘요.
6. David는 그녀에게 꽃을 보내요.
7. Paul은 나에게 그의 사진을 보여 줬어요.
8. Ryan은 나에게 그의 자전거를 빌려 줬어요.

Post

1. ⓓ **2.** ⓗ **3.** ⓑ **4.** ⓕ **5.** ⓐ **6.** ⓔ **7.** ⓒ **8.** ⓖ

유형 **17** 요청하기

④

> **Would, help, me, can, do, what, you, think**
> A: 내일을 위해 준비할 것이 많이 남아 있니?
> B: 아주 많아!
> A: 음, 우리는 네 생일파티에 30명을 초대했어.
> B: 장식 하는 것 좀 도와줄래?
> A: 그래, 그건 할 수 있어. 무슨 구체적인 계획이 있어?
> B: 너를 믿어. 네가 보기에 좋게 해 줘.

연습 1   ④

> **Will, you, Would, you, please**
> A: 오늘 밤 집에 오는 길에 슈퍼마켓에 들를 시간 있니?
> B: 응, 그럼. 무엇이 필요하니?
> A: 내일 아침으로 먹을 우유와 시리얼을 사다 줄래?
> B: 또 필요한 것은 없어?
> A: 아니, 그 정도면 될 것 같아.

연습 2   ①

> **Would, you, please, reserve, want, to, go, would go, on**
> A: 이번 주말에 볼 영화 표 2장을 예매해 줄 수 있니?
> B: 무슨 요일에 가고 싶었어?
> A: 우리 토요일 오후에 가자고 얘기하지 않았니?
> B: 맞아. 3시 45분은 어때?
> A: 좋을 것 같아. 그럼 거기에서 봐.

유형 **18** 제안하기

④

> **Have, started, Why, don't, we, study, That, would, be, great**
> A: 다가오는 중간고사가 너무 걱정된다.
> B: 맞아, 꽤 어려울 거야. 공부는 시작했니?
> A: 아직이야. 너는?
> B: 나도 마찬가지야. 같이 공부하는 건 어때?
> A: 그거 좋을 것 같아요. 이번 주말에 시간이 되니?
> B: 그럴 것 같아. 엄마께 여쭤봐야 해. 내일 얘기해 줄게.
> A: 좋아!

연습 1   ②

> **don't, plans, Let's, go, sounds, fun**
> A: 내일 밤에 바쁘니?
> B: 아니, 별다른 계획은 없어.
> A: 나에게 시립 오케스트라 공연 표가 두 장이 있어. 같이 가자.
> B: 재미있겠다. 초대해줘서 고마워요!
> A: 고맙기는. 즐거운 시간이 될 것 같아.

연습 2   ③

> **Have, tried, yet, should, try, sure, but**
> A: 너 새 고속전철을 타봤나요?
> B: 아니, 아직. 너는 타본 것 같구나.
> A: 우와! 너는 꼭 타봐야 해! 그것은 정말 빨라.
> B: 분명히 꼭 타볼게. 그런데 다음 기회에 탈게.

Vocabulary

p. 178~179

B

1. website **2**. post **3**. confused **4**. tease

C

1. 소리, ~처럼 들리다, 건전한 **2**. 조언, 충고

3. 거의, 대체로 **4**. 이해, 합의, 이해심 있는

5. 끊임없이, 거듭 **6**. 건방진, 까부는 **7**. 뺨

8. 세심한, 예민한, 민감한 **9**. 모든, ~마다

10. 진지한, 심각한, 중대한 **11**. 움직이다, 이사하다, 감동시키다

12. 의미 **13**. 장난기 많은, 농담의

14. know **15**. friend **16**. check **17**. email

18. week **19**. able **20**. read **21**. best

22. true **23**. face **24**. joke **25**. bee

26. knee

D

④ advice

E

1. check **2**. serious **3**. knee **4**. tease

5. advice **6**. sensitive **7**. website

1. 그녀는 무언가를 기다리고 있었기 때문에 종종 이메일을 확인하곤 했다.

2. 이 사고는 그에게 심각한 부상을 일으켰다.

3. 넘어졌을 때, 그는 무릎을 심하게 다쳤다.

4. 두 소년은 종종 짓궂게 서로 놀린다.

5. 그 책은 좋은 충고들로 가득차 있었다.

6. 그녀의 피부는 강한 햇볕에 아주 민감하다.

7. FAQ(자주 묻는 질문)를 읽은 후, 그는 그 웹 사이트가 모든 정보를 가지고 있지는 않다고 느꼈다.

F

1. joke **2**. confused **3**. almost **4**. move

1. 모든 학생들이 선생님의 농담을 이해한 것은 아니었다.
그는 항상 농담을 했고, 그 농담은 친구들을 많이 웃게 만들었다.

2. 그의 설명은 우리를 혼란스럽게 만들었다.
사람들은 개정된 도로 지도에 혼선을 겪었다.

3. 그의 숙제는 거의 다 되었다.
바깥 날씨는 아주 추웠고, 그래서 그들은 집에 거의 다 왔다는 것이 기뻤다.

4. 그녀의 가장 친한 친구는 캐나다로 이사를 갔다.
나는 너무 피곤해서 손가락 하나도 까딱할 수 없었다.

Reading

p. 180~182

학교에서 문제가 생겼지만 뭘 해야 할지 모른다? 친구와 문제가 있지만 어떻게 이야기해야 할지 모른다? 당신은 뭔가 조언이 필요한 것처럼 들리는군요! Advice Annie에게 물어보세요! 그녀가 거의 어떤 문제에 대해서도 조언해 줄 거예요.

Advice Annie는 당신을 도와줄 수 있는 경험과 이해를 가지고 있어요! 당신의 문제에 대해 adviceannie@advice.com으로 Advice Annie에게 메일을 보내세요. 그러고 나서, 일주일 후에 Annie의 웹 사이트를 확인해 보세요. 당신의 문제에 대한 Annie의 훌륭한 답변을 읽을 수 있게 될 것입니다.

Advice Annie에게,

저는 제일 친한 친구인, Sally와 약간의 문제가 있어요. Sally는 줄곧 저에게 cheeky라고 말해요! 제 볼이 좀 큰 것은 사실이에요. 저는 그것에 대해 아주 민감하거든요. Sally는 제 얼굴에 살이 많다고 생각하는 걸까요?

Sally가 이렇게 말할 때마다 저는 마음의 상처를 받아요. 저는 Sally가 진심이 아니기를 바래요! 이 문제에 대해서 제가 무엇을 할 수 있을까요? 좋은 충고 주시기 바랍니다!

감사합니다.

당황스러운 Cathy

추신: Sally는 작년에 영국에서 여기로 이사 왔어요.

당황스러운 Cathy에게,

저는 Cathy가 당황스러워하는 것이 놀랍지는 않네요! Sally는 당신의 얼굴에 살이 많다고 생각하지 않아요. 단지 영국식 영어를 쓰고 있을 뿐이에요. 미국식 영어와 영국식 영어에서 뜻이 다르게 쓰이는 단어들이 있어요. 영국식 영어에서, cheeky는 '장난꾸러기'라는 뜻이에요.

Sally를 놀려주고 싶나요? 곧잘 농담을 하곤 하나요? 그게 바로 "cheeky"의 뜻이에요. Sally는 당신의 농담을 좋아할 거예요.

Advice Annie

추신: 다음에 Sally에게 the bee's knees라고 말해 보는 건 어떨까요? 이건 당신이 Sally를 '대단하다'고 생각한다는 뜻이에요!

Q1 당신의 문제에 대한 Annie의 조언을 어떻게 읽을 수 있나요?

  a. 당신에게 온 그녀의 이메일을 읽음으로써
  ⓑ 그녀의 웹 사이트를 확인함으로써

Q2 Cathy의 문제는 무엇인가요?

  a. 친구가 영국으로 이사를 갔다.
  ⓑ 친구가 뭔가 상처 주는 말을 한다.

Q3 "cheeky"의 뜻은 무엇인가요?

  ⓐ 어느 나라 영어인가에 따라 다르다.
  b. 크고 통통한 얼굴을 말한다.

A
p. 184

1. a. Ask Annie!

(Annie에게 물어보세요!)

2. a. She doesn't like Sally.

(그녀는 Sally를 좋아하지 않는다.)

3. b. Because Cathy jokes a lot

(Cathy가 농담을 많이 하므로)

B

1. experience, advice, website

2. cheeky, feelings

3. British, meaning, knees

---

1. Advice Annie
- → 너를 도와줄 경험이 있음
- → 거의 모든 문제에 대한 조언을 해줄 수 있음
- → 이메일을 보내고 일주일 후에 웹 사이트 확인하기

2. Cathy의 문제
- → Sally와 문제가 있음
- → 계속 cheeky라고 불림
- → 마음의 상처를 받음

3. Annie의 충고
- → Sally는 영국식 영어를 사용하고 있음
- → cheeky는 다른 뜻을 가지고 있음
- → Sally에게 '벌의 무릎(구어: 최적임자를 뜻함)'이라고 부름

연습
p. 185

1. a. not understanding

2. b. in a lucky way

3. a. amazing

"당신의 boot 안에 무엇이 있나요?" 미국식 영어로는 "나의 발"이라고 답할 수 있어요. 하지만 영국식 영어에서는 "나의 축구공"이라고 말할 겁니다. 헷갈리나요? 이 단어는 영국식 영어에서는, '트렁크; 자동차의 뒤 칸'을 의미하죠. 다행스럽게도, 문맥을 보면 영국식 영어가 조금 더 쉬워질 거에요. 정말 재미있고 멋진 언어 아닌가요!

Grammar
p. 186~189

Pre

1. C **2.** I **3.** C

---

1. You and I are friends.

2. He and she are friends.

3. She drinks milk or juice.

---

1. 너와 나는 친구다.

2. 그와 그녀는 친구다.

3. 그녀는 우유 또는 주스를 마신다.

A

1. ⓒ **2.** ⓑ **3.** ⓐ **4.** ⓓ

B

1. but **2.** both A and B **3.** after

C

1. but **2.** but **3.** and **4.** and **5.** but **6.** but

D

1. or **2.** or **3.** or **4.** or **5.** but **6.** and

---

1. 그는 교사니, 의사니?

2. 그녀는 요리사니, 가수니?

3. 너는 우유를 원하니, 주스를 원하니?

4. 그는 커피를 마시니, 차를 마시니?

5. 그녀는 가난하지만 행복하다.

6. 그녀는 어리고 귀엽다.

E

1. and **2.** or **3.** or **4.** and **5.** and **6.** or

F

1. ⓑ **2.** ⓐ **3.** ⓓ **4.** ⓒ

---

1. 지금 일어나라, 그렇지 않으면 너는 늦을 거야.

2. 지금 일어나라, 그러면 너는 늦지 않을 거야

3. 더 열심히 공부해라, 그러면 너는 시험에 통과할 거야.

4. 더 열심히 공부해라, 그렇지 않으면 너는 시험을 통과하지 못할 거야.

G

1. or **2.** or **3.** but **4.** and

H

1. and I went to bed early

2. but I didn't go to bed early

3. but he didn't drink water

4. and he drank water

5. or you will miss the bus

---

1. 나는 어젯밤에 피곤했다. + 나는 일찍 잠자리에 들었다.
- → 나는 어젯밤에 피곤해서 일찍 잠자리에 들었다.

2. 나는 어젯밤에 피곤했다. + 나는 일찍 잠자리에 들지 않았다.
- → 나는 어젯밤에 피곤했지만 일찍 잠자리에 들지 않았다.

---

3. 그는 목이 말랐다. + 그는 물을 마시지 않았다.

→ 그는 목이 말랐지만 물을 마시지 않았다.

4. 그는 목이 말랐다. + 그는 물을 마셨다.

→ 그는 목이 말라서 물을 마셨다.

5. 서둘러라. + 너는 버스를 놓칠 것이다.

→ 서둘러라, 그렇지 않으면 버스를 놓칠 것이다.

Post

1. ⓗ **2.** ⓑ **3.** ⓕ **4.** ⓓ **5.** ⓒ **6.** ⓔ **7.** ⓐ **8.** ⓖ

Listening
p. **190~193**

유형 **19** 금액 파악하기

③

regular, price, 100.00, 30, off, 70.00, stock, take, it

A: 실례합니다만, 이 스웨터는 아주 멋지네요.

B: 그것은 가장 잘 팔리는 마지막 남은 스웨터예요. 정가는 100달러이지만, 오늘은 30% 할인해요.

A: 우와, 그럼 70달러인가요?

B: 그럼요. 그리고, 그것은 마지막으로 남은 스웨터예요.

A: 좋아요, 그걸로 살게요. 고마워요.

연습 **1** ④

How, much, 1.00, 4.00, How, many, take, ten

A: 오늘 사과는 얼마인가요?

B: 특별 할인 판매를 실시하고 있어요. 개당 1달러 또는 5개에 4달러입니다.

A: 좋은 가격이네요.

B: 몇 개를 드릴까요?

A: 열 개 주세요.

연습 **2** ③

buy, get, 4.00, 20, 6.00, on, pack, 50, 5.00

A: 파티에 무엇을 사야 할까?

B: 내 생각엔 종이 접시를 사기로 한 것 같아. Sarah가 우리에게 40개 정도를 부탁했어.

A: 이것은 20개에 4달러야.

B: 더 저렴한 것도 있나? 난 6달러만 있어.

A: 아, 여기 있다! 50개가 들어 있는 한 팩이 5달러야.

B: 완벽해!

유형 **20** 언급되지 않은 것 고르기

③

be, aware, of, go, skydiving, beginner, if, with, relax, fun

A: 우리는 스카이다이빙을 하는 동안에 항상 조심해야 해. 첫째, 항상 날씨에 유의해야 해.

B: 그래, 맞아.

A: 둘째, 초보자는 경험자와 함께 하는 게 아니라면, 혼자 가지 마.

B: 알았어. 다음 주에 날씨가 좋고 하늘이 맑다면 스카이다이빙하러 갈 거야. 스카이다이빙 강사로 10년의 경력을 가지고 있는 선생님과 함께 갈 거야.

A: 그리고 마지막으로, 긴장을 풀고 즐겨.

연습 **1** ④

How, was, should, baseball, movies, cake

A: 지난 주말 너의 생일파티는 어땠니?

B: 정말 재미있었어! 왜 안 왔니?

A: 오, 난 토요일에 조금 아팠어. 그래서 엄마께서 집에서 쉬어야 한다고 하셨어. 너희는 무엇을 했니?

B: 밖에서 야구를 하고, 영화 보러 갔어. 그리고 나의 집으로 돌아와서 케이크를 먹었어.

A: 즐거운 시간이었던 것 같구나.

연습 **2** ④

book, plane, tickets, round, trip, Leaving, back, be, on, back

A: Charles, 비행기표를 예약하는 것을 좀 도와 줄래?

B: 응, 물론이지. 어디로 그리고 언제 갈 거니?

A: 오사카로 가는 왕복표가 필요해. 4일에 출발해서 8일에 돌아와.

B: 너는 4일은 일찍 출발하고 8일은 늦게 오고 싶을 것 같아.

A: 그래. 난 8일에 늦은 비행기로 돌아오고 싶어.

B: 알았어. 오후까지 몇 가지 선택지를 이메일로 보낼게.

Vocabulary
p. **196~197**

B

1. interact **2**. noise **3**. hide **4**. flexible

C

1. 성격, 인격, 개성 **2**. 정체성, 독자성, 신분

3. 관찰력 있는, (법률, 관습을) 준수하는 **4**. 직관력이 있는

5. 현재, 선물, 현재의, 출석한, 주다 **6**. 가능성, 가능한 일, 기회

7. 감정, 정서 **8**. 자신감, 신뢰, 믿음, 확신

9. 탐사하다, 예상, 전망 **10**. 체계적인, 조직적인, 정리된

11. 적극적인, 확신에 찬 **12**. 격동의, 격한, 난기류의

13. 성향, 기질, 경향 **14**. describe **15**. method

16. tactic **17**. refer **18**. outgoing **19**. group

20. social **21**. world **22**. logic **23**. tend

24. express **25**. harmony **26**. range

D

② personality

E

1. refer **2**. range **3**. describe **4**. social

5. tactic **6**. turbulent **7**. method

> **1**. 그들은 틀린 철자를 고치기 위해 종종 사전을 참조한다.
> **2**. 그 책은 6세에서 8세 연령대에 있는 어린이들을 위해 디자인되었다.
> **3**. 그는 그 상황을 묘사하기 위해 최선을 다했다.
> **4**. 그 나라는 많은 사회적 문제를 가지고 있다.
> **5**. 선수들은 그 새로운 전술이 맘에 들지 않았다.
> **6**. 비행기가 아주 많이 흔들려서, 우리는 잠을 잘 수가 없었다.
> **7**. 그 일을 끝마치기 위한 새로운 방법은 시간을 많이 절약하게 했다.

F

1. personality **2**. observant **3**. emotion **4**. present

> **1**. 그의 성격은 그녀의 성격과 아주 많이 달랐다.
> 때때로 그의 강한 성격은 그룹 내에서 문제를 일으킨다.
> **2**. 그는 몹시 관찰력이 좋아, 어떤 작은 변화도 결코 놓치지 않았다.
> 그녀는 좀 더 세심해지려고 노력했지만, 종종 중요한 일들을 간과했다.
> **3**. '사랑'은 긍정적인 감정이다.
> 우리는 감정을 솔직하게 표현할 필요가 있다.
> **4**. 과거를 돌아보지 말고 현재에 초점을 맞춰라.
> 학생들이 모두 출석해서, 선생님은 수업을 시작하셨다.

Reading
p. **198~200**

성격을 묘사하는 방법에는 여러 가지가 있어요. 한 가지 방법은 사람의 다섯 가지 양상 즉 마음, 에너지, 본성, 전략 그리고 정체성을 생각해보는 것이에요. 이러한 면들이 모두 모여 한 사람의 성격 유형을 만들어요. 그럼 그 각 측면은 무엇을 말하는 것일까요?

첫 번째 양상인, 마음은 우리가 어떻게 소통하는가에 관한 것이에요. 사람들은 외향적일 수도 있고 내향적일 수도 있어요. 내향적이라 함은 혼자 있는 것을 더 좋아하는 것을 말해요. 내향적인 사람들은 소리나 흥분됨에 민감해요. 반대로, 외향적인 사람들은 모임이나 사회적 에너지를 더 좋아해요.

두 번째 양상인, 에너지는 우리가 세상을 어떻게 보느냐에 관한 것이에요. 어떤 사람은 주의 깊게 관찰하는 반면 어떤 사람은 직관적이에요. 주의 깊게 관찰하는 사람들은 현실적이에요. 그들은 현재에 초점을 맞추어요. 직관적인 사람들은 호기심이 많아요. 그들은 미래의 가능성에 대해 생각하기를 좋아한답니다.

본성은 우리가 감정을 어떻게 처리하느냐에 관한 것이에요. 생각을 깊게 하는 사람들도 있고 느끼는 대로 행동하는 사람들도 있어요. 생각하는 사람들은 감정보다는 논리를 더 좋아해요. 그들은 감정을 숨기는 경향이 있어요. 감성적인 사람들은 자신의 감정을 드러내요. 사회적 조화는 그들에게 중요해요.

마지막 두 가지 측면인, 일을 추진하는 전략과 정체성은 작업 성향과 자신감에 관한 것이에요. 판단하기를 즐기는 사람들도 있고 탐구를 즐기는 사람들도 있지요: 즉, 정해진 대로 조직적이거나 융통성이 있을 수 있지요. 또한 자신의 생각에 대해 확신에 차 있을 수도 있고 마음이 요동칠 수도 있어요. 그들은 자신감에 차 있을 수도 있고 스트레스에 민감할 수도 있어요.

이러한 모든 측면에는, 편차가 있을 수 있답니다. 어떤 사람도 딱이 유형이나 저 유형일 수는 없어요. 모든 사람은 다 어떤 경향성이라는 것을 가지고 있어요. 자기 자신을 이해하는 것이 당신과 다른 사람이 관계에 두울이 되요. 성격 테스트를 한 번 해보는 것은 어떨까요?

Q1 외향적인 사람은 어떤 것을 좋아하나요?
ⓐ 시끄럽고 신나는 곳
b. 조용하고 차분한 곳

Q2 어떤 유형의 사람이 현실적인가요?
a. 감성적인 사람
ⓑ 관찰하는 사람

Q3 왜 자신의 성격에 관심을 가져야 하나요?
ⓐ 자신을 이해하는데 도움이 되기 때문이다.
b. 성격을 개발하는데 도움이 되기 때문이다.

A
p. **202**

1. a. Different kinds of characters

(다른 종류의 성격들)

2. b. A judging person

(판단하는 사람)

3. a. "Everyone should try to get along!"

("모든 사람은 사이 좋게 지내도록 노력해야 해.")

B

1. Energy, aspects, outgoing, Nature

2. Identity, confidence, assertive

3. personality

> **1.** 마음, 에너지 그리고 본성
> → 3가지 측면: 어떻게 소통하는지, 세상을 보는지, 또는 감정을 처리하는지
>   마음 – 외향적 혹은 내성적
>   에너지 – 관찰하는 혹은 직관적인
>   본성 – 깊게 생각하기 혹은 느끼는 대로 행동하기
> **2.** 전략과 정체성
> → 마지막 두 가지 측면: 작업 성향 혹은 자신감
>   전략 – 판단하기 또는 탐구하기
>   정체성 – 확신에 찬 혹은 마음이 요동치는
> **3.** 자신의 성격을 이해하는 것이 당신과 다른 사람의 관계에 도움이 되요!

연습   **p. 203**

1. C   **2.** I   **3.** C   **4.** I

> 모든 양상 중에서, 유형간의 가장 큰 차이는 에너지 측면에서 보여진다. 주의 깊게 관찰하는지와 직관적인지에 따라서 세상을 보는 방법에서 아주 큰 차이를 보인다. 직관적인 사람들은 공상가이고 탐구를 즐겨 하는 사람들이다. 반면 관찰적인 사람은 관리적이고 보수적인 사람들이다.
> **1.** 에너지 측면은 가장 큰 유형 차이를 보여준다.
> **2.** 직관적인 사람이 관찰하는 사람보다 더 거칠다.
> **3.** 직관적인 사람은 다소 이상적이다.
> **4.** 관찰하는 사람은 다소 공격적이다.

Grammar   **p. 204~207**

Pre

1. I   **2.** I   **3.** C

> **1.** I like to sing and to read.
> **2.** I like to sing and to read books.
> **3.** I like to sing and to read.
> **1.** 나는 노래하는 것과 책 읽는 것을 좋아한다.
> **2.** 나는 노래하는 것과 책 읽는 것을 좋아한다.
> **3.** 나는 노래하는 것과 책 읽는 것을 좋아한다.

A

1. 단어   **2.** 단어   **3.** 단어   **4.** 단어   **5.** 구

6. 구   **7.** 절   **8.** 절   **9.** 구   **10.** 절

B

1. I like ice cream (and) chocolate.

2. I drink milk in the morning (and) in the afternoon.

3. I enjoy watching TV (and) playing soccer.

4. I want to travel in Europe (and) in Africa.

5. James is diligent,(but) Susan is lazy.

6. Anthony is smart (but) mean.

7. Do you want some juice (or) milk?

8. Clean the house (or) do the dishes.

C

1. both, and, ⓒ   **2.** Both, and, ⓑ   **3.** Either, or, ⓔ

4. Neither, nor, ⓐ   **5.** Not only, but also, ⓓ   **6.** not, but, ⓕ

D

1. Daniel is (not only) kind (but also) brave.

2. (Not only) Nick studies hard (but also) he plays sports a lot.

3. (Both) eating (and) exercising are important for our health.

4. You can go there (either) by subway (or) by bus.

5. (Either) he (or) his brother is a police officer.

6. My uncle is (not) a firefighter (but) a designer.

7. You can pay (either) in cash (or) by credit card.

8. (Neither) you (nor) he is wrong.

E

1. Jim is tall and strong.

2. Frank is short but strong.

3. Harry drinks water or milk.

4. Both Mark and Peter are kind.

5. Mark is not only kind but also honest.

6. Either Ted or Sam will help you.

7. Ben is not American but Canadian.

8. Steve plays soccer or basketball

F

1. ⓐ   **2.** ⓑ   **3.** ⓑ   **4.** ⓑ

> **1.** 나는 배가 고프고 목이 마르다.
> **2.** 그는 들을 수도, 읽을 수도, 말할 수도 그리고 쓸 수도 있다.
> **3.** 그녀는 춤을 잘 추고 노래를 잘한다.
> **4.** 그들은 야구뿐만 아니라 테니스도 칠 수 있다.

1. ⓔ **2.** ⓓ **3.** ⓒ **4.** ⓑ **5.** ⓐ **6.** ⓕ **7.** ⓖ **8.** ⓗ

Listening

유형 **21** 한 일이나 하지 않은 일 고르기

③

> **chores, cleaned, watered, washed, walked, full**
>
> A: 엄마 집에 왔다!
>
> B: 안녕하세요, 엄마! 제가 집안일 다했어요!
>
> A: 정말이니? 전부 다?
>
> B: 네! 제 방을 청소하고, 화초에 물을 주고, 설거지도 하고, 강아지 산책도 시켰어요.
>
> A: 음, 이 쓰레기통은 아주 가득 차 있는 것 같구나.
>
> B: 이런! 깜박했어요. 지금 바로 할게요!

연습 **1** ④

> **vacation, snorkeling, go, wasn't**
>
> A: 너는 탄 것 같구나! 어디에 다녀왔니?
>
> B: 우리는 하와이에 휴가를 갔어!
>
> A: 오, 우와! 나는 항상 가고 싶었어! 거기서 무엇을 했니?
>
> B: 우리는 스노클링하러 갔어. 파라세일링도 하러 가고 싶었지만, 시간이 없었어.

연습 **2** ④

> **packed, got, dropped, take, out**
>
> A: 내일 여행 갈 준비 됐니?
>
> B: 그런 것 같아. 옷도 챙기고, 표도 출력하고, 현금도 챙기고, 그리고 여분의 열쇠를 이웃에 맡겼으니 그녀가 화분에 물을 줄 수 있을 거야.
>
> A: 너 참 세심한 것 같아.
>
> B: 내일 아침에는 창문이 잠겼는지 다시 확인해야 해. 그러면 그게 다야.
>
> A: 우리는 가기 전에 쓰레기도 버리고 가야 해!

유형 **22** 어색한 대화 찾기

⑤

> **water, for, have, reserved, have, care, for**
>
> ① A: 다른 필요한 것이 있으신가요?
>
>   B: 네, 물 한 잔 주세요.
>
> ② A: 안녕하세요, 두 분이신가요?
>
>   B: 실은 셋이에요. 제 친구가 주차를 하는 중이에요.

> ③ A: 창가 자리에 앉을 수 있을까요?
>
>   B: 죄송합니다만, 모든 창가 자리가 예약이 되어 있습니다.
>
> ④ A: 곁들임 요리는 어떤 것을 하시겠어요?
>
>   B: 샐러드로 할게요.
>
> ⑤ A: 디저트를 하시겠어요?
>
>   B: 약간 덜 익혀 주세요.

연습 **1** ③

> **Did, Whose, turn, please, When, please**
>
> ① A: 방 청소는 했니?
>
>   B: 네, 엄마. 모두 청소했어요!
>
> ② A: 쓰레기 버리는 것은 누구 차례이니?
>
>   B: 제 차례인 것 같아요. 제가 할게요.
>
> ③ A: 식탁을 차려 줄래?
>
>   B: 저는 요리하는 것도 아주 좋아해요.
>
> ④ A: 언제 강아지 산책을 시킬 거니?
>
>   B: 숙제를 끝내자마자요.
>
> ⑤ A: 슈퍼마켓에서 뭐 사다 줄까?
>
>   B: 제가 좋아하는 감자칩이요.

연습 **2** ⑤

> **Turn, take, about, Where, museum**
>
> ① A: 첫 번째 모퉁이에서 오른쪽으로 도세요.
>
>   B: 그러면, 박물관이 제 왼쪽에 있는 거죠?
>
> ② A: 쇼핑 센터에 가려면 어떤 버스를 타야 할까요?
>
>   B: 지금 막 멈춰 선 이 버스예요.
>
> ③ A: 7시 30분이나 8시 어때?
>
>   B: 7시 30분이 좋아.
>
> ④ A: 너는 어디에 있니?
>
>   B: 도서관 옆에 도넛 가게 안에 있어.
>
> ⑤ A: 박물관까지 어떻게 가나요?
>
>   B: 빨간색 버스가 박물관에서 거기까지 가요.

Unit 12 Your Personality

Vocabulary
p. 214~215

B

1. start **2.** conversation **3.** envious **4.** complete

C

1. 너무 많이 생각하다 **2.** 대답, 대답하다 **3.** 틀린, 잘못된, 위조된

4. 고려하다, 여기다, 생각하다 **5.** 어떤 것, 무엇

6. 논쟁, 언쟁, 말다툼 **7.** 편안한, 쾌적한 **8.** 상세한, 자세한

9. 불안정한, 자신이 없는 **10.** 현실적인, 실용적인

11. 논리적인, 타당한, 사리에 맞는 **12.** 나타내다, 보여 주다

13. 한가운데, 한가운데의 **14.** take

15. do **16.** prefer **17.** usually **18.** more

19. often **20.** truth **21.** make **22.** clean

23. tidy **24.** person **25.** thinker **26.** someone

D

⑤ detailed

E

1. answer **2.** tidy **3.** conversation **4.** consider

5. detailed **6.** envious **7.** comfortable

---

1. 그는 선생님께 얼른 대답을 해야만 했다.

2. 그의 방은 아주 단정하고 깔끔했다.

3. 그녀는 아들과 대화하려고 노력했다.

4. 우리는 최선의 것을 선택하기 위해 모든 선택 사항들을 살펴볼 필요가 있다.

5. 엄마는 그가 그곳에 도착할 수 있도록 자세한 길을 알려주었다.

6. 그의 새 차가 너무 멋있어서 모든 이웃들이 부러워했다.

7. 새 소파는 예전 것에 비해 아주 편안했다.

F

1. usually **2.** logical **3.** someone **4.** middle

---

1. 기차는 대체로 정각에 역에 도착한다.
  그의 소설은 대체로 독자들이 이해하기 어렵다.

2. 그의 글은 전혀 논리적이지 않았다.
  만약 우리가 수학을 잘 하기를 원하면, 논리적인 생각을 가질 필요가 있다.

3. 우리는 우리를 도와줄 누군가가 필요하다.
  문 뒤에 누군가가 있는 것처럼 보인다.

4. 그 개는 한 밤중에 크게 짖었다.
  이 프로젝트는 다음 주 중반까지 끝마쳐져야 한다.

Reading
p. 216~218

자신의 성격에 대해 궁금해 해본 적이 있나요? 자신에 대해 알아보기 위해 아래의 테스트를 실시해 보세요. 테스트를 할 때, 질문을 너무 깊게 생각하지 마세요. 당신에게 가장 맞다라고 처음에 느껴지는 답을 고르세요. 만약 그 답이 당신이 선호하는 것이 아닐지라도 정직하게 답하세요.

Part 1

1. 사람들과 주로 대화를 하지 않는다.

2. 사람들과 시간을 보낸 후 활기차다고 느낀다.

3. 자신은 창의적이기 보다 현실적이라고 생각한다.

Part 2

4. 호기심 때문에 종종 무언가를 한다.

5. 사실이 감정보다 더 중요하다.

6. 토론에서 이기는 것이 사람들을 편안하게 만드는 것보다는 덜 중요하다.

Part 3

7. 방이 아주 깨끗하고 잘 정돈되어 있다.

8. 구체적인 계획을 거의 세우지 않는다.

9. 다른 사람들을 종종 부러워한다.

10. 불안하다고 거의 느끼지 않는다.

1. a	**2.** b	내향적 성격 소유자
3. a	**4.** b	현실적이고 관찰력 깊은 사람
5. a	**6.** b	논리적인 사고가
7. a	**8.** b	조직적인 사람
9. a	**10.** b	감정이 요동치는 사람
1. b	**2.** a	완벽한 외향적 성격 소유자
3. b	**4.** a	창의적이고 직관적인 사람
5. b	**6.** a	감성적인 사람
7. b	**8.** a	유연한 사람
9. b	**10.** a	확신에 찬 사람

다른 대답들은 중도에 있다는 것을 의미함!

Q1 질문에는 어떻게 답해야 하나요?

  a. 각 질문마다 주의 깊게 생각한 후 답하기

  ⓑ 옳다고 생각되는 첫 번째 답 고르기

Q2 질문 7과 8의 초점은 무엇인가요?

  a. 얼마나 감성적인가

  ⓑ 얼마나 조직적인가

Q3 감성적인 사람에 대해 올바른 것은 무엇인가요?

  a. 상황을 사실에 근거해서 판단한다.

  ⓑ 상황을 감정에 근거해서 판단한다.

A
p. 220

1. a. What Kind of Person Are You?

  (당신은 어떤 종류의 사람입니까?)

2. c. An organized person

　　　(조직적인 사람)

3. b. [1. b 2. a 7. b 8. a]

B

1. conversations, practical, intuitive

2. insecure, assertive

3. important, feeling, most

---

1. 외향적인 사람은 주로 대화를 시작한다.
　　관찰력이 깊은 사람은 매우 현실적이다.
　　직관적인 사람은 창의적이다.

2. 감정이 요동치는 사람은 불안하다고 느끼지만, 확신에 찬 사람은
　　자신감이 있다.

3. 사고하는 사람은 감정보다 사실을 더 중요하다고 여긴다.
　　감성적인 사람은 사람들이 어떻게 느끼냐를 가장 중요하게 생각
　　한다.

연습　　　　　　　　　　　　　　　　　p. 221

~~confident~~　　　~~insecure~~　　　logical

~~sensitive~~　　　practical　　　~~stress~~

~~feeling~~　　　~~teen~~　　　organized

---

turbulent　　teens　　　　sensitive　　insecure

feeling　　self-confident　　stress　　assertive

대부분의 십대는 감정이 요동친다고 여겨진다. 결국, 십대 때 거의
모든 사람은 예민하고 불안전하다. 하지만 좀 더 자신감을 느끼게
되는 방법이 있다. 여러분도 스트레스를 덜 느끼고 좀 더 확신에 찰
수 있게 된다.

Grammar　　　　　　　　　　　　p.222~225

Pre

1. I　**2.** C　**3.** C

---

1. This is the boy who likes me.
2. This is the boy who likes me.
3. This is the boy whom I like.
1. 이 아이는 나를 좋아하는 소년이다.
2. 이 아이는 나를 좋아하는 소년이다.
3. 이 아이는 내가 좋아하는 소년이다.

A

1. This is a boy who sings well.

2. There is a girl who dances well.

3. He is a man who teaches us.

4. She is a woman who speaks English.

---

1. 노래를 잘하는 소년이 있다.
2. 춤을 잘 추는 소녀가 있다.
3. 그는 우리를 가르치는 남자이다.
4. 그녀는 영어를 말하는 여자이다.

B

1. who　**2.** who

---

1. 나는 한 소년을 알고 그는 축구를 매우 잘 한다.
　　= 나는 축구를 매우 잘하는 한 소년을 안다.
2. 나는 소년들을 알고 그들은 축구를 매우 잘한다.
　　= 나는 축구를 매우 잘하는 소년들을 안다.

C

1. There is a cat which likes milk.

2. There is a dog which likes meat.

3. There is a bird which likes to sing.

4. There is a rabbit which likes carrots.

---

1. 우유를 좋아하는 고양이 한 마리가 있다.
2. 고기를 좋아하는 강아지 한 마리가 있다.
3. 노래 부르기를 좋아하는 새 한 마리가 있다.
4. 당근을 좋아하는 토끼 한 마리가 있다.

D

1. which　　**2.** which

---

1. 나는 강아지 한 마리가 있고 그것은 나와 함께 노는 것을 좋아한다.
　　= 나는 나와 함께 노는 것을 좋아하는 강아지 한 마리가 있다.
2. 나는 강아지들이 있고 그들은 나와 함께 노는 것을 좋아한다.
　　= 나는 나와 함께 노는 것을 좋아하는 강아지들이 있다.

E

1. who(m)　　**2.** who(m)　　**3.** who(m)　　**4.** who(m)

---

1. 나는 친구가 한 명 있고 나는 그를 돕는다.
　　= 나는 내가 돕는 친구가 한 명 있다.
2. 나는 친구들이 있고 나는 그들을 좋아한다.
　　= 나는 내가 좋아하는 친구들이 있다.
3. 나는 여동생이 한 명 있고 나는 그녀를 좋아한다.
　　= 나는 내가 좋아하는 여동생이 한 명 있다.
4. 나는 여동생들이 있고 나는 그들을 좋아한다.
　　= 나는 내가 좋아하는 여동생들이 있다.

F

1. which   **2.** which   **3.** which   **4.** which

> **1.** 나는 강아지 한 마리가 있고 나는 그것을 매우 좋아한다.
> = 나는 내가 매우 좋아하는 강아지 한 마리가 있다.
> **2.** 나는 강아지들이 있고 나는 그들을 매우 좋아한다.
> = 나는 내가 매우 좋아하는 강아지들이 있다.
> **3.** 나는 모자가 하나 있고 나는 그것을 작년에 샀다.
> = 나는 내가 작년에 산 모자가 하나 있다.
> **4.** 나는 몇 개의 모자가 있고 나는 그것들을 작년에 샀다.
> = 나는 내가 작년에 산 모자가 몇 개 있다.

G

1. who, that   **2.** whom, that   **3.** which, that   **4.** which, that

H

1. who, 주격   **2.** who, 주격   **3.** which, 주격   **4.** which, 목적격
5. that, 주격   **6.** that, 목적격

> **1.** Ron은 큰 집을 가지고 있는 남자이다.
> **2.** Anna는 옆에 사는 Bill을 만났다.
> **3.** Jack은 빨리 달리는 말을 가지고 있다.
> **4.** Harry는 Lily가 준 책을 가지고 있다.
> **5.** Tina는 많은 사람들을 돕는 여자이다.
> **6.** Elsa는 모든 사람들이 좋아하는 여자이다.

Post

1. ⓐ   **2.** ⓒ   **3.** ⓘ   **4.** ⓔ   **5.** ⓑ   **6.** ⓗ   **7.** ⓖ   **8.** ⓕ   **9.** ⓓ

Listening

p. **226~229**

유형 **23** 속담 파악하기

③

> **hard, work, give, up, go, play**
> A: 이 프로젝트는 하기 너무 어려워!
> B: 우리는 거의 다 되어 가. 한 번의 주말만 더하면 될 것 같아.
> A: 나는 전시를 만드는 거로 또 주말을 포기하고 싶지 않아.
> B: 생각 좀 해봐, 우리가 만약 토요일에 집중하고 열심히 한다면, 일요일에는 나가서 놀 수 있어.
> A: 그거 좋은 생각이구나.

연습 **1**   ③

> **hear, test, Maybe, case**
> A: Carol이 말한 것 들었니?
> B: 아니, 이번에는 그녀가 뭐라고 했니?
> A: 그녀가 이번 주에 중요한 깜짝 시험이 있을 거라고 말했어.
> B: 아마도 우리는 만약을 대비해 복습하는 게 좋겠다.
> A: 그래야 할 것 같아.

연습 **2**   ②

> **how, done, help, willing**
> A: 이 모든 것을 어떻게 끝낼 수 있을지 모르겠어.
> B: 음, 목록을 보자. 내가 도울 수 있을 것 같아.
> A: 정말 그래 줄 수 있니?
> B: 물론이지. 친구 좋다는 게 뭐야.
> A: 너는 진정한 친구야!

유형 **24** 이어질 말 고르기

②

> **like, on, have, when**
> A: 내 생일파티에 오지 않을래?
> B: 그거 재미있을 것 같구나!
> A: 우리는 식당에서 점심을 먹고 영화를 보러 갈 거야.
> B: 올해 너의 생일은 평일 아니니?
> A: 맞아. 하지만, 우리는 주말에 파티를 할 거야.
> B: 그럼, 파티는 언제니?
> A: 6월 7일 토요일이야.

연습 **1**   ④

> **off, shelter, How, often**
> A: 이렇게 일찍 어디를 가니?
> B: 오, 안녕, Margaret. 나는 동물 보호소에 자원 봉사를 하러 가.
> A: 그거 정말 멋진 일이구나. 거기에 얼마나 자주 가니?
> B: 나는 일주일에 두 번 가.

연습 **2**   ①

> **sounds, Wednesday, until, Friday, going**
> A: 이번 주에 영화 보러 갈래?
> B: 그거 재미있을 것 같아. 너는 새 공상 과학 영화를 보고 싶지, 그치?
> A: 오, 맞아! 나는 수요일쯤 생각하고 있어.
> B: 나는 이번 주 수요일까지 정말 바빠. 그리고 금요일 밤에는 약속이 있어.
> A: 목요일은 가는 건 어떠니?
> B: 그게 좋겠다.

Test 3   p. 230~233

01 ①   02 ②   03 ③   04 ④   05 ②

06 ④   07 ③   08 ⑤   09 ①   10 ⑤

11 ③   12 ②   13 ⑤   14 ④   15 ②

16 ①   17 ③   18 ④

19 Winning is less important than learning a message

   from the experience.

20 (1) Jane sent a very important message to Sally.

   (2) Choose the first answer that suits you best.

01

A: This pen doesn't write well.

B: Do you need a pen?

A: Yes, would you mind lending me your pen, please?

B: Certainly not. Here you are.

A: Thank you so much.

A: 이 펜 잘 안 써지네.

B: 펜이 필요하니?

A: 응, 네 펜 좀 빌려줄래?

B: 물론이야. 여기 있어.

A: 정말 고마워!

→ 자신의 펜이 잘 안 나와 친구에게 빌려달라고 요청하고 있다.

02

A: How was your vacation?

B: Great, but I think I've gained a lot.

A: Really? I did, too.

B: I have a great idea. Why don't we work out together?

A: That's a great idea. When shall we start?

A: 방학은 어땠니?

B: 좋았어, 하지만 몸무게가 많이 는 것 같아.

A: 정말? 나도 늘었어.

B: 좋은 생각이 있어. 우리 함께 운동하는 것 어때?

A: 좋은 생각이야. 언제 시작할까?

→ 방학 기간 중 몸무게가 늘어 함께 운동을 하자고 제안하고 있다.

03

A: How may I help you?

B: I need a sweater for my sister.

A: This one is on sale. If you get two, the second one is
   50% off.

B: Really? How much is it?

A: The original price is $40.00.

B: Hmm, okay. I will get two.

A: 무엇을 도와드릴까요?

B: 동생에게 줄 스웨터를 사려고요.

A: 이 스웨터가 세일인데요. 두 개 사면 두 번째 것은 50% 할인입
   니다.

B: 그래요? 얼마인가요?

A: 정상 가격은 40달러 입니다.

B: 음, 좋아요. 두 개 주세요.

→ 하나 가격은 40달러, 두 번째 가격은 50% 할인가로 20달러, 합하면 60달러가 답
  이다.

04

A: Welcome back! How was your holiday?

B: I had the most wonderful holiday ever.

A: You went to San Diego, right? What did you do?

B: So many things! I went to the beach, the zoo, the Sea
   World. I also went bird watching.

A: Wow! Sounds like a good time!

A: 돌아온 것을 환영해! 휴일은 어떻게 보냈어?

B: 지금까지 휴일 중 최고였어.

A: San Diego 갔다고 했지? 뭐 했니?

B: 여러 가지 했지! 바닷가, 동물원, Sea World도 갔어. 새 관찰도
   했어

A: 우와! 정말 재미있었겠구나!

→ San Diego에서 바닷가도 가고, 동물원, Sea World도 가고 새 관찰도 했으나
  등산에 대한 내용은 없다.

05

A: Ben! I'm home!

B: Hi, mom! I finished all my chores!

A: You mean all of them?

B: Yes! I cleaned my room, watered the plants, washed
   the dishes, and took out the trash!

A: You are a big boy now, aren't you?

A: Ben! 나 왔다.

B: 엄마, 다녀오셨어요? 제가 해야 할 집안 일들은 모두 마쳤어요.

A: 그 모든 일들을 다 했다고?

B: 네! 방 청소하고, 화초 물도 주고, 설거지 하고, 쓰레기도 버렸어요!

A: 이제 다 컸구나 우리 아들!

→ 방 청소, 화초 물 주기, 설거지, 쓰레기 버리기는 했으나 개 산책은 시키지 않았다.

06

A: Happy New Year!
B: Same to you!
A: What is your New Year's resolution?
B: I will work out regularly.
A: Me, too. Let's work out together!
B: How often should we meet?
A: _____.

A: 새해 복 많이 받아!
B: 너도!
A: 너의 새해 계획은 뭐니?
B: 규칙적으로 운동하려고 해.
A: 나도. 우리 함께 운동하자!
B: 우리 얼마나 자주 만날까?
A: 매일 만나자.

① 나는 이번 토요일에 너를 만날 거야.
② 나는 그렇게 생각하지 않아.
③ 물론이지. 우리 함께 하자.
④ 매일 만나자.
⑤ 체육관에서 만나자.

→ '얼마나 자주 만날까'라는 빈도를 묻는 질문에는 횟수를 알려주는 답이 와야 한다. 따라서 '매일 만나자'가 답이다.

07

1. (A) 엄마에게 편지를 써 보는 게 어때?
2. (B) 당신에게 부탁해도 될까요?
3. 우리는 수업 시간에 (C) 부모님에게 드릴 카드를 만들었다.

→ 수여동사가 들어가는 4형식 문장을 3형식으로 바꿀 때 사용하는 전치사에 대한 문제이다. (A) write는 전치사 to, (B) ask는 전치사 of, (C) make는 전치사 for를 사용한다.

[8-10]

Advice Annie에게,

학교에 다녀야 하는 것은 알고 있지만, 학교에 가고 싶지 않아요.
아무도 나에게 친절하게 대해주지 않아요. 밥도 혼자 먹고요.
어제는, 짝을 지어 하는 활동이 있었어요. 저는 짝을 찾을 수가 없었어요. 무엇을 해야 할지 모르겠어요. 다른 학교로 전학을 가야 할까요?
좋은 충고 주시기 바랍니다.

감사합니다.
당황스러운 Jane

08

→ can을 be able to로 바꾸어 사용할 때 주어의 인칭과 시제에 맞게 be동사를 바꾸어야 한다. 주어가 I이므로 could는 was able to가 되고 could not은 was not able to가 된다.

09

→ '무엇을 해야 할지'라고 할 때 what to do로 표현 한다.

10

→ 도움을 요청하는 메일로 전학을 이미 결정한 것은 아니다.

11

상황이 조금 진정되도록 내버려 두세요. 대화를 나누는 사람 모두 화가 나거나 속상하지 않은 상태에서 이야기를 하는 편이 나아요. 그렇게 하면, 당신은 후회할 어떤 말도 하지 않게 될 거에요.

① 진정될 때까지 기다리지 마세요. 화가 나거나 속상한 때에도 대화를 나누어야 해요. 그렇지 않으면, 후회 할 거에요.
② 진정될 때까지 기다려 주세요. 화가 나거나 속상한 때에는 계속 이야기를 해야 해요.
③ 진정될 때까지 기다려야 해요. 만약 화가 나거나 속상할 때 이야기를 한다면, 나중에 후회하게 될 말을 할지도 몰라요.
④ 진정될 때까지 기다릴 필요가 없어요. 아무 말 하지 않는다면, 아무도 화나거나 속상해 하지 않을 거에요.
⑤ 진정될 때까지 잠시 기다리든 기다리지 않든 상관 없어요. 그냥 언제나 아무 말도 하지 마세요.

→ 만약 화가 나거나 속상할 때 이야기를 한다면 나중에 후회할 말을 하게 될지도 모르기 때문에 진정될 때까지 기다리라는 내용이다.

12

• 당신은 상황에 대해 보다 (A) 객관적이 될 것이다.
• 나는 당신이 (B) 당황스러워하는 것이 놀랍지는 않네요.
• 사람들은 정해진 대로 조직적이거나 (C) 융통성이 있을 수 있지요.

→ objective(객관적인)은 unbiased와 confused(혼란스러워하는)는 puzzled와 같은 의미이고, flexible(융통성 있는)은 soft, bending등과 같은 의미로 쓰인다.

13

① 마음에 떠오르는 첫 번째 것을 선택하세요.
② 이것이 내가 원하는 것이야.
③ 반짝인다고 모두 금은 아니다.
④ 이것은 내가 본 영화 중 최고의 영화야.
⑤ 이것이 내가 기다려온 바로 그것이야.

→ ⑤번은 exactly 다음에 선행사가 없기 때문에 exactly the thing that이 되거나, 혹은 선행사가 없을 경우 사용하는 관계대명사인 what을 사용해야 한다. 즉 This is exactly what I've been waiting for.가 되어야 한다.

14

> ① 그녀는 대개 우유를 마신다.
> ② 그녀는 모임에 절대로 늦는 법이 없다.
> ③ 나는 항상 저녁 먹기 전에 숙제를 한다.
> ④ 그는 때때로 점심 먹은 후 졸린다.
> ⑤ 그는 절대로 거짓말을 하지 않는다.

→ 빈도부사의 위치를 묻는 문제이다. 빈도부사는 일반 동사 앞, 그리고 조동사와 be 동사 뒤에 사용한다. ④번의 경우 He is sometimes sleepy after lunch.가 되어야 한다.

[15-17]

> 사람들의 성격을 묘사하는 여러 가지 방법이 있다. 당신은 두 종류의 다른 그룹의 사람들을 비교 할 수 있다. 어떤 사람들은 그저 다른 사람들보다 더 (A) 사려 깊다. 그들은 충분히 (B) 조심스러운 사고를 한 후에 행동을 하거나 결정을 한다. 그들은 또한 다른 사람들의 필요한 점이나 감정에 관심을 보인다. 반면, 어떤 사람들은 (C) 무심하고 배려심이 없다. 그들은 충분히 생각하지 않으며, 또한 (D) 조심성이 없다. 그들은 간단히 말해 다른 사람에 대한 배려가 부족하다.

15

→ 문맥상 (A)에는 '사려 깊은' 즉 thoughtful이, (C)에는 '배려심 없는' thoughtless가 답이다.

16

→ (B)에는 충분히 조심스러운 사고를 한 후에 행동을 하거나 결정을 한다고 했으므로 '주의 깊은, 조심하는'의 의미를 갖는 careful. (D)에는 충분히 생각하지 않는다고 했으니 '부주의한, 조심성 없는'의 의미를 갖는 careless가 답이다.

17

→ 사려 깊고 조심성 많은 사람들과 반대로 배려심 없는 사람들에 대한 내용이다. 따라서 내용을 가장 잘 요약한 것은 ③번이 답이다.

18

> ① 첫 번째 양상인, 마음은 우리가 어떻게 소통하는가에 관한 것이다.
> ② 어떤 사람은 주의 깊게 관찰하는 반면 어떤 사람은 직관적이에요.
> ③ 생각하는 사람은 감정보다는 논리를 더 좋아해요.
> ④ 자신의 생각에 대해 확신에 차 있을 수도 있고 마음이 요동칠 수도 있어요.
> ⑤ 자신감에 차 있을 수도 있고 스트레스에 민감할 수도 있어요.

→ assertive는 '적극적인, 확신에 찬'이라는 의미이다.

19

→ '열등 비교' 구문이다. 주어는 '승리하는 것,' winning. '덜 중요한'은 less important, 그리고 비교 대상은 '메시지를 배우는 것,' learning a message. '경험에서,'는 from the experience로 나타낸다. 따라서 Winning is less important than learning a message from the experience.가 된다.

20

→ (1) 수여동사 구문이다. '보내다' send는 직접 목적어를 앞에 사용하는 3형식의 경우 '~에게'라는 의미를 나타낼 때 전치사 to를 사용한다. '매우 중요한 메시지'는 very important message이다. 따라서 Jane sent a very important message to Sally.가 된다.

→ (2) 관계 대명사 that 활용 구문이다. 선행사에 형용사의 최상급, 서수, the only, the very, all 등이 올 때는 관계 대명사 that을 사용한다. '처음 답'은 the first answer, 서수 다음에는 관계대명사 that, '가장 맞다'는 suit 동사를 사용한다. 따라서 Choose the first answer that suits you best.가 된다.

LISTENING TEST 정답 및 해설

Listening Test

p. 234~237

01 ⑤	02 ②	03 ③	04 ④	05 ⑤
06 ①	07 ③	08 ②	09 ⑤	10 ④
11 ②	12 ③	13 ①	14 ④	15 ⑤
16 ②	17 ③	18 ①	19 ④	20 ②

01

A: It seems that it may rain today.
B: I hope that it will.
A: Really? Why is that?
B: I love the fresh air after it rains.
A: You are right. It also smells fresh after it rains.
B: I really hope it rains today.
A: So do I.

A: 오늘 비가 올 것 같아.
B: 비가 오면 좋겠어.
A: 정말? 어째서?
B: 나는 비 온 후의 깨끗한 공기가 정말 좋아.
A: 맞아. 비가 온 뒤에는 냄새도 상쾌해.
B: 오늘 비가 오면 정말 좋겠다.
A: 나도 그래.

→ 여자는 비 온 뒤의 깨끗한 공기를 좋아하므로 오늘 비가 왔으면 좋겠다고 말하고 있다.

02

A: Hi, Paul! Could you do me a favor?
B: Sure, what is it?
A: I need a new bag. Can you come with me?
B: Okay. Do you have any particular style in mind?
A: I've always wanted a bag with a floral pattern.
B: Sounds cool. Let's go get one.

A: 안녕, Paul! 부탁 하나만 들어줄래?
B: 그래. 무슨 일인데?
A: 가방을 새로 사야 하는데. 같이 가줄래?
B: 그럴게. 특별히 원하는 스타일이 있니?
A: 꽃 무늬 가방 하나 있었으면 하고 계속 생각해왔어.
B: 괜찮게 들리는데. 사러 가자.

→ a bag with a floral pattern은 '꽃 무늬 가방'을 말한다.

03

A: Hi, Ryan! Did they announce the winner?
B: Yes, I just found out who's the winner.
A: Did you make it?
B: No, I am the first runner up.

(우측 상단 이어서)

A: Oh, no! You've been practicing so hard.
B: Yeah, I really wanted to win.
A: Cheer up! Try again next year! I'm sure you will make it next time.

A: 안녕, Ryan! 우승자 발표가 났니?
B: 응, 누가 이겼는지 방금 들었어.
A: 네가 이겼니?
B: 아니, 내가 2등이래.
A: 어떡해! 너 정말 열심히 연습해 왔는데.
B: 그러게. 정말 내가 우승하고 싶었는데.
A: 기운 내! 내년에 다시 도전해 봐! 다음 번엔 분명히 네가 우승할 거야.

→ 아깝게 2등을 해서 실망한 남자를 여자가 격려하고 있다.

04

A: It's last period!
B: You seem really excited today. What's going on?
A: I will go to my Grandma's. She just returned from Paris.
B: When was the last time you saw her?
A: It has been two years since the last time I saw her.
B: Wow, two years! Have fun with Grandma!
A: Will do. Thanks.

A: 마지막 시간이다!
B: 너 오늘 정말 신나 보인다. 무슨 일이니?
A: 할머니 댁에 갈 거야. 파리에서 막 돌아오셨거든.
B: 마지막으로 뵌 게 언젠데?
A: 마지막으로 뵌 지 2년이나 됐어.
B: 우아, 2년만이구나! 할머니랑 좋은 시간 보내!
A: 그럴게. 고마워!

→ 여자아이는 파리에서 돌아온 할머니를 뵈러 갈 거라고 했다.

05

A: How may I help you?
B: I'm looking for a shirt.
A: What kind of shirt would you like?
B: The one like those on display in the shop window.
A: I see. What about this one?
B: I like it. May I try it on?
A: Sure. Fitting room is right here.

A: 어떻게 도와 드릴까요?
B: 셔츠를 찾고 있는데요.
A: 어떤 종류의 셔츠가 좋으세요?
B: 진열창에 진열되어 있는 저런 셔츠요.

A: 알겠습니다. 이건 어떠세요?

B: 좋아요. 입어봐도 될까요?

A: 물론이지요. 탈의실은 이쪽입니다.

→ 셔츠를 사려고 하는 손님과 점원 간의 대화이므로 장소는 옷 가게라는 걸 알 수 있다.

06

A: Hi, John! Do you have a special plan this weekend?

B: Not really, what's up?

A: My cousin is coming from New York.

B: Oh, your cousin, Nick?

A: Yes! I will take him to an amusement park. Do you want to join us?

B: I'd love to, but I can't. I have a final exam next Tuesday.

A: 안녕, John! 이번 주말에 특별한 계획 있니?

B: 아니, 그렇지는 않아. 무슨 일인데?

A: 내 사촌이 뉴욕에서 와.

B: 아, 네 사촌, Nick 말이야?

A: 맞아! 내가 놀이공원에 데려갈 건데. 너도 우리랑 같이 갈래?

B: 그러고 싶지만 못 가! 다음 주 화요일에 기말고사가 있어.

→ 놀이공원에 같이 가자는 여자아이의 제안에 남자아이는 가고 싶지만 기말고사가 있다고 거절하였다.

07

A: Can I get you any drinks?

B: Yes, iced tea, please.

A: Okay. Are you ready to order now or would you like a few more minutes?

B: I think I am ready to order. I will have the mushroom soup to start, and the steak with fries.

A: How would you like your steak, sir?

B: I would like medium, please.

A: 음료를 주문하시겠어요?

B: 네, 아이스티 주세요.

A: 네. (식사는) 지금 주문하시겠어요 아니면 잠시 후에 하시겠어요?

B: 지금 주문할게요. 양송이 수프를 먼저 주시고, 감자 튀김과 스테이크를 주세요.

A: 스테이크는 어느 정도로 익혀 드릴까요?

B: 미디엄으로 해 주세요.

→ 남자는 음료로 아이스티를 주문하고, 음식은 양송이 수프와 감자 튀김 그리고 스테이크를 주문했다.

08

A: Jean's Diner.

B: Hi, I'd like to make a dinner reservation.

A: What evening will you be coming?

B: Tuesday night, please.

A: What time would you like the reservation for?

B: 7:00 please.

A: For how many, please?

B: A party of three for Jane, please.

A: Okay. A party of three for Jane at 7:00 p.m., Tuesday night.

A: Jean 식당입니다.

B: 저녁 식사 예약을 좀 하려고 하는데요.

A: 어느 날 저녁으로 해 드릴까요?

B: 화요일 밤으로 해 주세요.

A: 예약은 몇 시로 할까요?

B: 7시로 해 주세요.

A: 몇 분이신가요?

B: Jane 이름으로 세 명 부탁 드립니다.

A: 네. 그러면 화요일 밤 7시, Jane 고객님 이름으로 세 분 예약해 드렸습니다.

→ 여자는 저녁 식사를 예약하기 위해 식당에 전화하고 있다.

09

A: What do we need to do to stay healthy?

B: Having a good diet is key to being healthy.

A: That's right. Do you know how you can do that?

B: Yes, I do. We need to get a good mix of vitamins and other nutrients.

A: What else do we need to do?

B: In addition to a good diet, we need to exercise.

A: I agree with you. Regular exercise will make you an all-around healthier person.

A 건강을 유지하려면 무엇을 해야 할까?

B: 좋은 식습관을 갖는 것이 건강을 위한 비결이야.

A: 맞아. 어떻게 해야 하는지 아니?

B: 응, 알아. 다양한 비타민과 다른 영양소들을 골고루 섭취해야 해.

A: 그 밖에 또 무엇을 해야 하지?

B: 좋은 식습관과 함께 운동을 해야 해.

A: 네 말이 맞아. 규칙적으로 운동하면 다방면으로 건강한 사람이 될 수 있을 거야.

→ 건강을 위한 비결로 좋은 식습관과 운동의 중요성을 강조하는 대화이다.

10

A: Hi, I want to check out books.

B: Do you have a library card with us?

A: No, I just moved to this town. What do I need to get a library card?

B: All you need is your picture ID, and fill out this application form.

A: How many books can I check out?

B: Ten books may be checked out at a time. This brochure shows open hours and library policy.

A: 안녕하세요. 책을 좀 대출하려고 하는데요.

B: 저희 도서관 카드가 있으세요?

A: 아니요. 이 동네로 새로 이사 왔어요. 도서관 카드를 신청하려면 무엇이 필요한가요?

B: 사진이 있는 신분증만 있으면 되고, 이 신청서를 작성하세요.

A: 책은 몇 권이나 대출할 수 있나요?

B: 한 번에 10권까지 대출할 수 있습니다. 이 안내 책자에 도서관 개관 시간과 규정들이 나와 있습니다.

→ 도서관 카드를 만들 때 필요한 요건과 대출 가능 권수 그리고 도서관 안내 책자에 나와 있는 내용들에 대해 설명하고 있으며, 책을 대출하려면 도서관 카드가 있어야 한다고 했다.

11

A: What brings you here today?

B: I've got a sore throat.

A: Any other symptoms with that?

B: I have a runny nose and a fever.

A: Let me see. Open your mouth and say Ah!

A: 오늘 어디가 불편해서 오셨나요?

B: 목이 아파요.

A: 그 밖에 다른 증상도 있나요?

B: 콧물이 나고 열도 나요.

A: 어디 볼까요. 입을 벌리고 '아'해 보세요.

→ 감기에 걸린 환자와 진찰하는 의사와의 대화이다.

12

A: Which subway line do I take to the City Hall?

B: Take line 4, and then transfer to line 1 at Seoul Station.

A: The line 4 is the blue line, right?

B: Yes, it is.

A: 시청에 가려면 지하철 몇 호선을 타야 하나요?

B: 4호선을 타고, 서울역에서 1호선으로 갈아타세요.

A: 4호선은 파란색 노선이죠, 그렇죠?

B: 네, 맞아요.

→ 시청까지 가는 지하철이 몇 호선이냐고 묻고 있으므로 여자가 이용할 교통수단은 지하철이다.

13

A: Hey, Jack! You look really down.

B: Yes, I am.

A: What's wrong?

B: I have to finish this report, but I don't think I can finish it on time.

A: I am pretty sure you can do it, Jack. You could do it last time, too.

A: 안녕, Jack! 너 정말 우울해 보이네.

B: 맞아.

A: 무슨 일이야?

B: 이 보고서를 끝내야 하는데, 제시간에 끝낼 수 있을 것 같지 않아.

A: 너는 분명히 해낼 거야, Jack. 지난 번에도 잘 했잖아.

→ 보고서를 제시간에 끝내지 못할까 봐 우울해 하는 친구를 지난 번에도 잘 했고 이번 에도 잘 할 거라고 격려하고 있다.

14

A: What do you want to be when you grow up?

B: I wanted to be a pilot, but not anymore.

A: How come?

B: You know I went to Barcelona. I fell in love with Gaudi's works.

A: So, you want to be an architect like Gaudi?

B: Yes, I will design fantastic buildings like him.

A: 너는 커서 뭐가 되고 싶니?

B: 비행기 조종사가 꿈이었는데, 이제는 아니에요.

A: 왜?

B: 제가 바르셀로나에 갔었잖아요. 가우디의 건축물들을 보고 사랑 에 빠졌어요.

A: 그래서 너도 가우디처럼 건축가가 되고 싶구나?

B: 맞아요. 저도 가우디처럼 멋진 건축물들을 디자인할 거예요.

→ 남자아이는 가우디의 건축물들을 보고 감동을 받아 건축가가 되고 싶다고 말하고 있다.

15

A: Hi, John! Long time no see!

B: Hi, Erin! What's up?

A: You know I am volunteering at an animal shelter.

B: How is it going?

A: I really love it. By the way, I need another volunteer this Saturday. I'm wondering if you can come and help us.

B: Sure, I will.

A: 안녕, John! 오랜만이야.

B: 안녕, Erin! 무슨 일이야?

A: 내가 동물 보호소에서 자원봉사하고 있는 거 알지?

B: 어때?

A: 아주 좋아. 그런데 이번 토요일에 자원봉사자가 한 명 더 필요해. 그래서 말인데, 네가 와서 우리를 좀 도와주면 안 될까?

B: 그래, 그럴게.

→ 여자는 남자에게 동물 보호소에서 일손이 필요하므로 이번 토요일에 자원봉사자로 와 달라고 요청하고 있다.

16

A: What's up? You look down today.

B: I just got a new science assignment. I don't know where to start.

A: What's the topic of the project?

B: How to Make a Simple Electric Motor.

A: Why don't you go to the library? Ask the librarian to get some reference books.

B: That's a great idea.

A: 무슨 일이야? 너 오늘 기운 없어 보인다.

B: 새 과학 숙제를 받았어. 어디서부터 시작해야 할 지 모르겠어.

A: 무엇에 관한 과제니?

B: 간단한 전동기를 어떻게 만드는가에 관한 거야.

A: 도서관에 가 보지 그래? 사서에게 참고할 책들을 좀 추천해 달라고 부탁해 봐.

B: 그거 좋은 생각이다.

→ 과학 숙제를 받고 어떻게 해야 할지 고민하는 친구에게 도서관에 가서 사서의 도움을 받아 관련 서적을 읽어 보라고 권하고 있다.

17

A: How much are oranges today?

B: We're running a special sale. They are $1 each but $6 a bag. Ten oranges in a bag!

A: Wow, that's a great deal.

B: How many can I get you?

A: Can I have twenty oranges, then?

A: 오늘 오렌지가 얼만가요?

B: 특별 할인 중입니다. 하나에 1달러인데, 한 봉지는 6달러예요. 한 봉지에 10개가 들었어요.

A: 어머나, 정말 싸네요.

B: 몇 개나 드릴까요?

A: 그러면 20개를 주시겠어요?

→ 20개를 달라고 했으니 두 봉지를 사겠다는 뜻이다. 10개가 든 한 봉지가 6달러이므로 두 봉지는 12달러이다.

18

A: I can't wait to go to your birthday party tomorrow.

B: We will have so much fun.

A: I know it's a pool party.

B: You won't be disappointed. A magician will be there. We will watch a movie together after we cut cake.

A: Sounds like a good time!

A: 내일 있을 네 생일 파티가 정말 기대돼.

B: 우린 정말 재미있게 보낼 거야.

A: 수영장에서 파티를 할 거라는 건 알아.

B: 기대해도 돼. 마술사도 올 거야. 케이크를 자른 후에는 영화도 같이 볼 거야.

A: 정말 재미있겠다.

→ 수영장 파티라고 했으니 수영을 할 것이고, 마술사를 초대했다고 했으니 마술 쇼도 관람할 것이며, 케이크를 자른 후에는 영화도 본다고 했으나 야구를 한다는 말은 없다.

19

1. The hotel is right next to the hospital.
2. The police station is across from the apartment.
3. The bank is across from the hospital.
4. The library is between the bank and the hospital.
5. The fire station is right next to the library.

① 호텔은 병원 바로 옆에 있다.
② 경찰서는 아파트 건너 편에 있다.
③ 은행은 병원 건너 편에 있다.
④ 도서관은 은행과 병원 사이에 있다.
⑤ 소방서는 도서관 바로 옆에 있다.

→ 도서관은 은행과 병원 사이가 아니라 은행과 소방서 사이에 있다.

20

A: What a nice day it is!

B: I feel so great after it rains.

A: I wish we could come out more often.

B: Why not? Let's come out more often. By the way, do you have the time?

A: _____

A: 오늘 정말 날씨 좋네!

B: 비가 온 후라 기분이 아주 좋아.

A: 우리 좀 더 자주 나오면 좋겠어.

B: 그러지 뭐. 더 자주 나오도록 하자. 그런데 지금 몇 시야?

A: 지금 3시 50분이야.

① 아니, 바빠.
② 지금 3시 50분이야.
③ 우리 3시에 만나자.
④ 나는 시계를 하나 사고 싶어.
⑤ 시간이 돈보다 소중하지.

→ Do you have the time?은 What time is it?과 같이 '몇 시인가요?'라는 질문이다. 따라서 응답으로는 시간을 알려주는 말이 와야 한다.

Vocabulary

● Unit 1 Extreme Sports

No.	Korean	English
1	명 스포츠, 운동, 경기	sport
2	명 흥분, 신남	excitement
3	명 경쟁, 대회, 시합	competition
4	형 극도의, 극심한	extreme
5	형 위험한	risky
6	동 발전하다, 개발하다	develop
7	명 반대, 저항, 반란	rebellion
8	동 발명하다	invent
9	명 전율, 흥분, 황홀감	thrill
10	명 것, 일, 물건	thing
11	형 불가능한, 난감한	impossible
12	명 과거 형 과거의, 지나간 부 지나서	past
13	형 위험한	dangerous
14	명 안전	safety
15	명 (특정 활동에 필요한) 장비, 복장, 기어	gear
16	명 기회, 가능성	chance
17	명 부상, (마음의) 상처	injury
18	명 죽음, 사망	death
19	명 (사상, 견해 등의) 주류, 대세	mainstream
20	형 더 좋은, 더 잘하는	better
21	명 규정, 규제, 단속	regulation
22	부 더 적게, 덜하게	less
23	명 (운동)선수, 육상 경기 선수	athlete
24	동 ~이 되다	become
25	형 전 세계적인, 일반적인	universal
26	명 파도타기, 인터넷 서핑	surfing
27	부 원래, 본래	originally
28	명 아이들(child의 복수)	children
29	명 목록, 명단	list
30	명 필요, 욕구 동 필요하다	need

● Unit 2 Skydiving

No.	Korean	English
1	동 ~해 보다, 노력하다 명 시도	try
2	명 스카이다이빙	skydiving
3	명 (특정한 활동을 위한) 시간	session
4	명 비행기	plane
5	동 입고 있다	wear
6	명 낙하산	parachute
7	동 떨어지다, 넘어지다 명 넘어짐, 가을, 폭포	fall
8	명 땅, 운동장	ground
9	형 열광하는, 미친, 화난	crazy
10	동 동의하다, 의견이 일치하다	agree
11	부 실내에서, 실내로	indoors
12	동 사용하다 명 사용, 이용	use
13	명 바람	wind
14	명 터널, 굴 동 터널을 뚫다	tunnel
15	명 관, 튜브	tube
16	명 선풍기, 팬, 부채 동 부채질하다	fan
17	동 들어 올리다 명 태우기, 올리기	lift
18	동 느끼다	feel
19	명 지배, 조절 동 지배하다, 조절하다	control
20	명 몸, 신체	body
21	명 움직임, 이동	movement
22	동 충돌하다 명 (충돌, 추락) 사고	crash
23	동 훈련하다 명 열차	train
24	명 기술, 기법	technique
25	동 연습하다, 실행하다 명 연습, 실행	practice
26	형 준비된	ready
27	명 헬멧	helmet
28	명 (특정한 활동 때 입는) 옷, 정장 동 (~에게) 맞다, 어울리다	suit
29	대 둘 다 형 둘 다의	both
30	형 초조한, 신경의	nervous

● Unit 3 Movie Genres and You

No.	Korean	English
1	형 아주 좋아하는 명 좋아하는 물건	favorite
2	형 많은 부 많이	a lot of
3	형 낭만적인, 연애의, 아름다운	romantic
4	명 희극, 코미디	comedy
5	명 (영화 속의) 액션, 행동	action
6	명 공포, 경악	horror
7	명 불경기, 우울함	depression
8	명 사람들, 민족, 국민	people
9	동 잊다	forget
10	명 돈	money
11	명 곤란 동 괴롭히다	trouble
12	명 공포, 두려움 동 ~을 두려워하다	fear
13	동 처리하다, 다루다 명 거래	deal
14	명 기억(력), 추억	memory
15	형 서양의, 서부의	western
16	명 형사, 수사관	detective
17	명 스릴러물	thriller
18	명 측면, 양상, 면	aspect
19	명 유형, 종류 동 타자치다	type
20	명 도시	city
21	형 다른, 그 밖의 대 다른 사람	other
22	형 도시의, 도회지의	urban
23	명 문제	problem
24	명 영웅	hero
25	동 나타내다, 비추다, 반사하다	reflect
26	명 사회, 협회, 단체	society
27	명 생활 방식	lifestyle
28	형 현재의, 통용되는 명 흐름	current
29	동 일으키다 명 원인	cause
30	명 추세, 동향	trend

● Unit 4 This Week in Movies

No.	Korean	English
1	동 되돌아가다, 돌려주다	return
2	형 (가장) 최근의, 최신의	latest
3	동 은퇴하다	retire
4	형 사악한, 악랄한 명 악	evil
5	명 악당	villain
6	동 겨냥하다 명 대상, 목표	target
7	동 (영화, 연극 등에서) 주연을 맡다 명 스타, 별	star
8	형 기막히게 좋은	fabulous
9	명 (연극, 영화 등의) 여자 주인공	leading lady
10	형 이전의, (둘 중에서) 전자의	former
11	명 (연인, 집단 사이의) 관계	relationship
12	명 파, 파벌, 패거리	clique
13	동 싫어하다, 혐오하다 명 증오	hate
14	명 상황, 처지, 환경	situation
15	형 비현실적인	unrealistic
16	명 대화, 대사	dialog
17	형 바보같은, 어리석은	foolish
18	명 남자 배우	actor
19	명 (자연) 과학	science
20	명 소설, 허구	fiction
21	형 먼, (멀리) 떨어져 있는	distant
22	형 선진의, 고급의	advanced
23	명 (과학) 기술	technology
24	부 갑자기	suddenly
25	명 힘, 물리력, 폭력 동 억지로 … 시키다, 강요하다	force
26	명 날씨	weather
27	부 대단히, 매우	highly
28	동 추천하다, 권하다	recommend
29	형 다음의, 바로 옆의 부 다음에	next
30	명 (영화, 이야기 등의) 결말	ending

● Unit 5 Too Good to Be True

No.	Korean	English
1	명 줄임, 손실, 분실, 패배	loss
2	동 없애다, 제거하다, 치우다	remove
3	명 주름 동 주름이 지다	wrinkle
4	동 탄력 있게 만들다 명 어조, 말투, 분위기	tone
5	명 제품, 상품, 생산물	product
6	동 믿다	believe
7	형 사실이 아닌, 허위의	untrue
8	명 광고	advertisement
9	형 부족한, 가난한, 불쌍한	poor
10	명 부족, 결핍 동 ~이 부족하다	lack
11	명 정부, 행정, 체제	government
12	명 개입, 조정, 중재, 간섭	intervention
13	형 새, 새로운	new
14	명 약, 의학	medicine
15	명 시험, 검사 동 검사하다	test
16	동 입증하다, 증명하다	prove
17	명 유효성, 효과적임	effectiveness
18	동 허용하다, 허락하다	allow
19	명 입증, 증명, 증거	proof
20	동 규제하다, 통제하다, 단속하다	regulate
21	명 회사, 단체, 친구	company
22	명 이점, 장점	advantage
23	형 터무니없는, 너무나 충격적인	outrageous
24	동 관련시키다, 참여시키다	involve
25	명 불평, 항의, 고소	complaint
26	동 조사하다, 살피다, 연구하다	investigate
27	동 보호하다	protect
28	명 조사, 연구 동 조사하다, 연구하다	research
29	명 복습, 검토 동 복습하다, 검토하다	review
30	명 환불 동 환불하다	refund

● Unit 6 A Fantastic Drink

No.	Korean	English
1	형 매력적이지 못한	unattractive
2	동 (정신을) 집중하다, 전념하다	concentrate
3	명 에너지	energy
4	동 생산하다, 만들어 내다	produce
5	형 뚱뚱한 명 지방	fat
6	동 싸우다 명 싸움	fight
7	명 섬유, 섬유질	fiber
8	명 피부, 껍질	skin
9	동 밝게 하다, 밝히다	brighten
10	형 자연의, 천연의	natural
11	형 환상적인, 멋진	fantastic
12	명 행복, 기쁨, 만족	happiness
13	동 주문하다 명 순서, 주문	order
14	명 할인 동 할인하다	discount
15	동 다르다, 달라지다	vary
16	동 보장하다, 품질을 보증하다 명 보장, 품질	guarantee
17	명 만족, 충족	satisfaction
18	명 음료, 마실 것 동 마시다	drink
19	명 달, 월, 개월	month
20	형 긍정적인, 낙관적인	positive
21	동 바꾸다, 변화하다 명 변화, 거스름돈	change
22	명 반대 형 반대의 동 뒤바꾸다, 역전시키다	reverse
23	부 최소로, 가장 적게	least
24	형 활동적인, 활기에 찬	energetic
25	명 결과 동 발생하다	result
26	명 구입 동 구입하다	purchase
27	부 정말로, 진심으로	truly
28	동 촉진하다, 홍보하다	promote
29	형 추가의 명 추가되는 것	extra
30	형 도움이 되는	helpful

● Unit 7 A Great Athlete

No.	Korean	English
1	형 성공한, 성공적인	successful
2	명 선수, 재생 장치, 연주자	player
3	동 이기다, 따다, 얻다	win
4	명 상, 상품	prize
5	형 연속적인, 연이은, 잇따른	successive
6	명 토너먼트, 선수권 쟁탈전	tournament
7	부 프로 선수로, 직업적으로, 전문적으로	professionally
8	형 최고의, 제1의	premier
9	동 압도적으로 우세하다, 지배하다	dominate
10	동 끝내다 명 끝, 종료	end
11	동 대변혁[혁신]을 일으키다	revolutionize
12	명 전략, 계획	strategy
13	형 신체의, 물리적인, 물질의	physical
14	명 실시간	real-time
15	명 지도, 약도 동 지도를 만들다	map
16	명 자원, 재료	resource
17	동 파괴하다	destroy
18	동 요구하다, 필요로 하다	require
19	형 매일 행해지는, 나날의 부 매일, 날마다	daily
20	명 회원, 구성원	member
21	명 천재, 귀재, 특별한 재능	genius
22	동 ~와 겨루다, 경쟁하다	compete
23	동 개선하다, 향상시키다	improve
24	형 특정한, 특별한 명 자세한 사항	particular
25	명 약점, 힘이 없음, 나약함	weakness
26	명 기술, 기량	skill
27	명 기준, 척도 동 측정하다	measure
28	명 (컴퓨터) 키보드, (피아노) 건반	keyboard
29	명 입력, 투입 동 입력하다	input
30	명 결정, 판단	decision

● Unit 8 Hello Who

No.	Korean	English
1	부 가장 (많이), 최고로, 대단히	most
2	명 성격, 등장인물, 글자	character
3	동 낳다 명 곰	bear
4	동 창조하다	create
5	명 부모	parents
6	명 쌍둥이 형 쌍둥이의	twin
7	명 디자이너	designer
8	부 ~에 따라서	according
9	명 출생, 탄생, 시작, 출현	birth
10	명 증명서, 자격증, 면허증	certificate
11	형 진짜의	real
12	형 영국의 명 영국인	British
13	형 일본의 명 일본인, 일본어	Japanese
14	명 작가, 저자 동 쓰다, 저술하다	author
15	동 부르다, 전화하다 명 통화, 부름	call
16	형 확고한, 확실한, 단단한	firm
17	명 사실	fact
18	형 자신의 대 자신의 것 동 소유하다	own
19	명 이름 동 이름을 붙이다	name
20	동 보여 주다 명 쇼, 구경거리	show
21	명 동전	coin
22	명 지갑, 자금력, 주머니 사정	purse
23	부 빨리, 곧	quickly
24	부 지체없이, 즉시	promptly
25	명 인기	popularity
26	명 문구류, 문방구, 편지지	stationery
27	명 보석류, 보석 장식, 장신구	jewelry
28	부 ~조차도, 훨씬 형 짝수의	even
29	명 은행, 둑	bank
30	명 항공사	airline

● Unit 9 Handling Conflict

No.	Korean	English
1	통 다루다, 만지다 명 손잡이	handle
2	명 갈등, 충돌 통 상충하다	conflict
3	통 다치게 하다, 아프다	hurt
4	명 느낌, 감정, 기분, 의견	feeling
5	형 틀린 부 틀리게	wrong
6	부 다르게, 별도로	differently
7	명 의사소통, 연락, 통신	communication
8	통 식히다 형 시원한, 냉정한	cool
9	형 속상한 통 속상하게 하다	upset
10	통 후회하다 명 유감, 애석	regret
11	명 (걱정거리가 되는) 문제, 주제, 쟁점 통 발부하다	issue
12	형 불편한, 불쾌한	uncomfortable
13	통 쓰다, 작성하다	write
14	대 무엇이든, 아무것	anything
15	명 선, 줄 통 줄을 서다	line
16	형 열려 있는 통 열다	open
17	명 질문, 문제	question
18	부 솔직히, 정말로	honestly
19	형 객관적인 명 목적, 목표	objective
20	형 중요한	important
21	부 친절하게, 다정하게	kindly
22	통 ~을 탓하다 명 책임, 탓	blame
23	대 누구나, 누구, 아무	anyone
24	명 잘못, 결점	fault
25	통 해결하다 명 결심, 의지	resolve
26	통 돌보다, 관심을 갖다 명 돌봄, 주의	care
27	명 선물, 재능 통 공짜로 내주다	gift
28	형 웃기는, 이상한	funny
29	명 생각, 사고	thought
30	통 세다, 계산하다 명 계산, 셈	count

● Unit 10 Dear Advice Annie

No.	Korean	English
1	통 알다, 알고 있다	know
2	명 친구	friend
3	명 소리 통 ~처럼 들리다 형 건전한	sound
4	명 조언, 충고	advice
5	명 확인, 수표 통 확인하다	check
6	부 거의, 대체로	almost
7	명 이해, 합의 형 이해심 있는	understanding
8	명 전자 우편, 이메일 통 이메일을 보내다	email
9	명 웹 사이트	website
10	명 주, 일주일	week
11	형 ~할 수 있는	able
12	통 읽다	read
13	명 우편물 통 게시하다	post
14	형 최고의, 제일 좋은 부 가장 잘	best
15	부 끊임없이, 거듭	constantly
16	형 건방진, 까부는	cheeky
17	형 사실인, 진짜의	true
18	명 뺨	cheek
19	형 세심한, 예민한, 민감한	sensitive
20	명 얼굴 통 직면하다, 향하다	face
21	형 모든, ~마다	every
22	형 진지한, 심각한, 중대한	serious
23	형 혼란스러운, 분명치 않은	confused
24	통 움직이다, 이사하다, 감동시키다	move
25	명 의미	meaning
26	형 장난기 많은, 농담의	playful
27	통 놀리다, 장난하다 명 놀림, 장난	tease
28	명 농담 통 농담하다	joke
29	명 벌, (일과 놀이를 함께 하는) 모임	bee
30	명 무릎	knee

◆ Unit 11 Personality Types

No.	Korean	English
1	통 묘사하다, 서술하다	describe
2	명 성격, 인격, 개성	personality
3	명 방법, 방식, 체계	method
4	명 전략, 작전, 전술	tactic
5	명 정체성, 독자성, 신분	identity
6	통 언급하다, 참조하다	refer
7	통 상호 작용을 하다, 소통하다, 교류하다	interact
8	형 외향적인, 사교적인	outgoing
9	명 소음, 시끄러움, 잡음	noise
10	명 무리, 그룹 통 (무리지어) 모이다	group
11	형 사회의, 사교적인	social
12	명 세계, 세상	world
13	형 관찰력 있는, (법률, 관습을) 준수하는	observant
14	형 직관력이 있는	intuitive
15	명 현재, 선물 형 현재의, 출석한 통 주다	present
16	명 가능성, 가능한 일, 기회	possibility
17	명 감정, 정서	emotion
18	명 논리, 타당성	logic
19	통 (~하는) 경향이 있다, (~을) 하기 쉽다	tend
20	통 숨기다, 숨다	hide
21	통 표현하다 형 급행의	express
22	명 조화, 화합	harmony
23	명 자신감, 신뢰, 믿음, 확신	confidence
24	통 탐사하다 명 예상, 전망	prospect
25	형 체계적인, 조직적인, 정리된	organized
26	형 융통성 있는, 유연한	flexible
27	형 적극적인, 확신에 찬	assertive
28	형 격동의, 격한, 난기류의	turbulent
29	명 (변화, 차이의) 범위, 폭	range
30	명 성향, 기질, 경향	tendency

◆ Unit 12 Your Personality

No.	Korean	English
1	통 (시험을) 치다, 데려가다, 받다	take
2	통 하다	do
3	통 너무 많이 생각하다	overthink
4	명 대답 통 대답하다	answer
5	통 ~을 더 좋아하다, 선호하다	prefer
6	부 보통, 대개	usually
7	통 시작하다, 출발하다	start
8	명 대화, 회화	conversation
9	형 틀린, 잘못된, 위조된	false
10	통 고려하다, 여기다, 생각하다	consider
11	형 더 많은 부 더 많이 명 그 이상	more
12	부 자주, 종종	often
13	대 어떤 것, 무엇	something
14	명 사실, 진실	truth
15	명 논쟁, 언쟁, 말다툼	argument
16	통 만들다, ~하게 시키다	make
17	형 편안한, 쾌적한	comfortable
18	형 깨끗한, 깔끔한	clean
19	형 깔끔한, 잘 정돈된	lidy
20	형 상세한, 자세한	detailed
21	형 부러워하는, 시기하는	envious
22	형 불안정한, 자신이 없는	insecure
23	형 현실적인, 실용적인	practical
24	명 사람	person
25	형 논리적인, 타당한, 사리에 맞는	logical
26	명 생각하는 사람, 사상가	thinker
27	형 완전한 통 완성하다	complete
28	통 나타내다, 보여 주다	indicate
29	대 어떤 사람, 누구	someone
30	명 한가운데 형 한가운데의	middle